COLLECTION
FOLIO/ESSAIS

Paul Valéry

Regards sur le monde actuel

et autres essais

Gallimard

Dans la même collection

« MON FAUST », n° 114.
INTRODUCTION À LA MÉTHODE DE LÉONARD
DE VINCI, n° 195.

© *Éditions Gallimard,* 1945.

LES ESSAIS EN FOLIO ESSAIS

(extrait du catalogue)

ARENDT, Hannah
  La crise de la culture (n° 113)
ARON, Jean-Paul
  Les modernes (n° 44)
ARON, Raymond
  Démocratie et totalitarisme (n° 69)
  Dix-huit leçons sur la société industrielle (n° 33)
BEAUVOIR, Simone de
  Le deuxième sexe (n°s 37 et 38)
BECKER-HO, Alice
  Les princes du jargon (n° 263)
BENDA, Julien
  Discours à la nation européenne (n° 209)
CAILLOIS, Roger
  L'homme et le sacré (n° 84)
  Les jeux et les hommes (n° 184)
  Le mythe et l'homme (n° 56)
CAMUS, Albert
  L'envers et l'endroit (n° 41)
  L'homme révolté (n° 15)
  Le mythe de Sisyphe (n° 11)
CIORAN
  De l'inconvénient d'être né (n° 80)
  Histoire et utopie (n° 53)
  Syllogismes de l'amertume (n° 79)
CROCE, Benedetto
  Histoire de l'Europe au XIXe siècle (n° 259)
DEBRAY, Régis
  Le pouvoir intellectuel en France (n° 43)
  Vie et mort de l'image (n° 261)
DUVERGER, Maurice
  Introduction à la politique (n° 23)

ELIADE, Mircea
Aspects du mythe (n° 100)
Initiation, rites, sociétés secrètes (n° 196)
Le mythe de l'éternel retour (n° 120)
Mythes, rêves et mystères (n° 128)
La nostalgie des origines (n° 164)
Le sacré et le profane (n° 82)
Techniques du Yoga (n° 246)

FERRY, Luc et RENAUT, Alain
La pensée 68 (n° 101)

FINKIELKRAUT, Alain
La défaite de la pensée (n° 117)
La mémoire vaine (n° 197)
La sagesse de l'amour (n° 86)

FOUCAULT, Michel
Raymond Roussel (n° 205)

GANDHI
Tous les hommes sont frères (n° 130)

GUÉNON, René
La crise du monde moderne (n° 250)

HAGÈGE, Claude
L'homme de paroles (n° 49)

ISTRATI, Panaït
Vers l'autre flamme (n° 57)

JÜNGER, Ernst
Approches, drogues et ivresse (n° 166)
Le mur du Temps (n° 249)

KRISTEVA, Julia
Étrangers à nous-mêmes (n° 156)
Histoires d'amour (n° 24)
Soleil noir (n° 123)

LABORIT, Henri
Biologie et structure (n° 74)
Éloge de la fuite (n° 7)
La nouvelle grille (n° 27)

LE CLÉZIO, J.M.G
L'extase matérielle (n° 212)
Le rêve mexicain ou La pensée interrompue (n° 178)

LEIRIS, Michel
  Brisées (n° 188)
  Zébrage (n° 200)
LEVI, Primo
  Le métier des autres. Notes pour une redéfinition de la culture (n° 193)
LÉVI-STRAUSS, Claude
  Race et histoire (n° 58)
LIPOVETSKY, Gilles
  L'empire de l'éphémère (n° 170)
  L'ère du vide (n° 121)
MEMMI, Albert
  La dépendance (n° 230)
MENDRAS, Henri
  La Seconde Révolution française, 1965-1984 (n° 243)
MESCHONNIC, Henri
  Modernité Modernité (n° 234)
MILOSZ, Czeslaw
  La pensée captive. Essai sur les logocraties populaires (n° 108)
NEILL, A. S.
  Libres enfants de Summerhill (n° 4)
QUENEAU, Raymond
  Bâtons, chiffres et lettres (n° 247)
RÉDA, Jacques
  L'improviste. Une lecture du jazz (n° 143)
ROSSET, Clément
  Le réel et son double (n° 220)
SARDUY, Severo
  Barroco (n° 167)
SARTRE, Jean-Paul
  Réflexions sur la question juive (n° 10)
SERRES, Michel
  Le Tiers-Instruit (n° 199)
SERVIER, Jean
  Histoire de l'utopie (n° 172)
SOLLERS, Philippe
  Improvisations (n° 165)
  Théorie des Exceptions (n° 28)

STEINER, George
  Dans le château de Barbe-Bleue. Notes pour une redéfinition de la culture (n° 42)
  La mort de la tragédie (n° 224)
  Réelles présences. Les arts du sens (n° 255)
TOFFLER, Alvin
  Le choc du futur (n° 50)
  La Troisième Vague (n° 96)
VALÉRY, Paul
  Regards sur le monde actuel et autres essais (n° 106)
WEIL, Simone
  L'enracinement (n° 141)
YOURCENAR, Marguerite
  Sous bénéfice d'inventaire (n° 110)
  Le Temps, ce grand sculpteur (n° 175)

Avant-propos	9
Notes sur la grandeur et la décadence de l'Europe	27
De l'Histoire	35
Réflexions mêlées	39
Hypothèse	45
Des partis	49
Fluctuations sur la liberté	55
L'idée de dictature	77
Au sujet de la dictature	85
Souvenir actuel	91
L'Amérique, projection de l'esprit européen	97
Images de la France	101
Fonction de Paris	121
Présence de Paris	125
Le Yalou	131
Propos sur le progrès	139
Orient et Occident	147
Introduction à un dialogue sur l'art	157
Orientem versus	161
Pensée et art français	169
Notre destin et les lettres	185

La liberté de l'Esprit	207
La France travaille	233
Métier d'homme	241
Coup d'œil sur les Lettres françaises	249
Economie de guerre de l'esprit	253
Fonction et mystère de l'Académie	257
Le Centre universitaire méditerranéen	267
Présentation du « Musée de la littérature »	287
Un problème d'exposition	293
Respirer	303
Ultima verba	307

AVANT-PROPOS

Ce petit recueil se dédie de préférence aux personnes qui n'ont point de système et sont absentes des partis; qui par là sont libres encore de douter de ce qui est douteux et de ne point rejeter ce qui ne l'est pas.

D'ailleurs, ce ne sont ici que des études de circonstance. Il en est de 1895, il en est d'hier, il en est d'aujourd'hui. Elles ont ce caractère commun d'être des essais, au sens le plus véritable de ce terme. On n'y trouvera que le dessein de préciser quelques idées qu'il faudrait bien nommer *politiques,* si ce beau mot de politique, très séduisant et excitant pour l'esprit, n'éveillait de grands scrupules et de grandes répugnances dans l'esprit de l'auteur. Il n'a voulu que se rendre un peu plus nettes les notions qu'il avait reçues de tout le monde, ou qu'il s'était formées comme tout le monde, et qui servent à tout le monde à penser aux groupes humains, à leurs relations réciproques et à leurs gênes mutuelles.

Essayer de préciser en ces matières n'est assurément pas le fait des hommes qui s'y entendent ou qui s'en mêlent : il s'agit donc d'un amateur.

Je ne sais pourquoi les entreprises du Japon contre la Chine et des Etats-Unis contre l'Espagne qui se suivirent d'assez près, me firent, dans leur temps [1], une impression particulière. Ce ne furent que des conflits très restreints où ne s'engagèrent que des forces de médiocre importance; et je n'avais, quant à moi, nul motif de m'intéresser à ces choses lointaines, auxquelles rien de mes occupations ni dans mes soucis ordinaires ne me disposait à être sensible. Je ressentis toutefois ces événements distincts non comme des accidents ou des phénomènes limités, mais comme des symptômes ou des prémisses, comme des faits significatifs dont la signification passait de beaucoup l'importance intrinsèque et la portée apparente. L'un était le premier acte de puissance d'une nation asiatique réformée et équipée à l'européenne; l'autre, le premier acte de puissance d'une nation déduite et comme développée de l'Europe, contre une nation européenne.

Un choc qui nous atteint dans une direction imprévue nous donne brusquement une sensation nouvelle de l'existence de notre corps en tant qu'inconnu; nous ne savions pas tout ce que nous étions, et il arrive que cette sensation brutale nous rende elle-même sensibles, par un effet secondaire, à une grandeur et à une figure inattendues de notre domaine vivant. Ce coup indirect en Extrême-Orient, et ce coup direct dans les Antilles me firent donc percevoir confusément l'existence de quelque chose qui pouvait être atteinte et inquiétée par de tels événements. Je me trouvai « sensibilisé » à des conjonctures qui affectaient une sorte d'idée virtuelle de l'Europe que j'ignorais jusqu'alors porter en moi.

Je n'avais jamais songé qu'il existât véritablement une *Europe*. Ce nom ne m'était qu'une expression géographique. Nous ne pensons que par hasard aux circonstances permanentes de votre vie; nous ne les percevons qu'au moment qu'elles s'altèrent tout à coup. J'aurai l'occasion de montrer tout à l'heure à quel point notre inconscience

---

[1]. 1895 et 1898.

à l'égard des conditions les plus simples et les plus constantes de notre existence et de nos jugements rend notre conception de l'histoire si grossière, notre politique si vaine, et parfois si naïve dans ses calculs. Elle conduit les plus grands hommes à concevoir des desseins qu'ils évaluent par imitation et par rapport à des conventions dont ils ne voient pas l'insuffisance.

J'avais en ce temps-là le loisir de m'engager dans les lacunes de mon esprit. Je me pris à essayer de développer mon sentiment ou mon idée infuse de l'Europe. Je rappelai à moi le peu que je savais. Je me fis des questions, je rouvris, j'entrouvris des livres.

Je croyais qu'il fallait étudier l'histoire, et même l'approfondir, pour se faire une idée juste du jour même. Je savais que toutes les têtes occupées du lendemain des peuples en étaient nourries. Mais quant à moi je n'y trouvai qu'un *horrible mélange*. Sous le nom d'histoire de l'Europe, je ne voyais qu'une collection de chroniques parallèles qui s'entremêlaient par endroits. Aucune méthode ne semblait avoir précédé le choix des « faits », décidé de leur importance, déterminé nettement l'objet poursuivi. Je remarquai un nombre incroyable d'hypothèses implicites et d'entités mal définies.

L'histoire, ayant pour matière *la quantité des événements ou des états qui dans le passé ont pu tomber sous le sens de quelque témoin,* la sélection, la classification, l'expression des faits qui nous sont conservés ne nous sont pas imposées par la nature des choses; elles devraient résulter d'une analyse et de décisions explicites; elles sont pratiquement toujours abandonnées à des habitudes et à des manières traditionnelles de penser ou de parler dont nous ne soupçonnons pas le caractère accidentel ou arbitraire. Cependant nous savons que dans toutes les branches de la connaissance, un progrès décisif se déclare au moment que des notions spéciales, tirées de la considération précise des objets mêmes du savoir, et faites exactement pour relier directement l'observation à l'opération de la pensée et celle-ci à nos pouvoirs d'action, se substituent au langage ordinaire, moyen de première approximation que nous fournissent l'éducation et l'usage. Ce moment capital des définitions et des conventions nettes et spéciales qui viennent remplacer les significations d'origine confuse et statistique n'est pas arrivé pour l'histoire.

En somme, ces livres où je cherchais ce qu'il me fallait pour apprécier l'effet singulier que me produisaient quelques nouvelles, ne m'offraient qu'un désordre d'images, de symboles et de thèses dont je pouvais déduire ce que je voulais, mais non ce qu'il me fallait. Me résumant mes impressions, je me disais qu'une partie des œuvres historiques s'applique et se réduit à nous colorer quelques scènes, étant convenu que ces images *doivent* se placer dans le « passé ». Cette convention a de tout temps engendré de très beaux livres; et parmi ces livres, il n'y a pas lieu de distinguer (puisqu'il ne s'agit que du plaisir ou de l'excitation qu'ils procurent), entre ceux de témoins véritables et ceux de témoins imaginaires. Ces ouvrages sont parfois d'une *vérité* irrésistible; ils sont pareils à ces portraits dont les modèles sont poussière depuis des siècles, et qui nous font toutefois crier à la ressemblance. Rien, dans leurs effets instantanés sur le lecteur, ne permet de distinguer, sous le rapport de l'authenticité, entre les peintures de Tacite, de Michelet, de Shakespeare, de Saint-Simon ou de Balzac. On peut à volonté les considérer tous comme *inventeurs,* ou bien tous comme *reporters.* Les prestiges de l'art d'écrire nous transportent fictivement dans les époques qui leur plaisent. C'est pourquoi, entre le pur conte et le livre d'histoire pure, tous les *tirages,* tous les degrés existent : romans historiques, biographies romanesques, etc. On sait d'ailleurs que dans l'histoire même, parfois paraît le surnaturel. La personnalité du lecteur est alors directement mise en cause; car c'est lui dont le sentiment admettra ou rejettera certains faits, décidera ce qui est histoire et ce qui ne l'est point.

Une autre catégorie d'historiens construisent des traités si bien raisonnés, si sagaces, si riches en jugements profonds sur l'homme et sur l'évolution des affaires, que nous ne pouvons penser que les choses se soient engagées et développées différemment.

De tels travaux sont des merveilles de l'esprit. Il en est que rien ne passe dans la littérature et dans la philosophie; mais il faut prendre garde que les affections et les couleurs dont les premiers nous séduisent et nous amusent, la causalité admirable dont les seconds nous persuadent, dépendent essentiellement des talents de l'écrivain et de la résistance critique du lecteur.

Il n'y aurait qu'à jouir de ces beaux fruits de l'art historique et nulle objection ne s'élèverait contre leur usage, si la politique n'en était tout influencée. Le *passé,* plus ou moins fantastique, ou plus ou moins organisé après coup, agit sur le futur avec une puissance comparable à celle du présent même. Les sentiments et les ambitions s'excitent de souvenirs de lectures, de souvenirs de souvenirs, bien plus qu'ils ne résultent de perceptions et de données actuelles. Le caractère réel de l'histoire est de prendre part à l'histoire même. L'idée du passé ne prend un sens et ne constitue une valeur que pour l'homme qui se trouve en soi-même une passion de l'avenir. L'avenir, par définition, n'a point d'image. L'histoire lui donne les moyens d'être pensé. Elle forme pour l'imagination une table de situations et de catastrophes, une galerie d'ancêtres, un formulaire d'actes, d'expressions, d'attitudes, de décisions offerts à notre instabilité et à notre incertitude, pour nous aider *à devenir*. Quand un homme ou une assemblée, saisis de circonstances pressantes ou embarrassantes, se trouvent contraints d'agir, leur délibération considère bien moins l'état même des choses *en tant qu'il ne s'est jamais présenté jusque-là,* qu'elle ne consulte ses souvenirs imaginaires. Obéissant à une sorte de loi de moindre action, répugnant à créer, à répondre par l'invention à l'originalité de la situation, la pensée hésitante tend à se rapprocher de l'automatisme; elle sollicite les précédents et se livre à l'esprit historique qui l'induit à *se souvenir d'abord,* même quand il s'agit de disposer pour un cas tout à fait nouveau. L'histoire alimente l'histoire.

Il est probable que Louis XVI n'eût pas péri sur l'échafaud sans l'exemple de Charles Ier, et que Bonaparte, s'il n'eût médité le changement de la République romaine en un empire fondé sur le pouvoir militaire, ne se fût point fait empereur. Il était un amateur passionné de lectures historiques; il a rêvé toute sa vie d'Annibal, de César, d'Alexandre et de Frédéric; et cet homme fait pour créer, qui s'est trouvé en possession de reconstruire une Europe politique que l'état des esprits après trois siècles de découvertes, et au sortir du bouleversement révolutionnaire, pouvait permettre d'organiser, s'est perdu dans les perspectives du passé et dans des mirages de grandeurs mortes. Il a décliné dès qu'il a cessé de dérouter. Il s'est ruiné pour s'être rendu semblable à ses adversaires, pour avoir adoré leurs idoles, imité de toute sa force ce qui faisait leur faiblesse, et substitué à sa vision propre et directe des choses l'illusion du décor de la politique historique.

Bismarck, au Congrès de Berlin, dominé par cet esprit

historique qu'il prend pour esprit réaliste, ne veut considérer que l'Europe, se désintéresse de l'Afrique, n'use de son génie, de son prestige qui le faisait maître de l'instant, que pour engager les puissances dans des intérêts coloniaux qui les oppossassent et les maintinssent rivales, jalousement divisées, sans prévoir que l'heure était toute proche où l'Allemagne devrait convoiter ardemment ce qu'elle avait excité les autres nations à se partager, et les assemblerait par là contre elle-même, trop tard venue. Il a bien pensé au lendemain, mais point à un lendemain qui ne se fût jamais présenté.

A cette exagération du rôle des souvenirs d'autrui, plus ou moins exacts, plus ou moins significatifs, correspond et s'accorde une absence ou une insuffisance de méthode dans le choix, la classification, la détermination des valeurs des choses enregistrées. En particulier, l'histoire semble ne tenir aucun compte de l'échelle des phénomènes qu'elle représente. Elle omet de signaler les relations qui doivent nécessairement exister entre la figure et la grandeur des événements ou des situations qu'elle rapporte; les nombres et les grandeurs sont toutefois des éléments essentiels de description. Elle ne s'inquiète pas des problèmes de *similitude*. C'est là une des causes qui font si fallacieux l'usage politique de l'histoire. Ce qui était possible dans l'étendue d'une cité antique ne l'est plus dans les dimensions d'une grande nation; ce qui était vrai dans l'Europe de 1870 ne l'est plus quand les intérêts et les liaisons s'élargissent à toute la terre. Les notions mêmes dont nous nous servons pour penser aux objets politiques et pour en discourir, et qui sont demeurées invariables malgré le changement prodigieux de l'ordre de grandeur et du nombre des relations, sont insensiblement devenues trompeuses ou incommodes. Le mot *peuple,* par exemple, avait un sens précis quand on pouvait rassembler *tous* les citoyens d'une cité autour d'un tertre, dans un Champ de Mars. Mais l'accroissement du nombre, le passage de l'ordre des mille à celui des millions, a fait de ce mot un terme monstrueux dont le sens dépend de la phrase où il entre; il désigne tantôt la totalité indistincte et jamais présente nulle part; tantôt le plus grand nombre, opposé au nombre restreint des individus plus fortunés ou plus cultivés...

Les mêmes observations s'appliquent aux durées. Rien de plus aisé que de relever dans les livres d'histoire l'absence de phénomènes considérables que la lenteur de leur production rend imperceptibles. Ils échappent à l'historien, car aucun document ne les mentionne expressément. Ils ne pourraient être perçus et relevés que par un système préétabli de questions et de définitions préalables qui n'a jamais été conçu jusqu'ici. Un événement qui se dessine en un siècle ne figure dans aucun diplôme, dans aucun recueil de mémoires. Tel, le rôle immense et singulier de la ville de Paris dans la vie de la France à partir de la Révolution. Telle, la découverte de l'électricité et la conquête de la terre par ses applications. Ces événements sans pareils dans l'histoire humaine n'y paraissent, quand ils y paraissent, que moins accusés que telle affaire plus *scénique,* et surtout plus conforme à ce que l'histoire traditionnelle a coutume de rapporter. L'électricité, du temps de Napoléon, avait à peu près l'importance que l'on pouvait donner au christianisme du temps de Tibère. Il devient peu à peu évident que cette innervation générale du monde est plus grosse de conséquences, plus capable de modifier la vie prochaine que tous les événements « politiques » survenus depuis Ampère jusqu'à nous.

On voit par ces remarques à quel point notre pensée historique est dominée par des traditions et des conventions inconscientes, combien peu elle a été influencée par le travail général de revision et de réorganisation qui s'est produit dans tous les domaines du savoir dans les temps modernes. Sans doute la critique historique a-t-elle fait de grands progrès; mais son rôle se borne en général à discuter des faits et à établir leur probabilité; elle ne s'inquiète pas de leur qualité. Elle les reçoit et les exprime à son tour en termes traditionnels, qui impliquent eux-mêmes toute une formation historique de concepts, par quoi s'introduit dans l'histoire le désordre initial qui résulte d'une infinité de points de vue ou d'observateurs. Tout chapitre d'histoire contient un nombre quelconque de données subjectives et de « constantes arbitraires ». Il en résulte que le problème de l'historien demeure indéterminé dès qu'il ne se borne plus à établir ou à contester l'existence d'un fait qui eût pu tomber sous le sens de quelque témoin. La notion d'*événement,* qui est fondamentale, ne semble pas avoir été reprise et repensée comme il conviendrait, et c'est ce qui explique que des relations de première importance n'ont jamais été signalées ou n'ont pas été mises en valeur, comme je le montrerai tout à l'heure. Tandis que dans les sciences de la nature, les recherches multipliées depuis trois siècles nous ont refait une manière de voir, et substitué à la vision et à la classification naïve de leurs objets, des systèmes de notions spécialement élaborées, nous en sommes demeurés dans l'ordre historico-politique à l'état de considération passive et d'observation désordonnée. Le même individu qui peut penser physique ou biologie avec des instruments de pensée comparables à des instruments de précision, pense politique au moyen de termes impurs, de notions variables, de métaphores illusoires. L'image du monde, telle qu'elle se forme et agit dans les têtes politiques des divers genres et des différents degrés est fort loin d'être une représentation satisfaisante et méthodique du moment.

Désespérant de l'histoire, je me mis à songer à l'étrange condition où nous sommes presque tous, simples particuliers de bonne foi et de bonne volonté, qui nous trouvons engagés dès la naissance dans un drame politico-historique inextricable. Nul d'entre nous ne peut intégrer, reconstituer la nécessité de l'univers politique où il se trouve, au moyen de ce qu'il peut observer dans sa sphère d'expérience. Les plus instruits, les mieux placés peuvent même se dire, en évoquant ce qu'ils savent, en le comparant à ce qu'ils voient, que ce savoir ne fait qu'obscurcir le problème politique immédiat qui consiste après tout *dans la détermination des rapports d'un homme avec la masse des hommes qu'il ne connaît pas.* Quelqu'un de sincère avec soi-même et qui répugne à spéculer sur des objets qui ne se raccordent pas rationnellement à sa propre expérience, à peine ouvre-t-il son journal, le voici qui pénètre dans un monde métaphysique désordonné. Ce qu'il lit, ce qu'il entend excède étrangement ce qu'il constate ou pourrait constater. S'il se résume son impression : *Point de politique sans mythes,* pense-t-il.

Ayant donc fermé tous ces livres écrits en un langage dont les conventions étaient visiblement incertaines pour ceux-là mêmes qui l'employaient, j'ouvris un atlas et feuilletai distraitement cet album des figures du monde. Je regardai et je songeai. J'ai songé tout d'abord au degré de précision des cartes que j'avais sous les yeux. Je trouvais là un exemple simple de ce qu'on nommait le *progrès,* il y a soixante ans. Un portulan de jadis, une carte du XVIe siècle, une moderne, marquent nettement des étapes, me dis-je...

L'œil de l'enfant s'ouvre d'abord dans un chaos de lumières et d'ombres, tourne et s'oriente à chaque instant dans un groupe d'inégalités lumineuses; et il n'y a rien de commun encore entre ces régions de lueurs et les autres sensations de son corps. Mais les petits mouvements de ce corps lui imposent d'autre part un tout autre désordre d'impressions : il touche, il tire, il presse; en son être, peu à peu, se dégrossit le sentiment total de sa propre forme. Par moments distincts et progressifs, s'organise cette connaissance; l'édifice de relations et de prévisions se dégage des contrastes et des séquences. L'œil, et le tact, et les actes se coordonnent en une table à plusieurs entrées, qui est le monde sensible, et il arrive enfin – *événement capital!* – qu'un certain système de correspondances soit nécessaire et suffisant pour ajuster uniformément toutes les sensations colorées à toutes les sensations de la peau et des muscles. Cependant les *forces* de l'enfant s'accroissent, et le réel se construit comme une figure d'équilibre en laquelle la diversité des impressions et les conséquences des mouvements se composent.

L'espèce humaine s'est comportée comme cet être vivant le fait quand il s'anime et se développe dans un milieu dont il explore peu à peu et assemble par tâtonnements et raccords successifs les propriétés et l'étendue. L'espèce a reconnu lentement et irrégulièrement la figure superficielle de la terre; visité et représenté de plus en plus près ses parties; soupçonné et vérifié sa convexité fermée; trouvé et résumé les lois de son mouvement; découvert, évalué, exploité les ressources et les réserves utilisables de la mince couche dans laquelle toute vie est contenue...

Accroissement de netteté et de précision, accroissement de puissance, voilà les faits essentiels de l'histoire des temps modernes; et que je trouve essentiels, parce qu'ils tendent à modifier l'homme même, et que la modification de la vie dans ses modes de conservation, de diffusion et de relation me paraît être le critérium de l'importance des faits à retenir et à méditer. Cette considération transforme les jugements sur l'histoire et sur la politique, y fait apparaître des disproportions et des lacunes, des présences et des absences arbitraires.

A ce point de mes réflexions, il m'apparut que toute l'aventure de l'homme jusqu'à nous devait se diviser en deux phases bien différentes : la première, comparable à la période de ces tâtonnements désordonnés, de ces pointes et de ces reculs dans un milieu informe, de ces éblouissements et de ces impulsions dans l'illimité, qui est l'histoire de l'enfant dans le chaos de ses premières expériences. Mais un certain ordre s'installe; une ère nouvelle commence. Les actions en milieu fini, bien déterminé, nettement délimité, richement et puissamment relié, n'ont plus les mêmes caractères ni les mêmes conséquences qu'elles avaient dans un monde informe et indéfini.

Observons toutefois que ces périodes ne peuvent se distinguer nettement dans les faits. Une fraction du genre humain vit déjà dans les conditions de la seconde, cependant que le reste se meut encore dans la première. Cette inégalité engendre une partie notable des complications actuelles.

Considérant alors l'ensemble de mon époque, et tenant compte des remarques précédentes, je m'efforçai de ne percevoir que les circonstances les plus simples et les plus générales, qui fussent en même temps des circonstances nouvelles.

Je constatai presque aussitôt un événement considérable, un fait de première grandeur, que sa grandeur même, son évidence, sa nouveauté, ou plutôt sa singularité essentielle avaient rendu imperceptible à nous autres ses contemporains.

Toute la terre habitable a été de nos jours reconnue, relevée, partagée entre des nations. L'ère des terrains vagues, des territoires libres, des lieux qui ne sont à personne, donc l'ère de libre expansion est close. Plus de roc qui ne porte un drapeau; plus de vides sur la carte; plus de région hors des douanes et hors des lois; plus une tribu dont les affaires n'engendrent quelque dossier et ne dépendent, par les maléfices de l'écriture, de divers humanistes lointains dans leurs bureaux. *Le temps du monde fini commence.* Le recensement général des ressources, la statistique de la main-d'œuvre, le développement des organes de relation se poursuivent. Quoi de plus remarquable et de plus important que cet inventaire, cette distribution et cet enchaînement des parties du globe? Leurs effets sont déjà immenses. Une solidarité toute nouvelle, excessive et instantanée, entre les régions et les événements est la conséquence déjà très sensible de ce grand fait. Nous devons désormais rapporter tous les phénomènes politiques à cette condition universelle récente; chacun d'eux représentant une obéissance ou une résistance aux effets de ce bornage définitif et de cette dépendance de plus en plus étroite des agissements humains. Les habitudes, les ambitions, les affections contractées au cours de l'histoire antérieure ne cessent point d'exister – mais insensiblement transportées dans un milieu de structure très différente, elles y perdent leur sens et deviennent causes d'efforts infructueux et d'erreurs.

La reconnaissance totale du champ de la vie humaine étant accomplie, il arrive qu'à cette période de prospection succède une période de relation. Les parties d'un monde fini et connu se relient nécessairement entre elles de plus en plus.

Or, toute politique jusqu'ici spéculait sur *l'isolement des événements*. L'histoire était faite d'événements qui se pouvaient *localiser*. Chaque perturbation produite en un point du globe se développait comme dans un milieu illimité; ses effets étaient nuls à distance suffisamment grande; tout se passait à Tokio comme si Berlin fût à l'infini. Il était donc possible, il était même raisonnable de prévoir, de calculer et d'entreprendre. Il y avait place dans le monde pour une ou plusieurs grandes politiques bien dessinées et bien suivies.

Ce temps touche à sa fin. Toute action désormais fait retentir une quantité d'intérêts imprévus de toutes parts, elle engendre un train d'événements immédiats, un désordre de résonance dans une enceinte fermée. Les *effets des effets*, qui étaient autrefois insensibles ou négligeables relativement à la durée d'une vie humaine, et à l'air d'action d'un pouvoir humain, se font sentir presque instantanément à toute distance, reviennent aussitôt vers leurs causes, ne s'amortissent que dans l'imprévu. L'attente du calculateur est toujours trompée, et l'est en quelques mois ou en peu d'années.

En quelques semaines, des circonstances très éloignées changent l'ami en ennemi, l'ennemi en allié, la victoire en défaite. Aucun raisonnement économique n'est possible. Les plus experts se trompent; le paradoxe règne.

Il n'est de prudence, de sagesse ni de génie que cette complexité ne mette rapidement en défaut, car il n'est plus de durée, de continuité ni de causalité reconnaissable dans cet univers de relations et de contacts multipliés. Prudence, sagesse, génie ne sont jamais identifiés que par une certaine suite d'heureux succès; dès que l'accident et le désordre dominent, le jeu savant ou inspiré devient indiscernable d'un jeu de hasard; les plus beaux dons s'y perdent.

Par là, la nouvelle politique est à l'ancienne ce que les brefs calculs d'un agioteur, les mouvements nerveux de la spéculation dans l'enceinte du marché, ses oscillations brusques, ses retournements, ses profits et ses pertes instables sont à l'antique économie du père de famille, à l'attentive et lente agrégation des patrimoines... Les desseins longuement suivis, les profondes pensées d'un Machiavel ou d'un Richelieu auraient aujourd'hui la consistance et la valeur d'un « tuyau de Bourse ».

Ce monde limité et dont le nombre des connexions qui en rattachent les parties ne cesse de croître, est aussi un monde qui s'équipe de plus en plus. L'Europe a fondé la science, qui a transformé la vie et multiplié la puissance de ceux qui la possédaient. Mais par sa nature même, elle est essentiellement transmissible; elle se résout nécessairement en méthodes et en recettes universelles. Les moyens qu'elle donne aux uns, tous les autres les peuvent acquérir.

Ce n'est pas tout. Ces moyens accroissent la production, et non seulement en quantité. Aux objets traditionnels du commerce viennent s'adjoindre une foule d'objets nouveaux dont le désir et le besoin se créent par contagion ou imitation. On arrive bientôt à exiger de peuples moins avancés qu'ils acquièrent ce qu'il leur faut de connaissances pour devenir amateurs et acheteurs de ces nouveautés. Parmi elles, les armes les plus récentes. L'usage qu'on en fait contre eux les contraint d'ailleurs à s'en procurer. Ils n'y trouvent aucune peine; on se bat pour leur en fournir; on se dispute l'avantage de leur prêter l'argent dont ils les paieront.

Ainsi l'inégalité artificielle de forces sur laquelle se

fondait depuis trois siècles la prédominance européenne tend à s'évanouir rapidement. L'inégalité fondée sur les caractères statistiques bruts tend à reparaître.

L'Asie est environ quatre fois plus vaste que l'Europe. La superficie du continent américain est légèrement inférieure à celle de l'Asie. La population de la Chine est à soi seule au moins égale à celle de l'Europe; celle du Japon, supérieure à celle de l'Allemagne.

Or, la politique européenne *locale,* dominant et rendant absurde la politique européenne *universalisée,* a conduit les Européens concurrents à exporter les procédés et les engins qui faisaient de l'Europe la suzeraine du monde. Les Européens se sont disputé le profit de déniaiser, d'instruire et d'armer des peuples immenses, immobilisés dans leurs traditions, et qui ne demandaient qu'à demeurer dans leur état.

De même que la diffusion de la culture dans un peuple y rend peu à peu impossible la conservation des castes, et de même que les possibilités d'enrichissement rapide de toute personne par le commerce et l'industrie ont rendu illusoire et caduque toute hiérarchie sociale stable – ainsi en sera-t-il de l'inégalité fondée sur le pouvoir technique.

Il n'y aura rien eu de plus sot dans toute l'histoire que la concurrence européenne en matière politique et économique, comparée, combinée et confrontée avec l'unité et l'alliance européenne en matière scientifique. Pendant que les efforts des meilleures têtes de l'Europe constituaient un capital immense de savoir utilisable, la tradition naïve de la politique historique de convoitise et d'arrière-pensées se poursuivait, et cet esprit de *Petits-Européens* livrait, par une sorte de trahison, à ceux mêmes qu'on entendait dominer, les méthodes et les instruments de puissance. La lutte pour des concessions ou pour des emprunts, pour introduire des machines ou des praticiens, pour créer des écoles ou des arsenaux – lutte qui n'est autre chose que le transport à longue

Avant-propos

distance des dissensions occidentales –, entraîne fatalement le retour de l'Europe au rang secondaire que lui assignent ses dimensions, et duquel les travaux et les échanges internes de son esprit l'avaient tirée. L'Europe n'aura pas eu la politique de sa pensée.

Il est inutile de se représenter des événements violents, de gigantesques guerres, des inverventions à la Témoudjine, comme conséquence de cette conduite puérile et désordonnée. Il suffit d'imaginer le pire. Considérez un peu ce qu'il adviendra de l'Europe quand il existera par ses soins, en Asie, deux douzaines de Creusot ou d'Essen, de Manchester, ou de Roubaix, quand l'acier, la soie, le papier, les produits chimiques, les étoffes, la céramique et le reste y seront produits en quantités écrasantes, à des prix invincibles, par une population qui est la plus sobre et la plus nombreuse du monde, favorisée dans son accroissement par l'introduction des pratiques de l'hygiène.

Telles furent mes réflexions très simples devant mon atlas, quand les deux conflits dont j'ai parlé, et d'autre part, l'occasion de la petite étude que j'ai dû faire à cette époque sur le développement méthodique de l'Allemagne, m'eurent induit à ces questions.
Les grandes choses survenues depuis lors ne m'ont pas contraint de modifier ces idées élémentaires qui ne dépendaient que de constatations bien faciles et presque purement quantitatives. *La Crise de l'Esprit* que j'ai écrite au lendemain de la paix, ne contient que le développement de ces pensées qui m'étaient venues plus de vingt ans auparavant. Le résultat immédiat de la Grande Guerre fut ce qu'il devait être : il n'a fait

qu'accuser et précipiter le mouvement de décadence de l'Europe. Toutes ses plus grandes nations affaiblies simultanément; les contradictions internes de leurs principes devenue éclatantes; le recours désespéré des deux partis aux non-Européens, comparable au recours à l'étranger qui s'observe dans les guerres civiles; la destruction réciproque du prestige des nations occidentales par la lutte des propagandes, et je ne parle point de la diffusion accélérée des méthodes et des moyens militaires, ni de l'extermination des élites – telles ont été les conséquences, quant à la condition de l'Europe dans le monde, de cette crise longuement préparée par une quantité d'illusions, et qui laisse après elle tant de problèmes, d'énigmes et de craintes, une situation plus incertaine, les esprits plus troublés, un avenir plus ténébreux qu'ils ne l'étaient en 1913. Il existait alors en Europe un équilibre de forces; mais la paix d'aujourd'hui ne fait songer qu'à une sorte d'équilibre de faiblesses, nécessairement plus instable.

NOTES SUR LA GRANDEUR
ET DÉCADENCE DE L'EUROPE

Dans les temps modernes, pas une puissance, pas un empire en Europe n'a pu demeurer au plus haut, commander au large autour de soi, ni même garder ses conquêtes pendant plus de cinquante ans. Les plus grands hommes y ont échoué; même les plus heureux ont conduit leurs nations à la ruine. Charles Quint, Louis XIV, Napoléon, Metternich, Bismarck, durée moyenne : quarante ans. Point d'exception.

L'Europe avait en soi de quoi se soumettre, et régir, et ordonner à des fins européennes le reste du monde. Elle avait des moyens invincibles et les hommes qui les avaient créés. Fort au-dessous de ceux-ci étaient ceux qui disposaient d'elle. Ils étaient nourris du passé : ils n'ont su que faire du passé. L'occasion aussi est passée. Son histoire et ses traditions politiques; ses querelles de villages, de clochers et de boutiques; ses jalousies et rancunes de voisins; et, en somme, le manque de vues, le petit esprit hérité de l'époque où elle était aussi ignorante et non plus puissante que les autres régions du globe, ont fait perdre à l'Europe cette immense occasion dont elle ne s'est même pas doutée en temps utile qu'elle existait. Napoléon semble être le seul qui ait pressenti ce qui devait se produire et ce qui pourrait s'entreprendre. Il a pensé à l'échelle du monde actuel, n'a pas été compris, et l'a dit. Mais il venait trop tôt; les temps n'étaient pas mûrs; ses moyens étaient loin des nôtres. On s'est remis après lui à considérer les hectares du voisin et à raisonner sur l'instant.

Les misérables Européens ont mieux aimé jouer aux Armagnacs et aux Bourguignons, que de prendre sur toute la terre le grand rôle que les Romains surent prendre et tenir pendant des siècles dans le monde de leur temps. Leur nombre et leurs moyens n'étaient rien auprès des nôtres; mais ils trouvaient dans les entrailles de leurs poulets plus d'idées justes et conséquentes que toutes nos sciences politiques n'en contiennent.

L'Europe sera punie de sa politique; elle sera privée de vins et de bière et de liqueurs. Et d'autres choses...

L'Europe aspire visiblement à être gouvernée par une commission américaine. Toute sa politique s'y dirige.

Ne sachant nous défaire de notre histoire, nous en serons déchargés par des peuples heureux qui n'en ont point ou presque point. Ce sont des peuples heureux qui nous imposeront leur bonheur.

L'Europe s'était distinguée nettement de toutes les parties du monde. Non point par sa politique, mais malgré cette politique, et plutôt contre elle, elle avait developpé à l'extrême la liberté de son esprit, combiné sa passion de comprendre à sa volonté de rigueur, inventé une curiosité précise et active, créé, par la recherche obstinée de résultats qui se pussent comparer exactement et ajouter les uns aux autres, un capital de lois et de procédés très puissants. Sa politique, cependant, demeura telle quelle; n'empruntant des richesses et des ressources singulières dont je viens de parler que ce qu'il fallait pour fortifier cette politique primitive et lui donner des armes plus redoutables et plus barbares.

Il apparut donc un contraste, une différence, une étonnante discordance entre l'état du même esprit selon qu'il se livrait à son travail désintéressé, à sa conscience rigoureuse et critique, à sa profondeur savamment explorée, et son état quand il s'appliquait aux intérêts politiques. Il semblait réserver à sa politique ses productions les plus négligées, les plus négligeables et les plus viles : des instincts, des idoles, des souvenirs, des regrets, des convoitises, des sons sans signification et des significations vertigineuses... tout ce dont la science, ni les arts, ne voulaient pas, et même qu'ils ne pouvaient plus souffrir.

Toute politique implique (et généralement ignore qu'elle implique) une certaine idée de l'homme, et même une opinion sur le destin de l'espèce, toute une métaphysique qui va du sensualisme le plus brut jusqu'à la mystique la plus osée.

Supposez quelquefois que l'on vous remette le pouvoir sans réserves. Vous êtes honnête homme, et votre ferme propos est de faire de votre mieux. Votre tête est solide; votre esprit peut contempler distinctement les choses, se les présenter dans leurs rapports; et enfin vous êtes détaché de vous-même, vous êtes placé dans une situation si élevée et si puissamment intéressante que les propres intérêts de votre personne en sont nuls ou insipides au prix de ce qui est devant vous et du possible qui est à vous. Même, vous n'êtes pas troublé par ce qui troublerait tout autre, par l'idée de l'attente qui est dans tous, et vous n'êtes intimidé ni accablé par l'espoir que l'on met en vous.

Eh bien! Qu'allez-vous faire? Qu'allez-vous faire AUJOURD'HUI?

Il y a des victoires *per se* et des victoires *per accidens*.

La paix est une victoire virtuelle, muette, continue, des forces possibles contre les convoitises probables.

Il n'y aurait de paix véritable que si tout le monde était satisfait. C'est dire qu'il n'y a pas souvent de paix véritable. Il n'y a que des paix réelles, qui ne sont comme les guerres que des expédients.

Les seuls traités qui compteraient sont ceux qui concluraient entre les arrière-pensées.

Tout ce qui est avouable est comme destitué de tout avenir.

On se flatte d'imposer sa volonté à l'adversaire. Il arrive qu'on y parvienne. Mais ce peut être une néfaste volonté. Rien ne me paraît plus difficile que de déterminer les vrais intérêts d'une nation, qu'il ne faut pas confondre avec ses vœux. L'accomplissement de nos désirs ne nous éloigne pas toujours de notre perte.

Une guerre dont l'issue n'a été due qu'à l'inégalité des puissances totales des adversaires, est une guerre suspendue.

Les actes de quelques hommes ont pour des millions d'hommes des conséquences comparables à celles qui résultent pour tous les vivants des perturbations et des variations de leur milieu. Comme des causes naturelles produisent la grêle, le typhon, les épidémies, ainsi des causes intelligentes agissent sur des millions d'hommes, dont l'immense majorité les subit comme elle subit les caprices du ciel, de la mer, de l'écorce terrestre. L'intelligence et la volonté affectant les masses en tant que causes physiques et aveugles – *ce qu'on nomme politique.*

DES NATIONS

Ce n'est jamais chose facile de se représenter nettement ce qu'on nomme une nation. Les traits les plus simples et les plus forts échappent aux gens du pays, qui sont insensibles à ce qu'ils ont toujours vu. L'étranger qui les perçoit, les perçoit trop puissamment, et ne ressent pas cette quantité de correspondances intimes et de réciprocités invisibles par quoi s'accomplit le mystère de l'union profonde de millions d'hommes.

Il y a donc deux grandes manières de se tromper au sujet d'une nation donnée.

D'ailleurs, l'idée même de nation en général ne se laisse pas capturer aisément. L'esprit s'égare entre les aspects très divers de cette idée; il hésite entre des modes très différents de définition. A peine a-t-il cru trouver une formule qui le contente, elle-même aussitôt lui suggère quelque cas particulier qu'elle a oublié d'enfermer.

Cette idée nous est aussi familière dans l'usage et présente dans le sentiment qu'elle est complexe ou indéterminée devant la réflexion. Mais il en est ainsi de tous les mots de grande importance. Nous parlons facilement du droit, de la race, de la propriété. Mais qu'est-ce que le droit, que la race, que la propriété? Nous le savons et ne le savons pas!

Ainsi toutes ces notions puissantes, à la fois abstraites et vitales, et d'une vie parfois si intense et si impérieuse en nous, tous ces termes qui composent dans les esprits des peuples et des hommes d'Etat, les pensées, les projets, les raisonnements, les décisions auxquels sont suspendus les destins, la prospérité ou la ruine, la vie ou la mort des humains, sont des symboles vagues et impurs à la réflexion... Et les hommes, toutefois, quand ils se servent entre eux de ces indéfinissables, se comprennent l'un l'autre fort bien. Ces notions sont donc nettes et suffisantes de l'un à l'autre; obscures et comme infiniment divergentes dans chacun pris à part.

Les nations sont étranges les unes aux autres, comme le sont des êtres de caractères, d'âges, de croyances, de mœurs et de besoins différents. Elles se regardent entre elles curieusement et anxieusement; sourient; font la moue; admirent un détail et l'imitent; méprisent l'ensemble; sont mordues de jalousie ou dilatées par le dédain. Si sincère que puisse être quelquefois leur désir de s'entretenir et de se comprendre, l'entretien s'obscurcit et cesse toujours à un certain point. Il y a je ne sais quelles limites infranchissables à sa profondeur et à sa durée.

Plus d'une est intimement convaincue qu'elle est en soi et par soi la nation par excellence, l'élue de l'avenir infini, et la seule à pouvoir prétendre, quels que soient son état du moment, sa misère ou sa faiblesse, au développement suprême des virtualités qu'elle s'attribue. Chacune a des arguments dans le passé ou dans le possible; aucune n'aime à considérer ses malheurs comme ses enfants légitimes.

Suivant qu'elles se comparent aux autres sous les rapports ou de l'étendue, ou du nombre, ou du progrès matériel, ou des mœurs, ou des libertés, ou de l'ordre public, ou bien de la culture et des œuvres de l'esprit, ou bien même des souvenirs et des espérances, les nations se trouvent nécessairement des motifs de se préférer. Dans la partie perpétuelle qu'elles jouent, chacune d'elles tient ses cartes. Mais il en est de ces cartes qui sont réelles et d'autres imaginaires. Il est des nations qui n'ont en main que des atouts du Moyen Age, ou de l'Antiquité, des valeurs mortes et vénérables; d'autres comptent leurs beaux-arts, leurs sites, leurs musiques locales, leurs grâces ou leur noble histoire, qu'elles jettent sur le tapis au milieu des vrais trèfles et des vrais piques.

Toutes les nations ont des raisons présentes, ou passées, ou futures de se croire incomparables. Et d'ailleurs, elles le sont. Ce n'est pas une des moindres difficultés de la politique spéculative que cette impossibilité de comparer ces grandes entités qui ne se touchent et ne s'affectent l'une l'autre que par leurs caractères et leurs moyens extérieurs. Mais le fait essentiel qui les constitue, leur principe d'existence, le lien interne qui enchaîne entre eux les individus d'un peuple, et les générations entre elles, n'est pas, dans les diverses nations, de la même nature. Tantôt la race, tantôt la langue, tantôt le territoire, tantôt les souvenirs, tantôt les intérêts, instituent diversement l'unité nationale d'une agglomération humaine organisée. La cause profonde de tel groupement peut être d'espèce toute différente de la cause de tel autre.

Il faut rappeler aux nations croissantes qu'il n'y a point d'arbre dans la nature qui, placé dans les meilleures conditions de lumière, de sol et de terrain, puisse grandir et s'élargir indéfiniment.

DE L'HISTOIRE

L'Histoire est le produit le plus dangereux que la chimie de l'intellect ait élaboré. Ses propriétés sont bien connues. Il fait rêver, il enivre les peuples, leur engendre de faux souvenirs, exagère leurs réflexes, entretient leurs vieilles plaies, les tourmente dans leur repos, les conduit au délire des grandeurs ou à celui de la persécution, et rend les nations amères, superbes, insupportables et vaines.

L'Histoire justifie ce que l'on veut. Elle n'enseigne rigoureusement rien, car elle contient tout, et donne des exemples de tout.

Que de livres furent écrits qui se nommaient : « La Leçon de ceci, les Enseignements de cela !... » Rien de plus ridicule à lire après les événements qui ont suivi les événements que ces livres interprétaient dans le sens de l'avenir.

Dans l'état actuel du monde, le danger de se laisser séduire à l'Histoire est plus grand que jamais il ne fut.

Les phénomènes politiques de notre époque s'accompagnent et se compliquent d'un *changement d'échelle* sans exemple, ou plutôt d'un *changement d'ordre des choses*. Le monde auquel nous commençons d'appartenir, hommes et nations, n'est qu'une *figure semblable* du monde qui nous était familier. Le système des causes qui commande le sort de chacun de nous, s'étendant désormais à la totalité du globe, le fait résonner tout entier à chaque ébranlement; il n'y a plus de questions finies pour être finies sur un point.

L'Histoire, telle qu'on la concevait jadis, se présentait comme un ensemble de tables chronologiques parallèles, entre lesquelles quelquefois des transversales accidentelles étaient çà et là indiquées. Quelques essais de synchronisme n'avaient pas donné de résultats, si ce n'est une sorte de démonstration de leur inutilité. Ce qui se passait à Pékin du temps de César, ce qui se passait au Zambèze du temps de Napoléon, se passait dans une autre planète. Mais l'Histoire *mélodique* n'est plus possible. Tous les thèmes politiques sont enchevêtrés, et chaque événement qui vient à se produire prend aussitôt une pluralité de significations simultanées et inséparables.

La politique d'un Richelieu ou d'un Bismarck se perd et perd son sens dans ce nouveau milieu. Les notions dont ils se servaient dans leurs desseins, les objets qu'ils pouvaient proposer à l'ambition de leurs peuples, les forces qui figuraient dans leurs calculs, tout ceci devient peu de chose. La grande affaire des politiques était, elle est encore pour quelques-uns, *d'acquérir un territoire*. On y employait la contrainte, on enlevait à quelqu'un cette terre désirée, et tout était dit. Mais qui ne voit que ces entreprises qui se limitaient à un colloque, suivi d'un duel, suivi d'un pacte, entraîneront dans l'avenir de telles généralisations inévitables que *rien ne se fera plus que le monde entier ne s'en mêle,* et que l'on ne pourra jamais prévoir ni circonscrire les suites *presque immédiates* de ce qu'on aura engagé.

Tout le génie des grands gouvernements du passé se trouve exténué, rendu impuissant et même *inutilisable* par l'agrandissement et l'accroissement de connexions du champ des phénomènes politiques; car il n'est point de génie, point de vigueur du caractère et de l'intellect, point de traditions, même britanniques, qui puissent désormais se flatter de contrarier ou de modifier à leur guise l'état et les réactions d'un univers humain auquel l'ancienne *géométrie historique* et l'ancienne *mécanique politique* ne conviennent plus du tout.

L'Europe me fait songer à un objet qui se trouverait brusquement transporté dans un espace plus complexe, où tous les caractères qu'on lui connaissait, et qui demeurent en apparence les mêmes, se trouvent soumis à des *liaisons* toutes différentes. En particulier, les prévisions que l'on pouvait faire, les calculs traditionnels sont devenus plus vains que jamais ils ne l'ont été.

Les suites de la guerre récente[1] nous font voir des événements qui jadis eussent déterminé pour un long temps, et *dans le sens de leur décision,* la physionomie et la marche de la politique générale, être en quelques années, par la suite du nombre des parties, de l'élargissement du théâtre, de la complication des intérêts, comme vidés de leur énergie, amortis ou contredits par leurs conséquences immédiates.

Il faut s'attendre que de telles transformations deviennent la règle. Plus nous irons, moins les effets seront simples, moins ils seront prévisibles, moins les opérations politiques et même les interventions de la force, en un mot, l'action évidente et directe, seront ce que l'on aura compté qu'ils seraient. *Les grandeurs, les superficies, les masses en présence, leurs connexions, l'impossibilité de localiser, la promptitude des répercussions imposeront de plus en plus une politique bien différente de l'actuelle.*

Les effets devenant si rapidement incalculables par leurs causes, et même antagonistes de leurs causes, peut-être trouvera-t-on puéril, dangereux, insensé désormais, de *chercher* l'événement, d'essayer de le produire, ou d'empêcher sa production; peut-être l'esprit politique cessera-t-il de *penser par événements,* habitude essentiellement due à l'histoire et entretenue par elle. Ce n'est

---

1. Celle de 1914-1918.

point qu'il n'y aura plus d'événements et de *moments monumentaux* dans la durée; il y en aura d'immenses! Mais ceux dont c'est la fonction que de les attendre, de les préparer ou d'y parer, apprendront nécessairement de plus en plus à se défier de leurs suites. Il ne suffira plus de réunir le désir et la puissance pour s'engager dans une entreprise. Rien n'a été plus ruiné par la dernière guerre que la prétention de prévoir. Mais les connaissances historiques ne manquaient point, il me semble?

RÉFLEXIONS MÊLÉES

J'ai observé une chose grave, qui est que tous les grands hommes qui nous ont entretenus des grandes *gestes* qu'ils accomplirent finissaient tous par nous renvoyer au *bon sens*.

Je ne suis pas à mon aise quand on me parle du bon sens. Je crois en avoir, car qui consentirait qu'il n'en a pas? Qui pourrait vivre un moment de plus, s'en étant trouvé dépourvu? Si donc on me l'oppose, je me trouble, je me tourne vers celui qui est en moi, et qui en manque, et qui s'en moque, et qui prétend que le bon sens est la faculté que nous eûmes jadis de nier et de réfuter brillamment l'existence prétendue des antipodes; ce qu'il fait encore aujourd'hui, quand il cherche et qu'il trouve dans l'histoire d'hier les moyens de ne rien comprendre à ce qui se passera demain.

Il ajoute que ce bon sens est une intuition toute locale qui dérive d'expériences non précises ni soignées, qui se mélange d'une logique et d'analogies assez impures pour être universelles. La religion ne l'admet pas dans ses dogmes. Les sciences chaque jour l'ahurissent, le bouleversent, le mystifient.

Ce critique du bon sens ajoute qu'il n'y a pas de quoi se vanter d'être *la chose du monde la plus répandue.*

Mais je lui réponds que rien toutefois ne peut retirer au *bon sens* cette grande utilité qu'il a dans les disputes sur les choses vagues, où il n'est pas d'argument plus puissant sur le public que de l'invoquer pour soi, de proclamer que les autres déraisonnent, et que ce bien si précieux pour être commun réside tout en celui qui parle.

C'est ainsi que l'on met avec soi tous ceux qui méritent d'y être, et qui sont ceux qui croient ce qu'ils lisent.

Napoléon disait qu'à la guerre, presque tout est de bon sens, ce qui est une parole généreuse dans la bouche d'un homme de génie.

Cette parole est remarquable. L'empereur, parmi ses grands dons, avait celui de discerner merveilleusement laquelle de ses facultés il fallait exciter, laquelle il fallait amortir selon l'occasion; même le sommeil était à ses ordres.

Quand il dit ce que j'ai rapporté sur le bon sens, il sépare (comme il se doit) le travail du loisir et de la méditation, de ce travail instantané qui s'opère au milieu des événements, sous la pression du temps, et sous le bombardement des nouvelles. Alors point de délais, point de reprises, l'expédient est la règle – et le *bon sens* est, par hypothèse, le sens de bien choisir parmi les expédients.

Je consens donc sans difficulté que ceux qui agissent en politique, c'est-à-dire qui se dépensent à acquérir ou à conserver quelque parcelle de pouvoir, ne se perdent pas à peser les notions dont ils se servent et dont leurs esprits furent munis une fois pour toutes; je sais bien qu'ils doivent, par nécessité de leur état, travailler sur une image du monde assez grossière, puisqu'elle est et doit être du même ordre de précision, de la même étendue, de la même simplicité de connexion dont la moyenne des esprits se satisfait, cette moyenne étant le principal *suppôt* de toute politique. Pas plus que l'homme d'action, l'*opinion* n'a le temps ni les moyens d'approfondir.

Cette image du monde, qui est assez grossière pour être utile, flotte dans l'air, dans nos esprits, dans les cafés, dans les Parlements et les chancelleries, dans les journaux, c'est-à-dire partout, et se dégage des études et des livres. Mais si générale et si présente qu'elle soit, il est remarquable qu'elle se raccorde fort mal avec la petite portion du monde réel où vit chacun de nous. Je veux dire que, par notre expérience personnelle et immédiate, nous ne pourrions en général reconstituer le système de ce vaste monde politique dont les mouvements, toutefois, les perturbations, les pressions et tensions viennent modifier plus ou moins profondément, directement, soudainement le petit espace qui nous contient, et les formes de vie que nous y vivons et y voyons vivre. Or, le monde réel des humains est fait de pareils éléments variables à chaque instant, dont il n'est que la somme.

Il faut donc reconnaître l'existence d'un monde politique, qui est un *autre monde*, qui, agissant en tout lieu, n'est observable nulle part, et qui occupe une quantité d'esprits de toute grandeur, est, par conséquent, réductible à un *ensemble de conventions* entre tous ces esprits.

La politique se résout ainsi en des combinaisons d'entités conventionnelles qui, s'étant formées on ne sait comment, s'échangent entre les hommes, et produisent des effets dont l'étendue et les retentissements sont incalculables.

Tout développement de la vie en société est un développement de la vie de relation, qui est cette vie combinée des organes des sens et des organes du mouvement, par quoi s'institue le système de signaux et de relais que les tâtonnements, l'expérience et l'imitation précisent et fixent.

Une convention n'est autre chose qu'une application de cette propriété si remarquable. Le langage est une convention, comme toute correspondance entre des actes et des perceptions qui pourrait être substituée par un autre est une convention par rapport à l'ensemble de toutes ces possibilités.

Mais toutes les conventions ne sont pas également heureuses, ni également simples, ni également aisées à instituer. Ce qui importe le plus, c'est qu'une convention soit uniforme, c'est-à-dire non équivoque. Cette condition est assez facile à satisfaire quand l'objet de la convention est sensible, quand on attache un signe à un corps, ou à une qualité d'un corps, ou à un acte. Mais en ce qui concerne les états intérieurs et les produits des conventions simples composées entre elles, l'uniformité des conventions est presque toujours impossible à concevoir et, dans le reste des cas, elle est laborieuse et délicate à instituer. Il y faut d'extrêmes précautions et parfois une subtilité incroyable.

Ces égards particuliers ne se trouvent pas et ne peuvent se trouver dans la pratique, comme je l'ai dit plus haut. La pratique accepte et manœuvre ce qui est.

Une pratique cependant, si ancienne et si profondément accoutumée soit-elle dans les esprits que la plupart ne puissent la considérer différente, n'a d'autre justification à nous offrir que ses résultats. Elle peut s'excuser sur l'excellence de ses résultats, s'il arrive qu'elle déçoit l'examen que l'intellect lui fait subir. Si tout va bien, la logique importe peu, la raison et même la probabilité peuvent être négligées. L'arbre se connaît à ses fruits.

Mais si les fruits sont amers, si une pratique immémoriale n'a cessé d'être malheureuse; si les prévisions qu'elle fait sont toujours déçues, si on la voit recommencer avec une obstination animale les mêmes entreprises que l'événement a cent fois condamnées, alors il est permis d'examiner le système conventionnel qui est nécessairement le lien et l'excitateur de ses actes.

HYPOTHÈSE

Désormais, quand une bataille se livrera en quelque lieu du monde, rien ne sera plus simple que d'en faire entendre le canon à toute la terre. Les tonnerres de Verdun seraient *reçus* aux antipodes.

On pourra même apercevoir quelque chose des combats, et des hommes tomber à six mille milles de soi-même, trois centièmes de seconde après le coup.

Mais sans doute des moyens un peu plus puissants, un peu plus subtils permettront quelque jour d'agir à distance non plus seulement sur les sens des vivants, mais encore sur les éléments plus cachés de la personne psychique. Un inconnu, un opérateur éloigné, excitant les sources mêmes et les systèmes de vie mentale et affective, imposera aux esprits des illusions, des impulsions, des désirs, des égarements artificiels. Nous considérions jusqu'ici nos pensées et nos pouvoirs conscients comme émanés d'une origine simple et constante, et nous concevions, attaché jusqu'à la mort à chaque organisme, un certain *indivisible*, autonome, incomparable, et pour quelques-uns, éternel. Il semblait que notre substance la plus profonde, ce fût une *activité* absolue, et qu'il résidât en chacun de nous je ne sais quel pouvoir initial – quel *quantum* d'indépendance pure. Mais nous sommes dans une époque prodigieuse où les idées les plus accréditées et qui semblaient le plus incontestables se sont vues attaquées, contredites, surprises et dissociées par les *faits*, à ce point que nous assistons à présent à une sorte de faillite de l'imagination et de déchéance de l'entendement, incapables que nous sommes de nous former une représentation homogène du monde qui comprenne toutes les données anciennes et nouvelles de l'expérience.

Cet état me permet de m'aventurer à concevoir que l'on puisse de l'extérieur modifier directement ce qui fut l'âme et fut l'esprit de l'homme.

Peut-être notre substance secrète n'est secrète que pour certaines actions du dehors, et n'est-elle que partiellement défendue contre les influences extérieures. Le bois est opaque pour la lumière que voient nos yeux, il ne l'est pas pour des rayons plus aigus. Ces rayons découverts, notre idée de la transparence en est toute changée. Il y a des exemples si nombreux de ces transformations de nos idées et de nos attentes que je me risque à penser ceci : on estimera un jour que l'expression « Vie intérieure » n'était relative qu'à des moyens de *production et de réception...* classiques, – *naturels,* si l'on veut.

Notre MOI, peut-être, est isolé du milieu, préservé d'être *Tout*, ou d'être *N'importe quoi*, à peu près comme l'est dans mon gousset le mouvement de ma montre ?

Je suppose – je *crois* – qu'elle *conserve le temps,* en dépit de mes allées et venues, de mes attitudes, de ma vitesse et des circonstances innombrables et insensibles qui m'environnent. Mais cette indifférence à l'égard du reste des choses, cette uniformité de son fonctionnement n'existent que pour une observation qui ne perçoit pas ce même reste des choses, qui est donc particulière et superficielle. Qui sait qu'il n'en est pas de même de notre *identité* ? Nous avons beau invoquer notre mémoire ; elle nous donne bien plus de témoignages de notre variation que de notre permanence. Mais nous ne pouvons à chaque instant que nous reconnaître et que reconnaître comme *nôtres* les productions immédiates de la vie mentale. *Nôtre* est ce qui nous vient d'une certaine manière qu'il suffirait de savoir reproduire, ou emprunter, ou solliciter par quelque artifice, pour nous donner le change sur nous-mêmes et nous insinuer des sentiments, des pensées et des volontés indiscernables des nôtres; qui seraient, par leur mode d'introduction, du même ordre d'intimité, de la même spontanéité, du même naturel et personnel irréfutables que nos affections normales et qui seraient toutefois d'origine toute étrangère. Comme le chronomètre placé dans un champ magnétique, ou soumis à un déplacement rapide, change d'allure sans que l'observateur qui ne voit que lui s'en puisse aviser, ainsi des troubles et des modifications quelconques pourraient être infligés à la conscience la plus consciente par des interventions à distance impossibles à déceler.

Ce serait là faire en quelque sorte la *synthèse de la possession*.

La musique parfois donne une idée grossière, un modèle primitif de cette manœuvre des systèmes nerveux. Elle éveille et rendort les sentiments, se joue des souvenirs et des émotions dont elle irrite, mélange, lie et délie les secrètes commandes. Mais ce qu'elle ne fait que par l'intermédiaire sensible, par des sensations qui nous désignent une *cause* physique et une origine nettement séparée, il n'est pas impossible qu'on puisse le produire avec une puissance invincible et méconnaissable, en *induisant* directement les circuits les plus intimes de la vie. C'est en somme un problème de physique. L'action des sons, et particulièrement de leurs timbres, et parmi eux les timbres de la voix – l'action extraordinaire de la voix est un facteur historique d'importance – fait pressentir les effets de vibrations plus subtiles accordées aux résonances des éléments nerveux profonds. Nous savons bien, d'autre part, qu'il est des chemins sans défense pour atteindre aux châteaux de l'âme, y pénétrer et s'en rendre maîtres. Il est des substances qui s'y glissent et s'en emparent. Ce que peut la chimie, la physique des ondes le rejoindra selon ses moyens.

On sait ce qu'ont obtenu des humains les puissants orateurs, les fondateurs de religions, les conducteurs de peuples. L'analyse de leurs moyens, la considération des développements récents des actions à distance suggèrent aisément des rêveries comme celle-ci. Je ne fais qu'aller à peine un peu plus loin que ce qui est. Imagine-t-on ce que serait un monde où le pouvoir de faire vivre plus vite ou plus lentement les hommes, de leur communiquer des tendances, de les faire frémir ou sourire, d'abattre ou de surexciter leurs courages, d'arrêter au besoin les cœurs de tout un peuple, serait connu, défini, exercé!... Que deviendraient alors les prétentions du Moi? Les hommes douteraient à chaque instant s'ils seraient sources d'eux-mêmes ou bien des marionnettes jusque dans le profond du sentiment de leur existence.

Ne peuvent-ils déjà éprouver quelquefois ce malaise? Notre vie en tant qu'elle dépend de ce qui vient à l'esprit, qui semble venir de l'esprit et s'imposer à elle après s'être imposée à lui, n'est-elle pas commandée par une quantité énorme et désordonnée de *conventions* dont la plupart sont implicites? Nous serions bien en peine de les exprimer et de les expliquer. La société, les langages, les lois, les mœurs, les arts, la politique, tout ce qui est fiduciaire dans le monde, tout effet inégal à sa cause exige des conventions, c'est-à-dire des *relais* – par le détour desquels une réalité seconde s'installe, se compose avec la réalité sensible et instantanée, la recouvre, la domine –, se déchire parfois pour laisser apparaître l'effrayante simplicité de la vie élémentaire. Dans nos désirs, dans nos regrets, dans nos recherches, dans nos émotions et passions, et jusque dans l'effort que nous faisons pour nous connaître, nous sommes le jouet de choses absentes – qui n'ont même pas besoin d'exister pour agir.

DES PARTIS

Il n'est de parti qui n'ait enragé contre la patrie.

Ce sur quoi nul parti ne s'explique.
Chacun a ses ombres particulières – ses réserves –
Ses caves de cadavres et de songes inavouables –
Ses trésors de choses irréfléchies et d'étourderies.
Ce qu'il a oublié dans ses vues, et ce qu'il veut faire oublier.

... Ils retirent pous subsister ce qu'ils promettaient pour exister.
Ils se valent au pouvoir; ils se valent hors du pouvoir.

Il ne faut pas hésiter à faire ce qui détache de vous la moitié de vos partisans et qui triple l'amour du reste.

Ce qui plaît à tel dans son parti politique, c'est le vague de l'idéal. Et à tel autre dans le sien, c'est le précis des objets prochains.

Comme on voit communément des anarchistes dans les partis de l'ordre et des organisateurs dans l'anarchie, je suggère un reclassement. Chacun se classerait dans le parti de ses dons.

Il y a des créateurs, des conservateurs et des destructeurs par tempérament. Chaque individu serait mis dans son véritable parti, qui n'est point celui de ses paroles, ni de ses vœux, mais celui de son être et de ses modes d'agir et de réagir.

Toute politique se fonde sur l'indifférence de la plupart des intéressés, sans laquelle il n'y a point de politique possible.

La politique fut d'abord l'art d'empêcher les gens de se mêler de ce qui les regarde.

A une époque suivante, on y adjoignit l'art de contraindre les gens à décider sur ce qu'ils n'entendent pas.

Ce deuxième principe se combine avec le premier.

Parmi leurs combinaisons, celle-ci : Il y a des *secrets d'Etat* dans des pays de suffrage universel. Combinaison nécessaire et, en somme, viable; mais qui engendre quelquefois de grands orages, et qui oblige les gouvernements à manœuvrer sans répit. Le pouvoir est toujours contraint de naviguer contre son principe. Il gouverne *au plus près* contre le principe, dans la direction du pouvoir absolu.

Tout état social exige des fictions.

Dans les uns, on convient de l'égalité des citoyens. Les autres stipulent et organisent l'inégalité.

Ce sont là des conventions qu'il faut pour commencer le jeu. L'une ou l'autre posée, le jeu commence, qui consiste nécessairement dans une action de sens inverse de la part des individus.

Dans une société d'égaux, l'individu agit contre l'égalité. Dans une société d'inégaux, le plus grand nombre travaille contre l'inégalité.

Le résultat des luttes politiques est de troubler, de falsifier dans les esprits la notion de l'ordre d'importance des *questions* et de l'ordre d'urgence.

Ce qui est vital est masqué par ce qui est de simple bien-être. Ce qui est d'avenir par l'immédiat. Ce qui est très nécessaire par ce qui est très sensible. Ce qui est profond et lent par ce qui est excitant.

Tout ce qui est de la *politique pratique* est nécessairement *superficiel*.

L'historien fait pour le passé ce que la tireuse de cartes fait pour le futur. Mais la sorcière s'expose à une vérification et non l'historien.

On ne peut *faire de politique* sans se prononcer sur des questions que nul homme sensé ne peut dire qu'il connaisse. Il faut être infiniment sot ou infiniment ignorant pour oser avoir un avis sur la plupart des problèmes que la politique pose.

Les opinions opposées au sujet de la guerre peuvent se ramener simplement à l'incertitude d'une époque – la nôtre – sur cette question : *quels sont les groupements qui doivent se faire la guerre?*

Races, classes, nations, ou autres systèmes à découvrir?

Car on a découvert la classe, la nation, la race comme on a découvert des nébuleuses.

Comme on a découvert que la Terre faisait partie d'un certain système, et celui-ci de la Voie Lactée, ainsi a-t-on découvert qu'un tel était *ceci* par sa naissance et *cela* par ses moyens d'existence; et il lui appartient de choisir ou de s'embarrasser s'il suivra sa nation, ou sa classe, ou sa secte – ou sa nature.

La violence, la guerre ont pour ambition de trancher en un petit temps, et par la dissipation brusque des énergies, des difficultés qui demanderaient l'analyse la plus fine et des essais très délicats – car il faut arriver à un état d'équilibre sans contraintes.

Quand l'adversaire exagère nos forces, nos desseins, notre profondeur; quand, pour exciter contre nous, il nous peint sous des couleurs effrayantes – il travaille pour nous.

L'existence des voisins est la seule défense des nations contre une perpétuelle guerre civile.

Le loup dépend de l'agneau qui dépend de l'herbe.
L'herbe est relativement défendue par le loup. Le carnivore protège les herbes (qui le nourrissent indirectement).

Entre vieux loups, la bataille est plus âpre, plus savante, mais il y a certains ménagements.

L'essentiel en toute chose est toujours accompli par des êtres très obscurs, non distincts, et sans valeur chacun. S'ils n'étaient pas, s'ils n'étaient pas tels, rien ne se ferait. Si rien ne se faisait, c'est eux qui perdraient le moins. Essentiels et sans importance.

Les grands événements ne sont peut-être tels que pour les petits esprits.
Pour les esprits plus attentifs, ce sont les événements insensibles et continuels qui comptent.

Les événements naissent de père inconnu. La nécessité n'est que leur mère.

Le droit est l'intermède des forces.

Le jugement le plus *pessimiste* sur l'homme, et les choses, et la vie et sa valeur, s'accorde merveilleusement avec l'*action* et l'*optimisme* qu'elle exige. – Ceci est européen.

FLUCTUATIONS SUR LA LIBERTÉ

I

Liberté : c'est un de ces détestables mots qui ont plus de valeur que de sens; qui chantent plus qu'ils ne parlent; qui demandent plus qu'ils ne répondent; de ces mots qui ont fait tous les métiers, et desquels la mémoire est barbouillée de Théologie, de Métaphysique, de Morale et de Politique; mots très bons pour la controverse, la dialectique, l'éloquence; aussi propres aux analyses illusoires et aux subtilités infinies qu'aux fins de phrases qui déchaînent le tonnerre.

Je ne trouve une signification précise à ce nom de « Liberté » que dans la dynamique et la théorie des mécanismes, où il désigne l'excès du nombre qui définit un système matériel sur le nombre des gênes qui s'opposent aux déformations de ce système, ou qui lui interdisent certains mouvements.

Cette définition qui résulte d'une réflexion sur une observation toute simple, méritait d'être rappelée en regard de l'impuissance remarquable de la pensée morale à circonscrire dans une formule ce qu'elle entend elle-même par la « liberté » d'un être vivant et doué de conscience de soi-même et de ses actions.

Mais rien de plus fécond que ce qui permet aux esprits

de se diviser et d'exploiter leurs différences, quand il n'y a point de référence commune qui les oblige à s'accorder.

Les uns, donc, ayant rêvé que l'homme était libre, sans pouvoir dire au juste ce qu'ils entendaient par ces mots, les autres, aussitôt, imaginèrent et soutinrent qu'il ne l'était pas. Ils parlèrent de fatalité, de nécessité, et, beaucoup plus tard, de déterminisme; mais tous ces termes sont exactement du même degré de précision que celui auquel ils s'opposent. Ils n'importent rien dans l'affaire qui la retire de ce vague où tout est vrai.

Le « déterminisme » nous jure que si l'on savait tout, l'on saurait aussi déduire et prédire la conduite de chacun en toute circonstance, ce qui est assez évident. Le malheur veut que « *tout savoir* » n'ait aucun sens.

Tout devient absurde en cette matière, comme en tant d'autres, dès que l'on presse les termes : ils n'étaient enflés que de vague. On constate facilement que le problème n'a jamais pu être véritablement énoncé, que cette circonstance n'a jamais empêché personne de le résoudre, et qu'elle lui confère une sorte d'éternité : il irrite l'esprit dans un cercle. Le célèbre géomètre Abel, traitant de tout autre chose, disait : « On doit donner au problème une forme telle qu'il soit toujours possible de le résoudre. »

C'est cette forme qu'il fallait chercher. Que si elle est introuvable, le problème n'existe pas.

Faute de cette première recherche, la pensée s'excitant sur un mot s'égare dans une quantité d'expressions particulières : elle adopte tantôt un sens plus ou moins composite, sorte de moyenne des usages; tantôt un sens conventionnel, qui se brouille bientôt avec celui de l'usage, et l'infini des méprises et des fluctuations du penseur lui-même s'introduit.

C'est une erreur très facile, et si commune qu'on peut la dire constante, que de faire un problème de statistique et de notations accidentellement constituées, un problème d'existence et de substance. Il n'y a rien de plus, il ne peut rien y avoir de plus dans un *sens de mot* que ce que chaque esprit a reçu des autres, en mille occasions diverses et désordonnées, à quoi s'ajoutent les emplois qu'il en a faits lui-même, tous les tâtonnements d'une pensée naissante qui cherche son expression. C'est donc à la seule philologie, leur juge naturel, qu'il convient d'adresser toutes les questions dont les termes peuvent toujours être mis en cause. Il lui appartient à elle seule de restituer les origines et les vicissitudes du sens et des emplois des mots, et elle ne leur suppose pas un « sens vrai », une profondeur, une valeur autre que de position et de circonstance, qui résiderait et subsisterait dans le terme isolé.

Comment donc se peut-il que l'affaire de la liberté et du libre arbitre ait excité tant de passion et animé tant de disputes sans issue concevable ? C'est que l'on y portait sans doute un tout autre intérêt que celui d'acquérir une connaissance que l'on n'eût pas. On regardait aux conséquences. On *voulait* qu'une chose fût, et non point une autre; les uns et les autres ne cherchaient rien qu'ils n'eussent déjà trouvé. C'est à mes yeux le pire usage que l'on puisse faire de l'esprit qu'on a.

Ce m'est toujours un sujet d'étonnement que l'entrée en guerre de la pensée avec toutes ses forces, à l'appel d'un terme, qui simple, inoffensif, et même clair dans l'ordinaire des occasions, devient un monstre de difficulté dès qu'on le retire de son élément naturel, qui est le cours des échanges, et des transmissions particulières, pour en faire une « résistance ». Sans doute le phénomène le plus banal, une pomme qui tombe, une marmite dont le couvercle se soulève, peut introduire, dans un esprit très disposé à approfondir ses observations, une origine de méditations et d'analyses; mais ce travail mental ne cesse de se reprendre au phénomène lui-même et de lui chercher, pour le traiter selon les voies de l'intellect, cette forme dont parlait Abel que j'ai cité, et qui fait que les problèmes sont de véritables problèmes, *des problèmes qui n'exigent pas un éternel retour sur leurs données.*

Je ne vois donc point de « Problème de la liberté »; mais je vois un problème de l'action humaine, lequel ne me semble pas avoir été scrupuleusement et rigoureusement énoncé et étudié jusqu'ici, même dans les cas les plus simples. Un acte, excité à partir d'une situation psychique et physiologique de l'individu, est certainement une suite de transformations des plus complexes, et dont nous n'avons encore aucune idée, aucun modèle; il est possible que l'étude de cet acte et les connaissances qui pourront s'y joindre fassent apparaître quelque clarté dans cette ténébreuse affaire, dont l'origine est en deux propositions que voici conjointes : « Comment se peut-il que nous puissions faire ce qui nous répugne et ne pas faire ce qui nous séduit? »

Un homme s'interrogeant s'il était libre, il se perdit dans ses pensées. Le ridicule de son embarras lui était imperceptible. Au bout de quelques siècles intérieurs de distinctions et d'expériences imaginaires qu'il dépensa à changer d'avis et à se placer alternativement dans les situations fictives les plus critiques et dans les plus insignifiantes, il dut s'avouer qu'il n'arrivait point.

Il ne parvenait point à comparer des états tout différents, et à reconnaître ce qui se conserve de l'un à l'autre. Si l'on met de la crainte dans un moment, ou quelque douleur très puissante, ou quelque désir souverain?...

– *Ah!* dit-il, *nous pouvons faire tout ce que nous voulons, toutes les fois que nous ne voulons rien.*

Une autre, qui s'inquiétait aussi de sa liberté avait pensé enfin s'en former une idée exacte par une image des plus naïves.

Il me disait : Je me figure deux personnages parfaitement identiques, placés dans deux univers qui ne le sont pas moins. Ce seront, si vous le voulez, deux fois le même homme et le même monde. Rien de physique, ni rien dans les esprits, ne distingue ces deux systèmes, aussi égaux que deux bons triangles peuvent l'être chez Euclide. Mais voici que deux événements, non moins pareils que le reste, s'étant produits dans l'un et l'autre TOUT, il arrive que l'un de mes jumeaux agit d'une manière, pendant que l'autre se résout et agit d'une tout autre, qui peut être tout opposée... L'événement a donc provoqué, chez l'un comme chez l'autre personnage, la production d'une véritable « liberté » à l'égard de ce qui était et de ce qu'ils étaient jusqu'à lui : résultat qui n'est guère intelligible... Mais, que voulez-vous ? il ne s'agit de rien de moins que de changer une égalité en inégalité, *sans intervention extérieure*, et de faire pencher d'un côté, *ou de l'autre*, une balance en état d'équilibre, sans toucher à cet instrument... Faut-il donc devenir un autre, qui, dans un certain moment, agisse sur ce qu'on fut jusque-là ? La liberté serait-elle un intermède entre deux déterminismes, l'état d'un homme qui, dans tel cas particulier, pourrait créer un déterminisme *ad hoc*, pour son usage ?

Je lui répondis « au hasard », puisque enfin il fallait bien lui répondre. Je lui fis d'abord observer que je concevais fort mal cette égalité de deux systèmes car je ne conçois même pas cette égalité des figures dont on use en géométrie. Ce n'est là que de la physique. Mais dans la rigoureuse pureté de la pensée abstraite il n'y a point de doubles. Chaque objet n'y est qu'une essence, c'est-à-dire un modèle, et il n'y a point ici de matière qui permette la pluralité. Il n'y a donc point de triangles égaux : il n'y a qu'un seul triangle de chaque espèce, c'est-à-dire qu'il y en a juste autant que de définitions possibles. Et j'ajoutai, pour mon plaisir, que ce que j'avais dit des triangles, saint Thomas le professe des Anges, lesquels étant tout immatériels et des essences séparées, chacun d'eux est nécessairement seul de son espèce. Il faudrait donc en toute rigueur ne jamais dire deux triangles, ni deux anges, mais un triangle et un triangle, un ange et un ange.

Je revins à la « liberté ». Avez-vous remarqué, dis-je à mon homme, que l'action extérieure accomplie ne nous supprime pas radicalement la faculté de penser qu'elle est encore à faire? Quoi de plus fréquent que de se surprendre à revivre l'état d'oscillation ou d'égale possibilité où l'on était avant d'agir, comme si c'eût été un autre qui eût versé dans l'acte, et qu'il fût impossible au Même, sous peine de ne plus être le Même, d'accepter *que le fait comptât?* On dirait que notre Même répugne à devenir cet Autre qui s'est commis dans l'irréversible. En vérité, il est étrange que le « fait accompli » puisse parfois ne nous paraître qu'un rêve, duquel on se réveille pour retrouver la pleine vie imaginaire, toutes ses ressources et ses solutions contradictoires... On ne se reconnaît que dans le provisoire et le possible pur : voilà qui est bien nôtre.

Oui, me dit-on. J'ai entendu dire que plus d'un criminel s'étonne d'avoir commis son crime. Ils disent qu'il leur est arrivé un malheur.

Que reste-t-il alors à dire à leur victime?...

— Ma foi, je ne crois pas avoir jamais commis d'autres crimes que ceux que l'on commet dans l'ordinaire de la vie, mais je dois avouer que j'ai l'expérience de ce retour intérieur à l'état d'innocence incertaine, si difficile à convaincre que ce qui est fait est fait.

Oui. Chacun se perd nécessairement dans toute réflexion où soi-même il figure en personne : toute spéculation sur la liberté exige du spéculateur qu'il se mette soi-même en cause. Il essaye de s'observer dans quelque action. Il revient sur des affaires qu'il a vécues... Mais êtes-vous quelquefois revenu, à la manière dont on revient sur les voies de l'esprit, sur quelqu'un de vos propres actes? J'entends sur l'un de ceux que l'on traite communément de « libres » et sans approfondir le mot plus que ne fait le monde, et que la loi. « Si c'était à refaire! » dit-on souvent. Pouvez-vous imaginer avec précision ce « corrigé » d'une vie?

— Mal. Il m'est inconcevable que j'aie été « libre »... Mais je n'en pense pas moins d'autre part que j'aurais pu mener tout autrement mes affaires.

— Et vous dites, comme chacun : « Si j'avais su... » Mais dans la plupart des cas « on savait bien », et tout s'est passé comme si l'on n'avait pas su.

— Ah! ceci est diabolique. Comment voulez-vous reconstituer l'accidentel et ses effets instantanés?

— Et quoi cependant de plus déterminant dans l'action?

— Prenez garde. Nous allons tomber dans les difficultés les plus classiques. A peine entrons-nous dans l'action (ou plutôt dans la pensée de l'action), nous y trouvons ce qu'on trouve dans le monde : un horrible mélange de déterminisme et de hasard...

— Mais d'où peut donc venir cette idée que l'homme est libre; ou bien l'autre, qu'il ne l'est pas?

Je ne sais si c'est la philosophie qui a commencé ou bien la police. Après tout, il s'agit ou d'innocenter entièrement les actes de l'homme, quels qu'ils soient, et de l'assimiler à un mécanisme; ou bien de le rendre, comme on dit, *responsable*, c'est-à-dire de lui conférer la dignité de cause première : on y a employé la logique, le sentiment, toutes les sciences de la nature, et l'on a dépensé d'immenses ressources de savoir, d'ingéniosité, d'éloquence, à poursuivre l'une ou l'autre démonstration. Observez que ce grand procès, s'il a la moindre conséquence, et s'il vaut d'avoir été engagé, n'intéresse pas seulement le moraliste ou le métaphysicien : tout l'orgueil de l'artiste, toute la vanité connue des poètes est en jeu. Une œuvre est un acte.

– Mais alors, un homme qui se dit inspiré, un lyrique qui se vante de l'être, se vante de n'être pas libre : il suit une ligne qui n'est pas de lui.

– Le comble de cette prétention d'être cause sans l'être, de s'enorgueillir d'un ouvrage tout en l'attribuant à quelque source avec laquelle on ne se confond pas du tout, se trouve dans les faiseurs de romans qui prétendent ne faire que subir l'existence de leurs personnages, être habités par des individus qui leur imposent leurs passions, les entraînent dans leurs aventures, et qui, par là, confèrent à leurs fabrications je ne sais quelle nécessité substantiellement... arbitraire. Observez bien que je ne puis exprimer ceci qu'au moyen d'une contradiction. Ils seraient bien fâchés si on leur répondait qu'ils n'ont aucune sorte de mérite : pas plus de mérite que la table où viennent les esprits frapper les belles choses que l'on sait...

... On peut tout dire à partir de ce mot qui éveille dans l'esprit images et idées dont l'instant seul, les circonstances, ou quelque interlocuteur disposent. Tantôt on peut penser que la « liberté » est une propriété des organismes dont l'existence dépend d'une adaptation qui ne peut être obtenue par le procédé élémentaire de l'acte réflexe. Une action qui exige la coordination d'un système de fonctions indépendantes entre elles à l'état normal et qui doit satisfaire à un certain imprévu demande qu'un certain *jeu* existe qui permette l'accord des perceptions et des possibilités mécaniques de l'être.

— Mais il y a de tout autres aspects : par exemple on peut considérer la « liberté » comme une simple sensation, et même une sensation non primitive, laquelle ne se produit jamais quand nous pouvons faire ce que nous voulons ou suivre l'impulsion de notre corps. Il s'agirait, en réalité, de la production par notre sensibilité d'un contraste dont le premier terme serait la sensation (ou bien l'idée) d'une contrainte, elle-même éveillée, soit dans notre pensée, soit dans l'expérience, par l'ébauche d'un acte. Par conséquence, la sensation de « liberté » ne se produit que comme une réaction à quelque empêchement ressenti ou imaginé. Si le prisonnier libéré oubliait sur-le-champ ses chaînes, son changement d'état ne lui donnerait pas du tout la sensation de la liberté. C'est pourquoi lorsque la liberté a été par nous conquise et que l'accoutumance s'est faite, elle cesse d'être ressentie; elle a perdu sa valeur et il arrive qu'on en fasse bon marché.

— Toute spéculation sur la « liberté » doit donc conduire à l'examen des impulsions et des contraintes. Le système très connu qui consiste à tromper ou à supprimer des besoins ou des désirs pour se rendre libre, aboutirait, s'il était praticable, à la suppression de la sensation de « liberté » puisque la sensation de contrainte serait elle-même abolie. Il arrive, d'ailleurs, que cette intention conduise au résultat paradoxal de trouver la sensation de la « liberté » dans la contrainte que l'on s'impose... en vue d'autres avantages.

Ici paraît le nœud même de ces questions. Il réside dans ce petit mot « se ». *Se contraindre.* Comment peut-on *se* contraindre?

Mon sentiment, s'il m'arrivait de pousser à l'extrême l'analyse de cette affaire, serait de chercher à éliminer la notion, ou la notation trop simple : « moi ». Le Moi n'est relativement précis qu'en tant qu'il est une notation d'usage externe. Je dis identiquement : « mes » idées... « mon » chapeau... « mon » médecin... « ma » main...

Mais changeons la « mise au point », rentrons en « nous-mêmes ». On trouve alors, ou *il se trouve*, que *mes* idées *me* viennent *je* ne sais comment et *je* ne sais d'où... Il en est de même de *mes* impulsions et de *mes* énergies. *Mes* idées peuvent *me* tourmenter comme se combattre entre elles. *Moi* lutte avec *moi*. Mais dire *mes, mon, ma* quand d'autre part ces interventions ou ces présences se comportent comme des phénomènes, ceci montre la nature purement négative de la notation. Je puis renoncer à *mon* opinion au profit de la vôtre. *Ma* douleur, *ma* sensation la plus intime et la plus vive peut cesser, et, abolie, j'en parlerai encore comme *mienne*. Elle est cependant devenue un souvenir fonctionnellement identique au souvenir d'une perception quelconque.

Donc, la notation *moi* ne désigne rien de déterminé que dans la circonstance et par elle; et s'il demeure quelque chose, ce n'est que la notion pure de présence, de la capacité d'une infinité de modifications. Finalement *ego* se réduit à *quoi que ce soit*.

Cette formule paraîtra sans doute moins extraordinaire si l'on observe que ce que nous appelons notre personne et notre personnalité n'est qu'un système de souvenirs et d'habitudes qui peuvent s'effacer de notre mémoire comme on le constate dans certains cas d'aliénation : le malade oublie ce qu'il est, et il ne reconnaît même plus son propre corps. Mais il n'a pas perdu la notation *moi*, il dira *je*; il opposera ce *je* et ce *moi* au reste des choses : en d'autres termes, cette notation a gardé sa fonction dans la pensée du sujet.

En somme, quelle que soit la sensation ou l'idée, ou la relation, quel que soit l'objet ou l'acte que je qualifie de « mien », je les oppose par là identiquement à une faculté inépuisable de « qualifier », dont l'acte est indépendant de ce qui l'affecte. C'est pourquoi je me suis enhardi quelquefois à comparer ce *moi* sans attribut au *zéro* des mathématiques, grande et assez récente invention qui permet d'écrire toute relation quantitative sous la forme $a = 0$. *Zéro* est en soi synonyme de *rien*; mais l'acte d'écrire ce *zéro* est un acte positif qui signifie que, dans tous les cas, toute relation d'égalité entre grandeurs satisfait à une opération qui les annule simultanément et qui est la même pour tous. Or, *on écrit ceci* en assimilant *rien* à une quantité que l'on nomme *zéro*.

Ainsi, dans la notation « réfléchie » (je *me* dis, je *me* sens), les deux pronoms sont de valeur bien différente; l'un de ces termes, le premier, est ce « moi » instantané, donc fonctionnel, que je viens d'assimiler au zéro. L'autre est qualifié; il est corps, mémoire, personne ou chose en relation avec la personne, et tout ceci variable, modifiable, oubliable. *Cela fait donc deux moi*, ou plutôt un *moi* et un *moi*.

Se délivrer?...
La liberté, sensation que recherche à sa guise chacun. L'un dans le vin; l'autre dans la révolte; et tel dans une « philosophie »; et tel dans une amputation comme Origène. L'ascétisme, l'opium, le désert, le départ, seul avec une voile, le divorce, le cloître, le suicide, la légion étrangère, les mascarades, le mensonge...

Tantôt l'accroissement de notre pouvoir, tantôt la réduction de notre vouloir, autant de procédés échappatoires qui se dessinent à l'esprit; les uns par action sur les choses et sur les êtres; les autres par action sur soi.

Et quand on est vraiment le plus libre, c'est-à-dire quand le besoin et les désirs sont en équilibre avec les pouvoirs, la sensation de liberté est nulle.

Il est extraordinaire qu'un homme qui marche au péril grave, à la douleur, à la mort, à la honte, puisse physiquement marcher; que sa moelle et ses muscles l'y portent.

Supposé qu'il fût impossible : étranges conséquences.

Que de choses fondées sur une sorte de simulation à

effets réels et énergiques, pouvoir de faire musculairement le contraire de ce que veut et ce que fait le plus profond de l'être. « A contrecœur ». Parfois une dépense insensible, comme de dire « oui », de donner une signature. Mais alors il arrive que ce petit mouvement se charge d'un tel poids « étranger » que le « oui » est un souffle, et la signature un griffonnage.

II

La Politique nous parle aussi de *liberté*. Elle parut d'abord n'attacher à ce terme qu'une signification juridique. Pendant des siècles, presque toute société organisée comprenait deux catégories d'individus dont le statut n'était pas le même : les uns étaient les esclaves; les autres étaient dits « libres ». A Rome, les hommes libres, s'ils étaient nés de parents libres, s'appelaient « ingénus »; s'ils avaient été libérés, on les disait « libertins ». Beaucoup plus tard, on appela *libertins* ceux dont on prétendait qu'ils avaient libéré leurs pensées; bientôt, ce beau titre fut réservé à ceux qui ne connaissaient pas de chaînes dans l'ordre des mœurs.

Plus tard encore, la liberté devint un idéal, un mythe, un ferment, un mot plein de promesses, gros de menaces, un mot qui dressa les hommes contre les hommes; et généralement, ceux qui semblent le plus faibles et se sentent le plus forts contre ceux qui semblent le plus forts et ne se sentent pas le plus faibles.

Cette liberté politique paraît difficilement séparable des notions d'égalité et de « souveraineté »; difficilement compatible avec l'idée « d'ordre »; parfois avec celle de « justice ».

Les nœuds et les interférences de ces abstractions se manifestent plus clairement si l'on décompose le semblant d'idée « liberté » en ses différentes espèces. La liberté de « penser » (c'est-à-dire de « publier ») ne s'accommode pas toujours avec l'ordre. La liberté du commerce, comme celle du travail peuvent offenser la justice et l'égalité. La Nation, la Loi, l'École, la Famille, chacun selon sa nature, sont autant de puissances restrictives des impulsions de l'individu.

En somme, ce serait une recherche assez intéressante, et peut-être féconde, que celle-ci : déterminer ce qui est possible à un individu dans un pays « libre » – ce qui lui reste de « jeu » quand il a satisfait à toutes les contraintes qui lui sont imposées par le bien public.

Politique et liberté s'excluent, car *politique, c'est idoles.*

Je trouve que la liberté de l'esprit consiste dans un « automatisme » particulier qui réduit au plus tôt les idées à leur nature d'idées, ne permet pas qu'elles se confondent avec ce qu'elles représentent, les sépare de leurs valeurs affectives et impulsives, lesquelles diminuent ou falsifient leurs possibilités de combinaison. Ces dites valeurs ne sont liées que par accident. Une idée triste se décompose en une idée qui ne peut pas être triste et une tristesse sans idée.

Il ne faut pas confondre cette « liberté » avec ce que l'on nomme communément « la liberté de penser », ou avec la « liberté de conscience ». Celles-ci sont tout extérieures : il s'agit de manifestations ou d'actions, les unes et les autres généralement peu compatibles, chez ceux qui s'en inquiètent, avec la « liberté de l'esprit » définie ci-dessus.

Un esprit vraiment libre ne tient guère à ses opinions. S'il ne peut se défendre d'en voir naître en soi-même, et de ressentir des émotions et des affections qui semblent d'abord en être inséparables, il réagit contre ces phénomènes intimes qu'il subit : il tente de les rendre à leur particularité et instabilité certaines. Nous ne pouvons, en effet, prendre parti qu'en cédant à ce qu'il y a de plus particulier dans notre nature, et de plus accidentel dans le présent.

L'esprit libre se sent inaliénable.

Je me trouve bien en peine de me rendre nette et précise l'idée de liberté politique. Je suppose qu'elle signifie que je ne dois obéissance qu'à la loi, cette loi étant censée émaner de tous et faite dans l'intérêt de tous. Que si elle me gêne ou me blesse, je ne dois pouvoir accuser ni haïr personne : je la subis comme je fais celles de la nature.

Quand je ne puis du tout assimiler la loi civile à la loi naturelle, soit qu'elle prenne un visage et paraisse l'expression d'une volonté particulière qui ne l'emporte sur la mienne que par la puissance d'action; soit que cette loi, quoique émanée de tous, me semble absurde ou atroce, alors j'estime que ma liberté politique est lésée...

Mais c'est que j'ai appris à la concevoir. Cette notion est inculquée. On a vu des esclaves souffrir d'être affranchis. On voit des peuples embarrassés d'être remis à eux-mêmes et se refaire des maîtres au plus tôt. Il arrive même que ces peuples soient parmi les plus cultivés et les plus intelligents de leur temps.

Une autre remarque : il faut distinguer, en matière de liberté, la notion et la sensation. Sous une autorité même despotique, le relâchement des institutions et de l'administration peut permettre plus de jeu à l'individu, et même plus d'action dans les affaires publiques, qu'il n'en trouverait dans un état libre et rigoureusement tel. Il se sent ici d'autant plus libre que les apparences sont moins libérales.

On appelle *pays libre* un pays dans lequel les contraintes de la Loi sont prétendues le fait du plus grand nombre.

La rigueur de ces contraintes ne figure pas dans cette définition. Si dures soient-elles, pourvu qu'elles émanent du plus grand nombre, ou qu'il croie qu'elles émanent de lui, il suffit : ce pays est un *pays libre*.

Il est remarquable que cette liberté politique ait procédé du désir de constituer la liberté de l'individu en un droit naturel, attaché à tout homme venant en ce monde.

On a voulu soustraire celui-ci aux caprices de quelqu'un ou de quelques-uns, et il n'y avait d'autre solution que de le soumettre aux caprices du nombre.

Mais, ceci n'étant pas avouable, car ni le caprice, ni la sagesse d'une majorité ne le sont, la pudeur quelquefois a donné au sentiment confus de ce grand nombre la belle figure de la Raison.

Il est entendu que les droits que l'on est censé se retirer à soi-même le sont en vertu d'une liberté supérieure à la liberté de les exercer. Cette simple remarque suffit à démontrer dans quel embarras d'expression et de pensée le terme de liberté nous introduit.

Dans ce pays qui est libre, il est rigoureusement interdit de puiser dans la mer un verre d'eau, de cultiver dix pieds de tabac, et pour un peu il y serait dangereux d'allumer un cigare au soleil avec une loupe. Tout ceci est fort sage sans doute, et se doit justifier quelque part. Mais la pression n'en existe pas moins, et voici la remarque où je voulais en venir : le nombre et la force des contraintes d'origine légale est peut-être plus grand qu'il ne l'a jamais été. La loi saisit l'homme dès le berceau, lui impose un nom qu'il ne pourra changer, le met à l'école, ensuite le fait soldat jusqu'à la vieillesse, soumis au moindre appel. Elle l'oblige à quantité d'actes rituels, d'aveux, de prestations, et qu'il s'agisse de ses biens ou de son travail elle l'assujettit à ses décrets dont la complication et le nombre sont tels que personne ne les peut connaître et presque personne les interpréter.

Je suis près d'en conclure que la liberté politique est le plus sûr moyen de rendre les hommes esclaves, car ces contraintes sont supposées émaner de la volonté de tous, qu'on ne peut guère y contredire, et que ce genre de gênes et d'exactions imposées par une autorité sans visage, tout abstraite et impersonnelle, agit avec l'insensibilité, la puissance froide et inévitable d'un mécanisme, qui, depuis la naissance jusqu'à la mort, transforme chaque vie individuelle en élément indiscernable de je ne sais quelle existence monstrueuse.

Les grandes choses sont accomplies par des hommes qui ne sentent pas l'impuissance de l'homme. Cette insensibilité est précieuse.

Mais il faut bien avouer que les criminels ne sont pas sans ressembler sous ce rapport à nos héros.

Victimes de la liberté.
Plus d'une chose de prix, et quelques-unes du plus grand prix, font les frais de la liberté.

Fluctuations sur la liberté

Comme la liberté de nos mouvements n'est pas d'abord ressentie, mais succède comme sensation à quelque empêchement qui s'abolit – ou bien se fait imaginer sous pression d'une gêne, ainsi la liberté politique ou celle des mœurs, ou celle de la pensée ne sont pas primitives, mais se conçoivent, se dessinent, se fortifient dans les esprits et s'imposent après de longues périodes de contraintes, de discipline, de formalisme et de soumission. Pendant le temps de cette rigueur, l'homme acquiert des manières de vertus qui sont, dans l'ensemble, favorables à la vie sociale, au fonctionnement régulier des mécanismes de cette vie, à la compréhension mutuelle des individus, à la prévision des réactions de l'*un* et de celle des groupes de divers ordres. Il se peut que les principes, les règles, les usages ou habitudes alors inculqués soient impossibles à déduire d'un examen des choses mêmes à telle époque : il arrive qu'ils y paraissent étranges, absurdes, tyranniques, arbitraires, et qu'on ne puisse imaginer qu'on se soit si longtemps soumis à des formes ou à des formules ou gênantes, ou injustes, ou ridicules, ou atroces, ou seulement inutiles. Il en résulte des mouvements qui tendent à renverser ces obstacles, des images qui représentent la jouissance et le bonheur d'en être débarrassés. Aussitôt l'idée naîtra du plaisir que l'on trouverait dans l'acte même de s'y attaquer et de les ruiner en quelques instants. Sous le nom de la liberté, la violence et ses fortes couleurs, ses chants et sa mimique, ses efforts et ses compositions dramatiques devient séductrice irrésistible. Dans la plupart des cas, quand le lion, fatigué d'obéir à son maître, l'a déchiré et dévoré, ses nerfs sont satisfaits, et il s'en trouve un autre devant qui s'aplatir...

Cette révolte détruit indistinctement. La violence se connaît à ce caractère, qu'elle ne peut choisir : on dit fort bien que la colère est aveugle; une explosion ou un incendie affecte un certain volume et tout ce qu'il contient. C'est donc une illusion de ceux qui imaginent une révolution ou une guerre comme des solutions à des problèmes déterminés que de croire que le mal seul sera supprimé.

Parmi les victimes de la liberté, les formes, et dans tous les sens du terme, le style. Tout ce qui exige un dressage, des observances d'abord inexplicables, des reprises infinies; tout ce qui mène, par contrainte, d'une liberté de refuser l'obstacle à la liberté supérieure de le franchir, tout ceci périclite, et la facilité couvre le monde de ses œuvres. Une histoire véritable des arts montrerait combien de nouveautés, de prétendues découvertes et hardiesses ne sont que des déguisements du démon de la moindre action.

L'idée, la sensation, la soif de liberté se sont affirmées, prononcées d'autant plus que le pouvoir s'est fait plus personnel dans son principe et plus administratif et impersonnel dans ses moyens et formes d'action. Quand il s'est tout concentré dans un individu, il devait, par conséquent, se munir d'un mécanisme de plus en plus réduit à la transmisssion et à l'exécution automatique des ordres venus du centre et de l'Unique.

Cela se fit en France au XVIIe siècle. C'était rendre une révolution non seulement désirable, mais concevable et possible. Toutes nos révolutions du siècle dernier ont eu pour condition nécessaire et suffisante la constitution centralisée du pouvoir, grâce à laquelle un minimum d'imagination et un minimum de force et de durée de l'effort donnent un coup toute une nation à celui qui entreprend l'aventure. Du jour où il apparut que s'emparer de deux ou trois immeubles et de quelques personnages suffisait à saisir le pays tout entier, l'ère des changements politiques par voie de violence soudaine et brève s'ouvrit. Le système créé par Richelieu et par Louis XIV autorisait et favorisait les imaginations à la Blanqui.

Mais ce n'est point là ce qui m'occupe à présent. Je

songeais à ce qu'on nomme l'État, et dont je n'ai trouvé nulle part une explication qui me satisfît l'esprit.

Les juristes disent qu'il est une « personne morale », c'est-à-dire un mot et une convention qui évoquent et qui assemblent un certain nombre de capacités ou de facultés; mais ces facultés elles-mêmes résultent nécessairement de la loi : or il n'est pas de loi sans État qui la fasse et la fasse obéir. Nous voici dans ce monde mythique si remarquable qui s'impose à toute vie collective, et qui inflige à toute vie individuelle les conséquences réelles et précises d'existences imaginaires ou nominales, qu'il est impossible de circonscrire, de décrire ou de définir.

Quelque jeune homme, un jour, me demandant des éclaircissements sur cette notion, je me trouvai dans l'embarras de lui répondre, car, d'une part, il me pressait; de l'autre, je me sentais ma répugnance accoutumée à énoncer des propositions qui ne me satisfassent pas moi-même et à me servir de termes dont je ne vois pas le fond. Je ne sus enfin que lui proposer une *recette-pour-concevoir-l'État*, qui me vint sur le moment, et qui vaut ce qu'elle vaut.

– Vous vous figurez bien, lui dis-je, un monarque? Un homme, mais qui peut bien des choses, et qui en détient beaucoup d'autres. Il possède tout le pays, en ce sens que tous les autres possédants ne possèdent que par la protection qu'il leur accorde, et lui payent tribut. Il peut enrichir, appauvrir, élever, abaisser les gens; exiler, mettre à mort qui bon lui semble; construire et détruire; faire la guerre et la paix; organiser, réglementer, permettre ou interdire... Il ne doit de comptes à personne... En somme, il est le seul homme total de son royaume, et s'il annonce : *l'État c'est Moi*, rien n'est plus clair, et vous entendez aisément ce qu'est l'État dans ce propos, car vous voyez un homme et vous constatez son action. Partons de cette image. Opérons à présent sur cette idée d'un homme tout-puissant. Retranchez tout ce qu'il a d'humain sans rien soustraire à sa puissance : supposez-le exempt de la vieillesse et de la mort : le temps n'a pas de prise sur lui :

Vainement pour les dieux il fuit d'un pas léger.

Ce n'est pas tout. Otez-lui maintenant toute sensibilité : cet immortel n'a pas besoin de cœur... Ni sens, ni cœur... Quant à l'esprit... Ma foi, je ne sais trop ce que peut être l'esprit de l'Etat?
— Votre État est un monstre, me dit ce jeune homme. Nous ne vivons que de ce qu'il veut bien nous abandonner. Nos biens, nos vies, nos destinées, ce ne sont que des concessions précaires qu'il nous fait. Je comprends que des mouvements de délivrance répondent de temps à autre à l'inhumanité croissante du système. L'homme s'étonne et tremble devant lui, comme il s'émerveille et s'émeut devant ces énormes machines qu'il a construites.
— Ajoutez ceci : *si l'État est fort, il nous écrase. S'il est faible, nous périssons.*

Certains individus délicats sont choqués par l'idée d'eux-mêmes qui est impliquée dans les harangues et les raisonnements politiques qu'on leur fait entendre. Il en est qui ne peuvent souffrir que le ton s'échauffe, et que l'on profère certains mots si augustes que l'usage leur en paraît indécent. Ils s'éloignent des partis qui le supportent, le pratiquent, en vivent : c'est-à-dire, de tous les partis.

Toute politique, même la plus grossière, suppose une idée de l'homme, car il s'agit de disposer de lui, de s'en servir, et même de le servir.

Fluctuations sur la liberté

Qu'il s'agisse de partis ou de régimes ou d'hommes d'État, il serait peut-être instructif de chercher à extraire de leurs tactiques ou de leurs actes les idées de l'homme qu'ils se firent ou qu'ils se font.

Je me demande s'il en est un seul qui ait pris le temps et la peine d'y réfléchir profondément, et je m'assure du contraire.

Je propose une autre recherche : étudier les variations de la liberté individuelle, depuis X années.

Il s'agirait d'examiner les lois successives : les unes accroissent, les autres restreignent le domaine des possibilités de chacun. A partir de tel jour, on ne peut plus être dentiste sans examen et diplôme. A telle date, tout le monde fut astreint au service militaire. A telle autre il fut permis de divorcer. Trente ans après, l'obligation de confesser au fisc tout ce que l'on gagne fut instituée. Vers 1820, c'est une tout autre confession qui fut requise.

On voit que le contour de notre domaine de liberté est fort changeant. J'ai grand-peur que son aire n'ait fait que se rétrécir depuis un demi-siècle. C'est une peau de chagrin.

Mais il serait très injuste et très superficiel de ne considérer que les contraintes légales. L'homme moderne est l'esclave de la modernité : il n'est point de progrès qui ne tourne à sa plus complète servitude. Le confort nous enchaîne. La liberté de la presse et les moyens trop puissants dont elle dispose nous assassinent de clameurs imprimées, nous percent de nouvelles à sensations. La publicité, un des plus grands maux de ce temps, insulte nos regards, falsifie toutes les épithètes, gâte les paysages, corrompt toute qualité et toute critique, exploite l'arbre, le roc, le monument et confond sur les pages que vomissent les machines, l'assassin, la victime, le héros, le centenaire du jour et l'enfant martyr.

Il y a aussi la tyrannie des horaires.

Tout ceci nous vise au cerveau. Il faudra bientôt construire des cloîtres rigoureusement isolés, où ni les ondes, ni les feuilles n'entreront; dans lesquels l'ignorance de toute politique sera préservée et cultivée. On y méprisera la vitesse, le nombre, les effets de masse, de surprise, de contraste, de répétitions, de nouveauté et de crédulité. C'est là qu'à certains jours on ira, à travers les grilles, considérer quelques spécimens d'*hommes libres*.

1938.

L'IDÉE DE DICTATURE

Je ne sais rien presque de la politique pratique, où je présume que l'on trouve tout ce que je fuis. Rien ne doit être si impur, c'est-à-dire si mêlé de choses dont je n'aime pas la confusion, comme la bestialité et la métaphysique et le théâtral, les instincts et les idées...

Mais c'est là faire le procès de la nature humaine, sans doute... Je n'ai donc pas la moindre qualité pour introduire un ouvrage comme celui-ci, dans lequel, sous forme d'entretiens, un homme d'État en possession du pouvoir développe ses pensées et ses desseins, et explique ses actes.

Peut-être M. Antonio Ferro qui m'a demandé d'écrire ici quelques lignes de préambule [1], a-t-il cherché le contraste et voulu joindre à des considérations autorisées et inspirées par l'expérience, quelques vues spéculatives – et la naïve expression de l'effet que produit sur un simple particulier le spectacle d'un gouvernement personnel de type moderne?

Je dois dire que les idées exposées dans ce livre par M. Salazar ou qui lui sont attribuées me semblent parfaitement sages. Elles témoignent d'une réflexion profonde, élaborée par un esprit qui ressent la grandeur du devoir

---

1. Préface au livre de A. FERRO : *Salazar. Le Portugal et son chef*, 1934.

qu'il s'est assigné. C'est ce sentiment de grandeur qui distingue l'homme qui poursuit une politique noble de celui qui, dans un grand rôle, s'abaisse à penser principalement à soi.

Mais je ne saurais sans impertinence donner sur les actes de M. Salazar l'opinion de quelqu'un qui les ignore, puisque je n'ai pas été au Portugal, et qu'eussé-je visité ce pays, je me ferais scrupule de porter un jugement sur sa politique intérieure – moi qui m'embarrasse déjà dans les problèmes de la politique française et qui suis choqué si souvent de ce qu'en écrivent les étrangers.

Je me bornerai donc à essayer de concevoir devant le lecteur l'état naissant d'une DICTATURE.

Tout système social est plus ou moins contre nature, et la nature, à chaque instant, travaille à reprendre ses droits. Chaque être vivant, chaque individu, chaque tendance s'efforce de rompre ou de désagréger le puissant appareil d'abstractions, le réseau de lois et de rites, l'édifice de conventions et de consentements qui définit une société organisée. Les personnes, les intérêts groupés, les sectes, les partis minent, dissolvent, chacun selon ses besoins et ses moyens, l'ordonnance et la substance de l'État.

Tant que les abus, les erreurs, les défaillances qui, sous tous les régimes possibles existent et ne peuvent pas ne pas exister, n'altèrent pas le principe même de la vie de cette entité (qui est la confiance dans son crédit et la croyance à la supériorité de ses forces), l'opinion n'est pas excessivement émue des incidents fâcheux qui se produisent et qui, promptement résorbés, démontrent la solidité profonde des institutions bien plus qu'ils ne la compromettent. Mais il peut venir un moment que le seuil de la conscience générale est atteint et qu'il devient impossible à la plupart de songer à leurs affaires particulières sans qu'ils y trouvent quelque difficulté imputable aux vices de l'État. Quand donc les circonstances générales sont assez inquiétantes pour affecter sensiblement les vies privées, que la chose publique paraît le jouet des événements; quand la confiance dans les hommes et les institutions est exténuée et que le fonctionnement des administrations, la marche des services, l'application des lois semblent livrés au caprice, à la faveur ou à la routine; quand les partis se disputent la jouissance et les avantages inférieurs du pouvoir plutôt que les moyens qu'il offre d'ordonner une nation à quelque idée – ces sensations de désordre et de trouble ne manquent jamais d'exciter dans ceux qui les éprouvent et qui ne tirent aucun profit d'une telle dissolution, l'image d'un Etat tout opposé, et bientôt – de ce qu'il faudrait faire pour qu'il s'établît.

Le régime ne tient plus alors que par trois points : les forces des intérêts particuliers qui se sont liés à son existence; l'incertitude et la crainte de l'inconnu; enfin, l'absence d'une idée du lendemain, unique et assez précise, ou de l'homme qui représenterait cette idée.

L'image d'une DICTATURE est la réponse inévitable (et comme instinctive) de l'esprit quand il ne reconnaît plus dans la conduite des affaires l'autorité, la continuité, l'unité, qui sont les marques de la volonté réfléchie et de l'empire de la connaissance organisée.

Cette réponse est un fait incontestable. Il n'est pas dit qu'elle ne comporte pas de grandes illusions sur l'étendue et la profondeur du pouvoir d'action de la puissance politique; mais elle est la seule qui puisse se former à la rencontre de la pensée réfléchie et de la confusion des circonstances publiques. Tout le monde alors pense DICTATURE, consciemment ou non; chacun se sent dans l'âme un dictateur à l'état naissant. C'est là un effet premier et spontané, une sorte d'acte réflexe, par lequel le contraire de ce qui est s'impose comme besoin indiscutable, unique et entièrement déterminé. Il s'agit d'ordre et de salut publics; il faut atteindre ces objets au plus vite, par le plus court et à tout prix. SEUL, un MOI peut s'y employer.

La même idée (sans se proposer aussi expressément) est au moins imminente dans tous ceux qui songent à réformer ou à refaire la société selon un plan théorique dont l'entreprise exigerait des modifications profondes et simultanées dans les lois, les mœurs et même les cœurs.

Dans les deux cas, l'on attribue une fin bien déterminée à la société; on fait une assimilation plus ou moins légitime, mais inévitable, d'un ensemble d'êtres vivants à une construction ou à un mécanisme qui doit satisfaire à des conditions définissables et manifester en toute occasion l'ordre et la suite volontaire d'une pensée.

En somme, dès que l'esprit ne se reconnaît plus – ou ne reconnaît plus ses traits essentiels, son mode d'activité raisonnée, son horreur du chaos et du gaspillage des forces – dans les fluctuations et les défaillances d'un système politique, il imagine nécessairement, il souhaite instinctivement l'intervention la plus prompte de l'autorité d'une seule tête, car ce n'est que dans une tête seule que la correspondance nette des perceptions, des notions, des réactions et des décisions est concevable, peut s'organiser et tendre à imposer aux choses des conditions et des arrangements intelligibles.

Tout régime, tout gouvernement est exposé à ce jugement par esprit : l'idée dictatoriale se dessine aussitôt que l'action ou l'abstention du pouvoir paraissent à l'esprit inconcevables et incompatibles avec l'exercice de sa raison.

D'ailleurs, quand la dictature est instituée, et si la puissance de la pensée est, dans le dictateur, à la hauteur de sa puissance politique, l'esprit, doublement souverain, tente de porter au plus haut point l'intelligibilité du système social qu'il est en possession de modifier.

Bonaparte, Premier Consul, entre dans la salle où son Conseil d'État discutait assez confusément de l'organisation administrative de la France. Il détache son sabre, et s'assied sur le coin de la table. Il écoute un moment. Puis, d'un regard créant tout à coup le silence, une sorte d'inspiration l'animant, il improvise (ou fait montre d'improviser) tout un plan dont les auditeurs, moins accoutumés à créer qu'à ergoter, demeurent à demi ravis, à demi choqués. L'enchanteur impérieux leur développe une idée simple et extraordinaire, qui semble se découvrir à lui-même à mesure qu'il la tire de son attente et la presse de sa parole étrange et nerveuse. Il leur dit qu'il prendra pour modèle des institutions organiques à créer, la structure et les fonctions qu'il observe dans sa propre faculté de penser et de se déterminer – qu'il constituera l'administration de manière que l'État possède distinctement les moyens ou organes de perception, d'élaboration, et d'exécution, qui assurent la vie d'un être dont l'esprit lucide et positif est servi par des sens et des muscles constamment exercés.

Mais toute politique tend à traiter les hommes comme des choses – puisqu'il s'agit toujours de disposer d'eux conformément à des idées suffisamment abstraites pour qu'elles puissent, d'une part, être traduites en actions, ce qui exige une extrême simplificatioin de formules; d'autre part, s'appliquer à une diversité indéterminée d'individus inconnus. Le politique se représente ces unités comme des éléments arithmétiques puisqu'il se propose d'en disposer. Même l'intention sincère de laisser à ces individus le plus de liberté possible, et de leur offrir à chacun quelque part du pouvoir, conduit à leur imposer, en quelque manière, ces avantages, dont il arrive, parfois, qu'ils ne veulent guère, et parfois qu'ils pâtissent indirectement. On a vu des peuples se plaindre d'avoir été libérés.

De toute façon, l'esprit ne peut, quand il s'occupe des

« hommes », que les réduire à des êtres en état de figurer dans ses combinaisons. Il n'en retient que les propriétés nécessaires et suffisantes qui lui permettent de poursuivre un certain « idéal » (d'ordre, de justice, de puissance ou de prospérité...) et de faire d'une société humaine une sorte d'œuvre, dans laquelle il se reconnaisse. Il y a de l'artiste dans le dictateur, et de l'esthétique dans ses conceptions. Il faut donc qu'il façonne et travaille son matériel humain, et le rende disponible pour ses desseins. Il faut que les idées des autres soient émondées, élaborées, unifiées; il faut que leur « spontanéité » soient insidieusement séduite, pourvue de formules simples et fortes qui répondent à tout et préviennent en eux toute objection; il faut que leurs sentiments soient repris et éduqués, et jusqu'à leurs manières, transformées, etc. (Mais il faut cependant ne pas leur refuser ni détruire en eux ce qui doit y subsister d'initiative pour que l'œuvre que l'esprit poursuit ne souffre pas d'un excès de soumission et d'inertie chez ses agents.)

Par là, l'esprit (politique), qui s'oppose dans tous les cas à l'homme, auquel il conteste sa liberté, sa complexité et sa variabilité, atteint, sous un régime dictatorial, la plénitude de son développement.

Sous ce régime – qui n'est, comme on l'a dit, que la réalisation la plus complète d'une intention impliquée dans toute pensée politique –, l'esprit est possédé au degré suprême du désir de s'appliquer, avec toute sa volonté de travail bien fait, à son œuvre, et d'accomplir, aussi puissamment que possible, l'acte de l'UN contre TOUS, par TOUS, et idéalement, pour TOUS, qui est caractéristique de sa nature et qu'exige de lui le spectacle des désordres humains. Il se pose donc en conscience supérieure et introduit dans la pratique du pouvoir le contraste et les relations de subordination qui existent dans chaque individu entre la volonté réfléchie, ordonnée à une fin et entretenue, et l'ensemble des « automatismes » de tout genre. L'esprit traitera donc les esprits par le dressage et l'assouplissement des puissances inférieures qui les pénètrent et les réduisent : la peur, la faim, les mythes, l'éloquence, les rythmes et images – et parfois, l'appareil du raisonnement. Tous ces moyens fondés sur l'exploitation de la sensibilité seront par lui saisis et tournés à son service.

Dans les types modernes de dictature, la jeunesse et même l'enfance, sont l'objet d'une attention et d'un travail de formation tout particuliers.

L'ordre alors régnera; et certains bien très sensibles seront assurés à la masse de la population – les uns, réels; les autres imaginaires.

Les actes du pouvoir paraîtront convergents et rationnels, même si leur énergie va quelquefois à la rigueur.

Les instincts de conservation et d'accroissement collectifs qui se trouvent diffus dans un peuple se trouveront composés, précisés, définis à l'état d'idées et de projets dans cette tête unique, en qui le mépris de la foule visible et manœuvrée peut se combiner curieusement avec le culte de la forme historique nationale dont cette foule est la matière momentanée.

On voit qu'il suffit de penser à la vie d'ensemble des hommes et de la considérer comme devant s'organiser sur un modèle intelligible pour que l'idée dictatoriale soit conçue. Elle point dès que l'opinion s'étonne de ne pas comprendre l'action ou l'inaction du pouvoir. Un dictateur peut donc être (et est assez souvent) un homme intimement contraint à s'emparer de ce pouvoir, – comme le spectateur d'un jeu trop mal joué se sent une fureur de bousculer l'incapable et de prendre sa place. Il s'installe et poursuit la concentration dans sa pensée de tous les éléments ou germes dictatoriaux qui étaient latents ou naissants dans une quantité de têtes. Il élimine ou isole tous ceux qui ne lui abandonnent point leur propre élément dictatorial. Il demeure seule volonté libre, seule pensée intégrale, seul possesseur de la plénitude de l'action, seul être jouissant de toutes les propriétés et prérogatives de l'esprit, en présence d'un nombre immense d'individus réduits indistinctement – quelle que soit leur valeur personnelle – à l'état de moyens ou de matière –, car il n'y a pas un autre nom pour tout chose que l'intelligence peut prendre pour son objet.

1934.

AU SUJET DE LA DICTATURE

Toute politique, même la plus grossière, implique quelque idée de l'homme et quelque idée d'une société. On ne peut concevoir une société – sa durée, sa cohésion, ses défenses contre les causes externes ou internes qui tendent à la corrompre – qu'au moyen de figures empruntées à la connaissance que nous avons de systèmes matériels ou d'êtres vivants, et de leur fonctionnement. On use plus ou moins consciemment de la notion plus ou moins savante que l'on a de machines ou d'organismes qui sont, les uns et les autres, des assemblages complexes auxquels nous donnons ou supposons une fin. On parlait du char ou du vaisseau de l'Etat; on parle de leviers, de forces, de rouages; ou bien d'action, de coordination, de périls, de remèdes, de croissance ou de décadence, pour parler de certaines liaisons et de certains événements qui dépendent d'un nombre immense d'hommes.

Les images valent ce qu'elles valent (mais comment penser sans de tels moyens?). Les unes et les autres introduisent des idées d'ordre et de désordre, de bon ou de mauvais fonctionnement, et donc, nous permettent de juger et de critiquer tantôt la structure du mécanisme supposé; tantôt la personne (ou les personnes) qui paraissent le surveiller ou le conduire. (Ici peuvent s'insinuer de grandes illusions sur la portée et la réalité du pouvoir politique – sur le pouvoir du Pouvoir, lequel semble toujours d'autant plus grand et plus certain que l'on en est plus éloigné.)

Or, il arrive parfois et partout que les circonstances fassent craindre pour l'existence de la machine ou de l'organisme dont il s'agit. Des vices de construction, des erreurs de conduite, des événements auxquels il n'était pas fait pour résister, troublent son ordre, compromettent les biens ou les vices des hommes qui en sont les éléments. Ils constatent que rien ne va et que rien ne se fait; que le danger s'accroît, que l'impression d'impuissance, de ruine imminente s'impose et se fortifie : chacun se sent enfin sur un navire en perdition...

C'est alors que se forme inévitablement, dans les esprits, l'idée du contraire de ce qui est – l'idée complémentaire de la dispersion, de la confusion, de l'indécision... Ce contraire est nécessairement quelqu'un. Ce quelqu'un germe en tous.

Comme la faim engendre la vision de mets succulents, et la soif celle de breuvages délicieux, ainsi dans l'attente anxieuse d'une crise, le danger pressenti excite le besoin de voir agir et de comprendre les actes du pouvoir, et développe chez la plupart l'image d'une action puissante, prompte, résolue, délivrée de tous les obstacles de convention et de toutes les résistances passives. Cette action ne peut appartenir qu'à un seul. Ce n'est que dans une tête seule que la vision nette de la fin et des moyens, les transformations des notions en décisions, la coordination la plus complète se peuvent produire. Il y a une sorte de simultanéité et de réciprocité des facteurs du jugement et une sorte de force décisive dans les résolutions, qui ne se trouvent jamais dans la pluralité délibérante. Si donc la dictature est instituée, si l'Unique prend le pouvoir, la conduite des affaires publiques portera toutes les marques de la volonté concentrée et réfléchie, et le *style* d'une certaine personne sera empreint dans tous les actes du gouvernement, cependant que l'Etat, sans visage et sans accent, ne se manifeste que comme une entité inhumaine, une émanation abstraite, d'origine statistique ou traditionnelle, qui procède soit par routine, soit par tâtonnements infinis.

En vérité, ce doit être une jouissance extraordinaire (comme c'est pour l'observateur un spectacle prodigieusement captivant) que de joindre la puissance avec la pensée, de faire exécuter par un peuple ce que l'on a conçu à l'écart; et parfois de modifier à soi seul, et pour une longue durée, le caractère d'une nation – comme le fit jadis le plus profond des dictateurs – CROMWELL, monstre et merveille aux yeux de Pascal et de Bossuet, qui transforma l'âme énergique de l'Angleterre.

Le dictateur demeure enfin seul possesseur de la plénitude de l'action. Il absorbe toutes les valeurs dans la sienne, réduit aux siennes toutes les vues. Il fait des autres individus des instruments de sa pensée, qu'il entend qu'on croie la plus juste et la plus perspicace, puisqu'elle s'est montrée la plus audacieuse et la plus heureuse dans le moment du trouble et de l'égarement public. Il a bousculé le régime impuissant ou décomposé, chassé les hommes indignes ou incapables; avec eux, les lois ou les coutumes qui produisaient l'incohérence, les lenteurs, les problèmes inutiles, énervaient les ressorts de l'Etat. Parmi ces choses dissipées, la liberté. Beaucoup se résignent aisément à cette perte. Il faut avouer que la liberté est la plus difficile des épreuves que l'on puisse proposer à un peuple. Savoir être libres n'est pas également donné à tous les hommes et à toutes les nations, et il ne serait pas impossible de les classer selon ce savoir. Davantage : la liberté dans notre temps n'est, et ne peut être, pour la plupart des individus, qu'apparence. Jamais l'Etat le plus libéral par l'essence et les affirmations, n'a plus étroitement saisi, défini, borné, scruté, façonné, enregistré les vies. Davantage : jamais le système général de l'existence n'a pesé si fortement sur les hommes, les réduisant par des horaires, par la puissance des moyens physiques que l'on fait agir sur leurs sens, par la hâte exigée, par l'imitation imposée, par l'abus de la « série », etc., à l'état de produits d'une certaine organisation qui tend à les rendre aussi semblables que possible jusque dans leurs goûts et dans leurs divertissements. Nous sommes des esclaves d'un fonctionnement dont les gênes ne cessent de croître, grâce aux moyens que nous nous créons d'agir de plus en plus largement sur les milieux communs de la vie. L'amateur de vitesse gêne l'amateur de vitesse; et il en est ainsi des amateurs d'ondes entre eux, des amateurs de plages ou de montagne. Si l'on joint à ces contraintes, nées des interférences de nos plaisirs, celles qu'imposent au plus grand nombre les disciplines modernes du travail, on trouvera que la dictature ne fait qu'achever le système de pressions et de liaisons dont les modernes, dans les pays politiquement les plus libres, sont les victimes, plus ou moins conscientes.

Quoi qu'il en soit, l'Etat dictatorial installé se résume en une division simple de l'organisation d'un peuple : un homme, d'une part, assume toutes les fonctions supérieures de l'esprit : il se charge du « bonheur », de l'« ordre », de l'« avenir », de la « puissance », du « prestige » du corps national; toutes choses en vue desquelles l'unité, l'autorité, la continuité du pouvoir sont, sans doute, nécessaires. Il se réserve d'agir directement dans tous les domaines, et de décider souverainement en toute matière. D'autre part, le reste des individus seront réduits à la condition d'instruments ou de matière de cette action, quelle que soit leur valeur et leur compétence

Au sujet de la dictature

personnelle. Ce matériel humain, convenablement différencié, sera chargé de l'ensemble des « automatismes ».

Une division de cette nature est d'autant plus instable que le peuple auquel elle est appliquée contient plus d'esprits eux-mêmes dictatoriaux (c'est-à-dire : qui veulent comprendre et sont capables d'agir). La conservation de la dictature exige des efforts perpétuels, puisque la dictature, sorte de réponse la plus brève et la plus énergique à une situation critique ressentie par tous, risque d'être rendue inutile et comme dissoute par l'heureux effet de la mission qu'elle s'est donnée. Certains dictateurs ont su se démettre au point juste. D'autres ont essayé de desserrer l'étreinte de leur pouvoir, et de revenir par degrés au régime le plus modéré. C'est là une opération des plus délicates. D'autres encore cherchent à s'affirmer par tous les moyens. Ils trouveront, en dehors des mesures coercitives directes et des surveillances constantes, des ressources assez précieuses, dans le dressage des jeunes gens et dans l'éclat qu'ils pourront donner aux succès et aux avantages sensibles du système. Ils mettront dans cette tâche tout l'esprit et toute l'énergie par lesquels ils se sont imposés. Mais cette politique peut être insuffisante ou ne promettre de résultats que dans un avenir trop éloigné. Il arrive alors que l'on songe à un retour artificiel aux conditions initiales et à organiser l'angoisse et les mêmes périls à la faveur desquels la dictature fut créée. Des images de guerre peuvent alors séduire.

Nous avons vu, en quelques années, sept monarchies (je crois) disparaître; un nombre presque égal de dictatures s'instituer; et dans plusieurs nations dont le régime n'a pas changé, ce régime assez tourmenté, tant par les faits que par les réflexions et comparaisons que ces changements chez les voisins excitaient dans les esprits. Il est remarquable que la dictature soit à présent contagieuse, comme le fut jadis la liberté.

Le monde moderne n'ayant su jusqu'ici ajuster son âme, sa mémoire, ses habitudes sociales, ni ses conventions de politique et de droit au corps nouveau et aux organes qu'il s'est récemment formés, s'embarrasse des contrastes et des contradictions qui se déclarent à chaque instant entre les concepts et les idéaux d'origine historique, qui composent son acquis intellectuel et sa capacité émotive, et les besoins, les connexions, les conditions et les variations rapides d'origine positive et technique, qui, dans tous les ordres, le surprennent et mettent sa vieille expérience en défaut.

Il se cherche une économie, une politique, une morale, une esthétique, et même une religion – et même... une logique, peut-être ? Il n'est pas merveilleux que parmi des tâtonnements qui ne font que commencer et dont il est impossible de prévoir le succès ni le terme, l'idée de dictature, l'image fameuse du « tyran intelligent », se soit proposée, et même imposée, ici ou là.

1938.

SOUVENIR ACTUEL

J'étais à Londres en 1896, fort seul, quoique obligé par mes occupations de voir quantité de personnes, et des plus pittoresques, chaque jour. J'aimais Londres, qui était encore assez étrange, et assez « Ville de la Bible », comme dit Verlaine : nul ne l'a mieux décrite en quelques vers.

J'y trouvais merveilleusement forte la sensation de se dissoudre dans le nombre des hommes, de ne plus être qu'un élément parfaitement quelconque de la pluralité fluente des vivants dont l'écoulement par les voies infinies, par les Strand, par les Oxford Street, par les ponts qui se vont perdant parmi les vapeurs dans le vague, m'enivrant d'une rumeur de pas sur le sol sourd qui ne laissait à ma conscience que l'impression de l'emportement fatal de nos destinées. J'obéissais; je me livrais sans but, et jusqu'à l'extrême fatigue, à ce fleuve de gens en qui se fondaient les visages, les démarches, les vies particulières, les certitudes de chacun d'être unique et incomparable. Je sentais puissamment, entre tous ces passants, que passer était notre affaire; que tous ces êtres et moi-même ne repasserions jamais plus. J'éprouvais avec un amer et bizarre plaisir la simplicité de notre condition statistique. La quantité des individus absorbait toute ma singularité et je me devenais indistinct et indiscernable. C'est bien là ce que nous pouvons penser de plus vrai au sujet de nous-mêmes.

Un jour, las de la foule et de la solitude, je décidai d'aller faire visite au poète Henley. Mallarmé, qui l'aimait beaucoup, m'avait parlé de lui. Il l'avait peint d'un mot : « Vous lui verrez une face de lion », m'avait-il dit.

William Henley me reçut beaucoup mieux que courtoisement, dans le cottage qu'il habitait sur les bords de la Tamise, à Barnes.

Le vieux poète m'imposa par cet air de visage assez formidable qui avait frappé Mallarmé. Mais, dès les premiers mots, ce fauve à tête forte et vraiment léonine, ornée d'une crinière épaisse et d'une barbe à poil roux et blanc, me mit à l'aise; et bientôt, un peu trop à l'aise. Jovial, se prenant à parler français d'une voix chaude et profonde, très marquée d'accent, il me fit entendre un langage dont la vigueur et la verdeur me saisirent. Cela sonnait ou dissonait étrangement dans l'atmosphère assez victorienne de son petit salon. Je n'en pouvais croire mes oreilles. (C'est là une expression tout usée, mais une figure admirable.)

Henley, avec de grands éclats de rire et une joie enfantine que ma stupeur très visible excitait et ravivait à chaque instant, me contait des choses énormes, qu'il débitait dans un argot d'une crudité et d'une authenticité surprenantes.

Je me sentais choqué... Mais quoi de plus flatteur que de l'être par un Anglais en Angleterre?

Mais la curiosité me poignait de savoir d'où mon hôte avait pris cette science du verbe obscène et tout ce vocabulaire à haute puissance. Ayant assez joui de ma surprise, il ne me fit aucun mystère des circonstances qui l'avaient si complètement instruit. Il avait fréquenté, au lendemain de la Commune, nombre de réfugiés plus ou moins compromis, qui avaient trouvé asile à Londres. Il avait connu Verlaine, Rimbaud, et divers autres qui parlaient *abssomphe* – et cœtera.

Il faut avouer que le discours familier des poètes est assez souvent d'une liberté sans bornes. Tout le domaine des images et des mots leur appartient. Les deux que j'ai nommés le parcouraient de leurs génies, et ne se privaient point de l'accroître dans ses parties les plus expressives. Ceci est assez connu ; mais voici qui l'est moins et qui pourra surprendre : une tradition des plus orales veut que Lamartine lui-même ait quelquefois laissé d'extrêmes propos choir de sa bouche d'or...

Je le dis à Henley, qui s'en montra ravi...

Or, deux dames entrèrent.

Le dîner pris, elles nous laissèrent à nous-mêmes, et une tout autre conversation s'institua entre la pipe de Henley et toutes mes cigarettes.

Il me parla d'une publication qu'il dirigeait, « The New Review », où il insérait de temps à autre des articles en français. Je sentis par ces derniers mots qu'il allait être question de moi ; mais je ne pouvais deviner que cet entretien allait m'induire à des réflexions et m'engager dans une application de l'esprit fort éloignées de mes objets et de mes problèmes ordinaires.

La Revue, m'expliqua-t-il, venait de publier un ensemble d'études qui causaient en Angleterre une surprise qui, de jour en jour, se développait en émoi, et presque en indignation.

L'auteur, Mr Williams, avait eu l'idée d'examiner de fort près la situation du commerce et des industries britanniques, et l'avait trouvée dangereusement menacée par la concurrence allemande. Dans tous les domaines économiques, grâce à une organisation toute scientifique de la production, de la consommation, des moyens de transport et de la publicité, grâce à une information extraordinairement précise et pénétrante qui centralisait d'innombrables renseignements, l'entreprise réalisait systématiquement l'éviction des produits anglais sur tous les marchés du monde, et parvenait à dominer jusque dans les colonies mêmes de la Grande-Bretagne. Tous les traits de cette vaste et méthodique opération étaient relevés un à un, décrits avec le plus grand soin par Williams, et présentés à la manière anglaise : le moins possible d'idées et le plus possible de faits.

Le titre même que Williams avait donné à l'ensemble de ses articles était en train de faire fortune, un bill célèbre allait l'incorporer dans la législation, et ces trois mots *Made in Germany* s'incrustèrent du coup dans les têtes anglaises.

– Vous avez lu cela? me dit Henley.
– Certainement non, Monsieur.
– *Of course*. Demain je vous enverrai le paquet. Vous lirez toutes ces petites histoires de Williams.
– Et après?
– Après, vous me ferez un bon article sur l'ensemble, une espèce de conclusion philosophique, genre français. *Shall we say ten pages* (4.500 *words*)? *And can you let me have the copy very soon? Say, within ten days?*

Je lui ai ri au nez, aussi sûr qu'on peut l'être quand on n'a ni le désir, ni les moyens, ni l'obligation de faire quelque chose, qu'on ne la fera pas. Je n'allais même pas songer à me risquer dans un travail si étranger à mes goûts, et pour l'exécution duquel je n'avais rien dans la tête.

En conséquence, à peine rentré à Paris (chargé d'amitiés *for the good Stéphane*), je me mis à l'ouvrage, c'est-à-dire à réfléchir. En conséquence, car la conséquence la plus probable d'une décision immédiate et qui s'impose par elle-même, est la décision complémentaire : l'évidence excite le doute; l'affirmation est excitée par la négation; et l'impossible, perçu d'abord bien nettement, irrite aussitôt toutes les ressources imaginaires qui s'affairent contre lui et prodiguent les solutions les plus variées...

L'une d'elles me retint. J'avais quelques lectures militaires car les méthodes m'intéressaient par elles-mêmes, et qu'il n'y avait guère à cette époque d'exemples d'organisation à grande échelle avec division des fonctions et hiérarchie que dans les armées européennes de premier rang. La généralisation de ce type me parut possible. La guerre économique n'est qu'une des formes de la guerre naturelle des êtres : je ne dis pas des hommes, car on peut douter si l'homme n'est pas encore à l'état de projet...

J'observai aussi que la science du type moderne se rapprochait d'autant plus aisément de ces activités organisées qu'elle en avait fourni le modèle. Elle divise, spécialise, exige discipline, etc. Je déduisais enfin de mes comparaisons de graves pronostics. Ici je me permettrai de me citer :

« ... Tous les peuples qui arrivent à l'état de grandes nations ou qui reprennent ce rang à une époque déjà pourvue de grandes nations, plus anciennes et plus complètes, tendent à imiter subitement ce qui a demandé des siècles d'expérience aux nations aînées, et s'organisent entièrement selon une méthode délibérée, de même qu'une cité délibérément construite s'élève toujours sur un plan géométrique. L'Allemagne, l'Italie, le Japon sont de telles nations recommencées fort tard sur un concept scientifique aussi parfait que l'analyse des prospérités voisines et des progrès contemporains pouvait le fournir. La Russie offrirait le même exemple si l'immensité de son territoire ne mettait obstacle à l'exécution rapide d'un projet d'ensemble...

... Le Japon doit penser que l'Europe était faite pour lui... »

Cet article a paru le 1er janvier 1897 dans la « New Review ». Il est âgé de 48 ans. Toutefois le rapprochement des noms des nations qui s'y trouve, et quelques-unes des idées qu'il contient me semblent n'avoir pas perdu toute signification. Ce qui se passe en Extrême-Orient et même ailleurs me fait l'effet d'un souvenir.

L'AMÉRIQUE, PROJECTION
DE L'ESPRIT EUROPÉEN

Vous avez bien voulu me demander de commenter pour les lecteurs de « SINTESIS » une phrase qui a trait à l'Amérique et qui figure dans mon livre « VARIÉTÉ ». Je crois qu'il sera plus intéressant et plus suggestif de vous donner ici une opinion plus générale, dont l'application à l'Amérique se fera d'elle-même.

Si le monde moderne ne doit pas en venir à une ruine universelle et irrémédiable de toutes les valeurs créées par des siècles de tâtonnements et d'expériences de tout genre, et si (après je ne sais quels troubles et quelles vicissitudes) il doit atteindre un certain équilibre politique, culturel et économique, il faut regarder comme probable que les diverses régions du globe, au lieu de s'opposer par leurs différences de tous ordres, se compléteront par elles. Elles pourront être d'autant plus elles-mêmes qu'elles participeront plus librement et rationnellement à l'œuvre commune de vie. Par exemple, on ne verra plus des nations créer et entretenir chez elles des industries entièrement artificielles, qui ne vivent que de subventions et de protection. D'ailleurs, la division même du territoire habitable en nations politiquement définies est purement empirique. Elle est historiquement explicable : elle ne l'est pas organiquement, car la ligne tracée sur la carte et sur le sol qui constitue une frontière résulte d'une suite d'accidents consacrés par des traités. Dans bien des cas, cette ligne fermée est bizarrement dessinée; elle sépare des contrées qui se ressemblent, elle en réunit qui diffèrent grandement; et elle introduit dans les relations humaines des difficultés et des complications dont la guerre qui en résulte n'est jamais une solution, mais au contraire un nouvel ensemencement.

Le point curieux de cette définition historique et traditionnelle des nations est le suivant : la conception actuelle du groupement des hommes en nations est tout anthropomorphique. Une nation est caractérisée par des droits de souveraineté et de propriété. Elle possède, achète, vend, se bat, essaie de vivre et de prospérer aux dépens des autres; elle est jalouse, fière, riche ou pauvre; elle critique les autres; elle a des amies et des ennemies, des sympathies; elle est artiste ou elle ne l'est pas; etc. En somme, ce sont des personnes que les nations et nous leur attribuons des sentiments, des droits et des devoirs, des qualités et des défauts, des volontés et des responsabilités, par une habitude immémoriale de simplification.

Je n'ai pas besoin de développer les conséquences de cette identification des groupes humains à des êtres bien déterminés.

Mais la transformation moderne de la terre se poursuit, et le nouveau système de la vie qui devrait correspondre à cette énorme modification se heurte à la structure politique que je viens d'esquisser. Rappelons en deux mots les grands traits de cette transformation, comme je les ai signalés dans mes « Regards sur le Monde Actuel ».

D'abord toute la terre est occupée : *plus de terre libre.* Ensuite, *égalisation technique croissante des peuples* – d'où diminution des causes de prééminence des nations du type européen. Puis, besoin toujours croissant d'énergie physique – et, par conséquent, des matières qui en produisent par leur transformation (charbon, pétroles). Enfin, accroissement rapide et fantastique des moyens de communication et de transmission.

Tout ceci se confirme, s'accuse et agit de plus en plus, de jour en jour. Tout ceci se combine avec l'héritage pesant de l'ancien monde et de l'ancienne et primitive politique. Les chances de conflit en sont terriblement multipliées. L'instabilité de l'équilibre mondial est extrême. Personne ne peut plus se flatter de prévoir. Les plus grands politiques, les têtes les plus profondes sont incapables de rien calculer. Une invention imprévue peut changer demain toutes les conditions de puissance économique ou militaire.

Ainsi, d'une part, conceptions primitives et anthropomorphiques; personnalités nationales, souveraines et propriétaires de territoires arbitrairement découpés. D'autre part, dépendance croissante des régions, besoins d'échanges et d'équilibres, interdépendance technique ou économique inévitable. Dans une guerre moderne, l'homme qui tue un homme tue un producteur de ce qu'il consomme, ou un consommateur de ce qu'il produit.

Il est inutile de décrire les funestes effets de cet état de choses. La malheureuse Europe est en proie à une crise de bêtise, de crédulité et de bestialité trop évidente. Il n'est pas impossible que notre vieille et richissime culture se dégrade au dernier point en quelques années. J'ai déjà écrit il y a vingt ans : « Nous autres, civilisations, nous savons à présent que nous sommes mortelles... » Tout ce qui s'est passé depuis ce moment n'a fait qu'accroître le péril mortel que je signalais.

J'en viens donc à l'Amérique. Toutes les fois que ma pensée se fait trop noire, et que je désespère de l'Europe, je ne retrouve quelque espoir qu'en pensant au Nouveau Continent. L'Europe a envoyé dans les deux Amériques ses messages, les créations communicables de son esprit, ce qu'elle a découvert de plus positif, et, en somme, ce qui était le moins altérable par le transport et par l'éloignement des conditions générales. C'est une véritable « sélection naturelle » qui s'est opérée et qui a extrait de l'esprit européen ses produits de valeur universelle, tandis que ce qu'il contient de trop conventionnel ou de trop historique demeurait dans le Vieux Monde.

Je ne dis pas que tout le meilleur ait passé l'Océan, ni que tout le moins bon ne l'ait pas franchi. Ce ne serait plus une sélection naturelle. Je dis que ce sont les choses les plus capables de vivre sous des cieux très éloignés de leurs cieux d'origine qui ont passé l'Océan, et qui ont pris racine dans une terre qui était en grande partie vierge.

Considérons pour terminer deux idées qui peuvent se dériver des observations trop sommaires qui précèdent.

D'abord, la terre américaine portait des races et des traces de vie antérieure de diverses sortes. Il n'est pas impossible que des réactions importantes ne se manifestent un jour comme conséquence du contact et de la pénétration des facteurs européens. Je ne serais pas étonné, par exemple, que des combinaisons très heureuses puissent résulter de l'action de nos idées esthétiques s'insérant dans la puissante nature de l'Art autochtone mexicain. La greffe est dans le développement des arts une méthode des plus fécondes. Tout l'art classique, avouons-le, est un produit de greffage.

Deuxième idée, d'ordre tout différent. Si l'Europe doit voir périr ou dépérir sa culture; si nos villes, nos musées, nos monuments, nos universités doivent être détruits dans la fureur de la guerre scientifiquement conduite; si l'existence des hommes de pensée et des créateurs est rendue impossible ou atroce par des circonstances brutales, politiques ou économiques, une certaine consolation, un certain espoir sont contenus dans l'idée que nos œuvres, le souvenir de nos travaux, les noms de nos plus grands hommes ne seront pas comme s'ils n'avaient jamais été, et qu'il y aura, çà et là, dans le Nouveau Monde, des esprits dans lesquels vivront d'une seconde vie quelques-unes des créatures merveilleuses des malheureux Européens.

1938.

IMAGES DE LA FRANCE

Il n'est pas nation plus ouverte, ni sans doute de plus mystérieuse que la française; point de nation plus aisée à observer et à croire connaître du premier coup. On s'avise par la suite qu'il n'en est point de plus difficile à prévoir dans ses mouvements, de plus capable de reprises et de retournements inattendus. Son histoire offre un tableau de situations extrêmes, une chaîne de cimes et d'abîmes plus nombreux et plus rapprochés dans le temps que toute autre histoire n'en montre. A la lueur même de tant d'orages, la réflexion peu à peu fait apparaître une idée qui exprime assez exactement ce que l'observation vient de suggérer : on dirait que ce pays soit voué par sa nature et par sa structure à réaliser dans l'espace et dans l'histoire combinés, une sorte de figure d'équilibre, douée d'une étrange stabilité, autour de laquelle les événements, les vicissitudes inévitables et inséparables de toute vie, les explosions intérieures, les séismes politiques extérieurs, les orages venus du dehors, le font osciller plus d'une fois par siècle depuis des siècles. La France s'élève, chancelle, tombe, se relève, se restreint, reprend sa grandeur, se déchire, se concentre, montrant tour à tout la fierté, la résignation, l'insouciance, l'ardeur, et se distinguant entre les nations par un caractère curieusement personnel.

Cette nation nerveuse et pleine de contrastes trouve

dans ses contrastes des ressources tout imprévues. Le secret de sa prodigieuse résistance gît peut-être dans les grandes et multiples différences qu'elle combine en soi. Chez les Français, la légèreté apparente du caractère s'accompagne d'une endurance et d'une élasticité singulières. La facilité générale et l'aménité des rapports se joignent chez eux à un sentiment critique redoutable et toujours éveillé. Peut-être la France est-elle le seul pays où le ridicule ait joué un rôle historique; il a miné, détruit quelques régimes, et il y suffit d'un mot, d'un trait heureux (et parfois trop heureux), pour ruiner dans l'esprit public, en quelques instants, des puissances et des situations considérables. On observe d'ailleurs chez les Français une certaine discipline naturelle qui le cède toujours à l'évidence de la nécessité d'une discipline. Il arrive qu'on trouve la nation brusquement unie quand on pouvait s'attendre à la trouver divisée.

On le voit, la nation française est particulièrement difficile à définir d'une façon simple; et c'est là même un élément assez important de sa définition que cette propriété d'être difficile à définir. On ne peut la caractériser par une collection d'attributs non contradictoires. J'essaierai tout à l'heure d'en faire sentir la raison. Mais qu'il s'agisse de la France ou de toute autre personne politique du même ordre, ce n'est jamais chose facile que de se représenter nettement ce qu'on nomme une nation. Les traits les plus simples et les plus gros d'une nation échappent aux gens du pays, qui sont insensibles à ce qu'ils ont toujours vu. L'étranger qui les perçoit, les perçoit trop fortement, et ne ressent pas cette quantité de caractères intimes et de réalités invisibles par quoi s'accomplit le mystère de l'union profonde de millions d'hommes.

Il y a donc deux grandes manières de se tromper au sujet d'une nation donnée.

Entre une terre et le peuple qui l'habite, entre l'homme et l'étendue, la figure, le relief, le régime des eaux, le climat, la faune, la flore, la substance du sol, se forment peu à peu des relations réciproques qui sont d'autant plus nombreuses et entremêlées que le peuple est fixé depuis plus longtemps sur le pays.

Si le peuple est composite, s'il fut formé d'apports successifs au cours des âges, les combinaisons se multiplient.

Au regard de l'observateur, ces rapports réciproques entre la terre mère ou nourrice et la vie organisée qu'elle supporte et alimente, ne sont pas également apparents. Car les uns consistent dans les modifications diverses que la vie humaine fait subir à un territoire; les autres, dans la modification des vivants par leur habitat; et tandis que l'action de l'homme sur son domaine est généralement visible et lisible sur la terre, au contraire, l'action inverse est presque toujours impossible à isoler et à définir exactement. L'homme exploite, défriche, ensemence, construit, déboise, fouille le sol, perce des monts, discipline les eaux, importe des espèces. On peut observer ou reconstituer les travaux accomplis, les cultures entreprises, l'altération de la nature. Mais les modifications de l'homme par sa résidence sont obscures comme elles sont certaines. Les effets du ciel, de l'eau, de l'air qu'on respire, des vents qui règnent, des choses que l'on mange, etc., sur l'être vivant, vont se ranger dans l'ordre des phénomènes physiologiques, cependant que les effets des actes sont, pour la plupart, de l'ordre physique ou mécanique. Le plus grand nombre de nos opérations sur la nature demeurent reconnaissables; l'artificiel en général tranche le naturel; mais l'action de la nature ambiante sur nous est une action sur elle-même, elle se fond et se compose avec nous-mêmes. Tout ce qui agit sur un vivant et qui ne le supprime pas, produit une forme de vie, ou une variation de la vie plus ou moins stable.

On voit par ces remarques très simples que la connaissance d'un pays nous demande deux genres de recherches d'inégales difficultés. Ici, comme en bien d'autres matières, il se trouve que ce qui nous importerait le plus de connaître est aussi le plus difficile. Les mœurs, les idéaux, la politique, les produits de l'esprit sont les effets incalculables de causes infiniment enchevêtrées, où l'intelligence se perd au milieu de nombre de facteurs indépendants et de leurs combinaisons, où même la statistique est grossièrement incapable de nous servir. Cette grande impuissance est fatale à l'espèce humaine; c'est elle, bien plus que les intérêts, qui oppose les nations les unes aux autres, et qui s'oppose à une organisation de l'ensemble des hommes sur le globe, entreprise jusqu'ici vainement tentée par l'esprit de conquête, par l'esprit religieux, par l'esprit révolutionnaire, chacun suivant sa nature.

L'homme n'en sait pas assez sur l'homme pour ne pas recourir aux expédients. Les solutions grossières, vaines ou désespérées, se proposent ou s'imposent au genre humain exactement comme aux individus, *parce qu'ils ne savent pas.*

Voilà des propos assez abstraits, dont quelques-uns de fort sombres, pour ouvrir un recueil d'images. C'est que les images d'un pays, la vision d'une contrée nourrice d'un groupe humain, et théâtre et matière de ses actes, excitent invinciblement en nous, comme un accompagnement continu, émouvant, impossible à ne pas entendre, toutes les voix d'un drame et d'un rêve d'une complexité et d'une profondeur illimitées, dans lesquel nous sommes chacun personnellement engagés.

La terre de France est remarquable par la netteté de sa figure, par les différences de ses régions, par l'équilibre général de cette diversité de parties qui se conviennent, se groupent et se complètent assez bien.

Une sorte de proportion heureuse existe en ce pays entre l'étendue des plaines et celle des montagnes, entre la surface totale et le développement des côtes; et sur les côtes mêmes, entre les falaises, les roches, les plages qui bordent de calcaire, de granit ou de sables le rivage de la France sur trois mers. La France est le seul pays d'Europe qui possède trois fronts de mer bien distincts. Quant aux ressources de surface ou de fond, on peut dire que peu de choses essentielles à la vie manquent à la France. Il s'y trouve beaucoup de terres à céréales, d'illustres coteaux pour la vigne; l'excellente pierre à bâtir et le fer y abondent. Il y a moins de charbon qu'il n'en faudrait de nos jours. D'autre part, l'ère moderne a créé des besoins nouveaux et intenses, quoique accidentels et peut-être éphémères, auxquels ce pays ne peut subvenir ou suffire par soi seul.

Sur cette terre vit un peuple dont l'histoire consiste principalement dans le travail incessant de sa propre formation. Qu'il s'agisse de sa constitution ethnique, qu'il s'agisse de constitution psychologique, ce peuple est plus que tout autre une création de son domaine et l'œuvre séculaire d'une certaine donnée géographique. Il n'est point de peuple qui ait des relations plus étroites avec le lieu du monde qu'il habite. On ne peut l'imaginer se déplaçant en masse, émigrant en bloc sous d'autres cieux, se détachant de la figure de la France. On ne peut concevoir ce peuple français en faisant abstraction de son lieu, auquel il doit non seulement les caractères ordinaires d'adaptation que tous les peuples reçoivent à la longue des sites qu'ils habitent, mais encore ce que l'on pourrait nommer sa formule de constitution et sa loi propre de conservation comme entité nationale.

Les îles Britanniques, la France, l'Espagne terminent vers l'Ouest l'immense Europasie; mais tandis que les premières par la mer, la dernière par la masse des

Pyrénées, sont bien séparées du reste de l'énorme continent, la France est largement ouverte et accessible par le Nord-Est. Elle offre, d'autre part, de nombreux points d'accostage sur ses vastes frontières maritimes.

Ces circonstances naturelles, jointes à la qualité générale du sol, à la modération du climat, ont eu la plus grande influence sur le peuplement du territoire. Quelle qu'ait été la population primitive du pays – je veux dire la population qui a vécu sur cette terre à partir de l'époque où sa physionomie physique actuelle s'est fixée dans ses grands traits –, cette population a été à bien des reprises modifiée, enrichie, appauvrie, reconstituée, refondue à toute époque par des apports et des accidents étonnamment variés; elle a subi des invasions, des occupations, des infiltrations, des extinctions, des pertes et des gains incessants.

Le vent vivant des peuples, soufflant du Nord et de l'Est à intervalles intermittents, et avec des intensités variables, a porté vers l'Ouest, à travers les âges, des éléments ethniques très divers, qui, poussés successivement à la découverte des régions de l'Extrême Occident de l'Europe, se sont enfin heurtés à des populations autochtones, ou déjà arrêtées par l'Océan et par les monts, et fixées. Ils ont trouvé devant eux des obstacles humains ou des barrières naturelles, autour d'eux, un pays fertile et tempéré. Ces arrivants se sont établis, juxtaposés ou superposés aux groupes déjà installés, se faisant équilibre, se combinant peu à peu les uns aux autres, composant lentement leurs langues, leurs caractéristiques, leurs arts et leurs mœurs. Les immigrants ne vinrent pas seulement du Nord et de l'Est; le Sud-Est et le Sud fournirent leurs contingents. Quelques Grecs par les rivages du Midi; des effectifs romains assez faibles, sans doute, mais renouvelés pendant des siècles; plus tard, des essaims de Maures et de Sarrasins. Grecs ou Phéniciens, Latins et Sarrasins par le Sud, comme les Northmans par les côtes de la Manche et de l'Atlantique, ont pénétré dans le territoire par quantités assez peu considérables. Les masses les plus nombreuses furent vraisemblablement celles apportées par les courants de l'Est.

Quoi qu'il en soit, une carte où les mouvements de peuples seraient figurés comme le sont les déplacements aériens sur les cartes météorologiques, ferait apparaître le territoire français comme une aire où les courants humains se sont portés, mêlés, neutralisés et apaisés, par la fusion progressive et l'enchevêtrement de leurs tourbillons.

Le fait fondamental pour la formation de la France a donc été la présence et le mélange sur son territoire d'une quantité remarquable d'éléments ethniques différents. Toutes les nations d'Europe sont composées, et il n'y a peut-être aucune d'elles dans laquelle une seule langue soit parlée. Mais il n'en est, je crois, aucune dont la formule ethnique et linguistique soit aussi riche que celle de la France. Celle-ci a trouvé son individualité singulière dans le phénomène complexe des échanges internes, des alliances individuelles qui se sont produits en elle entre tant de sangs et de complexions différents. Les combinaisons de tant de facteurs indépendants, le dosage de tant d'hérédités expliquent dans les actes et les sentiments des Français bien des contradictions et cette remarquable valeur moyenne des individus. A cause des sangs très disparates qu'elle a reçus, et dont elle a composé, en quelques siècles, une personnalité européenne si nette et si complexe, productrice d'une culture et d'un esprit caractéristiques, la nation française fait songer à un arbre greffé plusieurs fois, de qui la qualité et la saveur de ses fruits résultent d'une heureux alliance de sucs et de sèves très divers concourant à une même et indivisible existence.

La même circonstance permet de comprendre la plupart des institutions et des organisations spécifiquement françaises, qui sont en général des productions ou des réactions souvent très énergiques du corps national en faveur de son unité. Le sens de cette unité vitale est extrême en France.

Si j'osais me laisser séduire aux rêveries qu'on décore du beau nom de philosophie historique, je me plairais peut-être à imaginer que tous les événements véritablement grands de cette histoire de la France furent, d'une part, les actions qui ont menacé, ou tendu à altérer, un certain équilibre de races réalisé dans une certaine figure territoriale; et, d'autre part, les réactions, parfois si énergiques, qui répondirent à ces atteintes, tendant à reconstituer l'équilibre.

Tantôt la nation semble faire effort pour atteindre ou reprendre sa composition optima, celle qui est la plus favorable à ses échanges intérieurs et à sa vie pleine et complète; et tantôt faire effort pour rejoindre l'unité que cette composition même lui impose. Dans les dissensions intérieures aiguës, c'est toujours le parti qui semble en possession de rétablir au plus tôt, et à tout prix, l'unité menacée, qui a toutes les chances de triompher. C'est pourquoi l'histoire dramatique de la France se résume mieux que toutes autres en quelques grands noms, noms de personnes, noms de familles, noms d'assemblées, qui ont particulièrement et énergiquement représenté cette tendance essentielle aux moments critiques et dans les périodes de crise ou de réorganisation. Que l'on parle des Capétiens, de Jeanne d'Arc, de Louis XI, d'Henri IV, de Richelieu, de la Convention ou de Napoléon, on désigne toujours une même chose, un symbole de l'identité et de l'unité nationales en acte.

Mais un autre nom me vient à l'esprit, comme je pense à tous ces noms représentatifs. C'est un nom de ville. Quel phénomène plus significatif et qui illustre mieux ce que je viens de dire, que l'énorme accroissement au cours des siècles de la prééminence de Paris? Quoi de plus typique que cette attraction puissante et cette impulsion continuelle qu'il exerce comme un centre vital dont le rôle passe de beaucoup celui d'une capitale politique ou d'une ville de première grandeur?

L'action certaine, visible et constante de Paris, est de compenser par une concentration jalouse et intense les grandes différences régionales et individuelles de la France. L'augmentation du nombre des fonctions que Paris exerce dans la vie de la France depuis deux siècles correspond à un développement du besoin de coordination totale, et à la réunion assez récente de provinces plus lointaines à traditions plus hétérogènes. La Révolution a trouvé la France déjà centralisée au point de vue gouvernemental, et polarisée à l'égard de la Cour en ce qui concerne le goût et les mœurs. Cette centralisation n'intéressait guère directement que les classes dirigeantes et aisées. Mais à partir de la réunion des Assemblées révolutionnaires, et pendant les années critiques, un intense mouvement d'hommes et d'idées s'établit entre Paris et le reste de la France. Les affaires locales, les projets, les dénonciations, les individus les plus actifs ou les plus ambitieux, tout vient à Paris, tout y fermente; et Paris à son tour inonde le pays de délégués, de décrets, de journaux, des produits de toutes les rencontres, de tous les événements, des passions et des discussions que tant de différences appelées à lui et heurtées en lui engendrent dans ses murs.

Je ne sais pourquoi les historiens en général ne soulignent pas ce grand *fait* que me représente la transformation de Paris en organe central de confrontation et de combinaison, organe non seulement politique et administratif, mais organe de jugement, d'élaboration et d'émission, et pôle directeur de la sensibilité générale du pays. Peut-être répugnent-ils à mettre au rang des événements un phénomène relativement lent et qu'on ne peut dater avec précision. Mais il faut quelquefois douer le regard historique des mêmes libertés à l'égard du temps et de l'espace que nous avons obtenues de nos instruments d'optique et de vues animées. Imaginez que vous perceviez en quelques instants ce qui s'est fait en quelques centaines d'années, Paris se former, grossir, ses liaisons avec tout le territoire se multiplier, s'enrichir; Paris devenir l'appareil indispensable d'une circulation généralisée; sa nécessité et sa puissance fonctionnelle s'affirmer de plus en plus, croître avec la Révolution, avec l'Empire, avec le développement des voies ferrées, avec celui des télégraphes, de la presse, et de ce qu'on pourrait nommer la littérature intensive... vous concevez alors Paris comme événement, événement tout comparable à la création d'une institution d'importance capitale, et à tous les événements significatifs que l'histoire inscrit et médite.

Il n'y a pas d'événements plus significatifs que celui-ci. J'ai dit à quoi il répond. C'est une production typique de la France, de la diversité extraordinaire de la France, que cette grande cité à qui toute une grande nation délègue tous ses pouvoirs spirituels, par qui elle fait élaborer les conventions fondamentales en matière de goûts et de mœurs, et qui lui sert d'intermédiaire ou d'interprète, et de représentant à l'égard du reste du monde, comme elle sert au reste du monde à prendre une connaissance rapide, inexacte et délicieuse de l'ensemble de la France.

Les idées sur la France que je viens d'exposer ou plutôt de proposer au lecteur à titre de pures approximations me sont venues par une conséquence lointaine de remarques que j'ai faites, il y a fort longtemps, sur un sujet tout particulier.

La poésie a quelquefois occupé mon esprit; et non seulement j'ai consumé quelques années de ma vie à composer divers poèmes; mais encore, je me suis plu assez souvent à examiner dans leur généralité la nature et les moyens de cet art.

Or, en méditant sur les caractères physiques de la poésie, c'est-à-dire, sur ses rapports avec la musique, et en développant cette étude jusqu'à une comparaison des métriques et des prosodies de quelques peuples, on ne peut pas ne pas apercevoir un fait qui, pour être assez connu et très sensible, n'a pas été, je crois, suffisamment considéré et interrogé.

La poésie française diffère musicalement de toutes les autres, au point d'avoir été regardée parfois comme presque privée de bien des charmes et des ressources qui se trouvent en d'autres langues à la disposition des poètes. Je crois bien que c'est là une erreur; mais cette erreur, comme il arrive fort souvent, est une déduction illégitime et subjective d'une observation exacte. C'est la langue elle-même qu'il fallait considérer pour en définir la singularité phonétique; celle-ci bien déterminée, on pourrait chercher à se l'expliquer.

Trois caractères distinguent nettement le français des autres langues occidentales : le français, bien parlé, ne chante presque pas. C'est un discours de registre peu étendu, une parole plus plane que les autres. Ensuite : les consonnes en français sont remarquablement adoucies; pas de figures rudes ou gutturales. Nulle consonne française n'est impossible à prononcer pour un Européen. Enfin, les voyelles françaises sont nombreuses et très nuancées, forment une rare et précieuse collection de timbres délicats qui offrent aux poètes dignes de ce nom des valeurs par le jeu desquelles ils peuvent compenser le registre tempéré et la modération générale des accents de leur langue. La variété des *é* et des *è* – les riches diphtongues, comme celles-ci : feuille, paille, pleure, toise, tien, etc. –, l'*e* muet qui tantôt existe, tantôt ne se fait presque point sentir s'il ne s'efface entièrement, et qui procure tant d'effets subtils de silences élémentaires, ou qui termine ou prolonge tant de mots par une sorte d'ombre que semble jeter après elle une syllabe accentuée, voilà des moyens dont on pourrait montrer l'efficacité par une infinité d'exemples.

Mais je n'en ai parlé que pour établir ce que je prétendais tout à l'heure : que la langue française doit se ranger à part; également éloignée, au point de vue phonétique, des langues dites latines ou romanes et des langues germaniques.

Il est bien remarquable, en particulier, que la langue parlée sur un territoire intermédiaire entre l'Italie et l'Espagne se contienne dans un registre bien moins étendu que celui où se meuvent les voix italiennes et espagnoles. Ses voyelles sont plus nombreuses et plus nuancées; ses consonnes jamais ne sont de la force, ne demandent l'effort qui s'y attache dans les autres langues latines.

L'histoire du français nous apprend à ce sujet des choses curieuses, que je trouve significatives. Elle nous enseigne, par exemple, que la lettre *r*, quoique très peu rude en français, où elle ne se trouve jamais roulée ni aspirée, a failli disparaître de la langue, à plusieurs reprises, et être remplacée, selon un adoucissement progressif, par quelque émission plus aisée. (Le mot chaire est devenu chaise, etc.)

En somme, un examen, phonétique même superficiel (comme celui qu'un simple amateur pouvait faire), m'a montré dans la poétique et la langue de France des traits et des singularités que je ne puis m'expliquer que par les caractères mêmes de la nation que j'ai énoncés tout à l'heure.

Si la langue française est comme tempérée dans sa tonalité générale; si bien parler le français c'est le parler sans accent; si les phonèmes rudes ou trop marqués en sont proscrits, ou en furent peu à peu éliminés; si, d'autre part, les timbres y sont nombreux et complexes, les muettes si sensibles, je n'en puis voir d'autre cause que le mode de formation et la complexité de l'alliage de la nation. Dans un pays où les Celtes, les Latins, les Germains, ont accompli une fusion très intime, où l'on parle encore, où l'on écrit, à côté de la langue dominante, une quantité de langages divers (plusieurs langues romanes, les dialectes du français, ceux du breton, le basque, le catalan, le corse), il s'est fait nécessairement une unité linguistique parallèle à l'unité politique et à l'unité de sentiment. Cette unité ne pouvait s'accomplir que par des transactions statistiques, des concessions mutuelles, un abandon par les uns de ce qui était trop ardu à prononcer pour les autres, une altération composée. Peut-être pourrait-on pousser l'analyse un peu plus loin et rechercher si les formes spécifiques du français ne relèvent pas, elles aussi, des mêmes nécessités?

La clarté de structure du langage de la France, si on pouvait la définir d'une façon simple, apparaîtrait sans doute comme le fruit des mêmes besoins et des mêmes conditions; et il n'est pas douteux, d'autre part, que la littérature de ce pays, en ce qu'elle a de plus caractéristique, procède mêmement d'un mélange de qualités très différentes et d'origines très diverses, dans une forme d'autant plus nette et impérieuse que les substances qu'elle doit recevoir sont plus hétérogènes. Le même pays produit un Pascal et un Voltaire, un Lamartine et un Victor Hugo, un Musset et un Mallarmé. Il y a quelques années, on pouvait rencontrer, dans un même salon de Paris, Emile Zola et Théodore de Banville, ou bien aller en un quart d'heure du cabinet d'Anatole France au bureau de J.-K. Huysmans : c'était visiter des extrêmes.

Ici se placeraient tout naturellement des considérations sur ce que la France a donné aux Lettres de proprement et spécialement français. Il faudrait, par exemple, mettre en lumière ce remarquable développement de l'esprit critique en matière de forme qui s'est prononcé à partir du XVIe siècle; cet esprit a dominé la littérature pendant la période dite classique, et n'a jamais cessé depuis lors d'exercer une influence directe ou indirecte sur la production.

La France est peut-être le seul pays où des considérations de pure forme, un souci de la forme en soi aient persisté et dominé dans l'ère moderne. Le sentiment et le culte de la forme me semblent être des passions de l'esprit qui se rencontrent le plus souvent en liaison avec l'esprit critique et la tournure sceptique des esprits. Ils s'accompagnent, en effet, d'une particulière liberté à l'égard du contenu, et coexistent souvent avec une sorte de sens de l'ironie généralisée. Ces vices ou ces vertus exquises sont ordinairement cultivés dans des milieux sociaux riches en expériences et en contrastes, où le mouvement des échanges d'idées, l'activité des esprits concentrés et heurtant leur diversité s'exagèrent et acquièrent l'intensité, l'éclat, parfois la sécheresse d'une flamme. Le rôle de la cour, le rôle de Paris dans la littérature française furent ou sont essentiels. Le chef-d'œuvre littéraire de la France est peut-être sa prose abstraite, dont la pareille ne se trouve nulle part. Mais je ne puis ici développer ces vues. Il y faudrait tout un livre.

Je n'ajoute qu'une remarque à cet aperçu tout insuffisant : des fondations comme l'Académie française, des institutions comme la Comédie-Française et quelques autres, sont bien, chacune selon sa nature et sa fonction, des productions nationales spécifiques, dont l'essence est de renforcer et de consacrer, et en somme de représenter à la France même, sa puissante et volontaire unité.

Quant aux beaux-arts, je dirai seulement quelques mots de notre architecture française, qui auront pour objet de faire remarquer son originalité pendant les grandes époques où elle a flori. Pour comprendre l'architecture française de 1100 à 1800 – sept siècles dont chacun a donné ses chefs-d'œuvre, cathédrales, palais, admirables séries –, il importe de se reporter au principe le plus délicat et le plus solide de tous les arts, qui est l'accord intime, et aussi profond que le permet la nature des choses, entre la matière et la figure de l'ouvrage.

L'indissolubilité de ces deux éléments est le but incontestable de tout grand art. L'exemple le plus simple est celui que nous offre la poésie à l'existence de laquelle l'union étroite ou la mystérieuse symbiose du son et du sens est essentielle.

C'est par cette recherche d'une liaison qui doit se pressentir et s'accomplir dans la vibrante profondeur de l'artiste, et en quelque sorte dans tout son corps, que l'œuvre peut acquérir quelque resssemblance avec les productions vivantes de la nature, dans lesquelles il est impossible de dissocier les forces et les formes.

En ce qui concerne l'architecture, il faut s'accoutumer, pour en avoir une opinion exacte et en tirer une jouissance supérieure, à distinguer les constructions dont la figure et la matière sont demeurées indépendantes l'une de l'autre, de celles où ces deux facteurs ont été rendus comme inséparables. Le public confond trop souvent les qualités véritablement architectoniques avec les effets de décor purement extérieurs. On se satisfait d'être ému ou étonné, ou amusé par des apparences théâtrales; et, sans doute, il existe de très beaux monuments qui émerveillent les yeux quoiqu'ils soient faits d'une grossière matière, d'un noyau de concrétion revêtu d'enduits menteurs, de marbres appliqués, d'ornements rapportés. Mais, au regard de l'esprit, ces bâtisses ne vivent pas. Elles sont des masques, des simulacres sous lesquels se dissimule une misérable vérité. Mais, au contraire, il suffit au connaisseur de considérer une simple église de village comme il en existe encore des miliers en France, pour recevoir le choc du Beau total, et ressentir, en quelque sorte, le sentiment d'une synthèse.

Nos constructeurs des grandes époques ont toujours visiblement conçu leurs édifices d'un seul jet, et non en deux mouvements de l'esprit ou en deux séries d'opérations, les unes relatives à la forme, les autres à la matière. Si l'on me permet cette expression, ils pensaient en matériaux. D'ailleurs la magnifique qualité de la pierre dans les régions où l'architecture médiévale la plus pure s'est développée, leur était infiniment favorable à ce mode de concevoir. Si l'on considère la suite des découvertes et des réalisations qui se sont produites dans cet ordre de choses du XIIe au XIVe siècle, on assiste à une évolution bien remarquable, qui peut s'interpréter comme une lutte entre une imagination et des desseins de plus en plus hardis, un désir croissant de légèreté, de fantaisie et de richesse, et d'autre part, un sentiment de la matière et de ses propriétés qui ne s'obscurcit et ne s'égare que vers la fin de cette grande époque. Ce développement est marqué par l'accroissement de la science combinée de la structure et de la coupe des pierres, et s'achève par des prodiges et par les abus inévitables d'une virtuosité excessive. Mais avant d'en arriver à cette décadence, que de chefs-d'œuvre, quels accords extraordinairement justes entre les facteurs de l'édifice! L'art n'a jamais approché de si près la logique et la grâce des êtres vivants, j'entends, de ceux que la nature a heureusement réussis, que dans ces œuvres admirables qui, bien différentes de celles dont la valeur se réduit à la valeur d'un décor de théâtre, supportent, et même suggèrent et imposent, le mouvement, l'examen, la réflexion. Circonstance singulière : nous ignorons entièrement les méthodes, la culture technique et théorique, les connaissances mathématiques et mécaniques de leurs grands créateurs.

Je signalerai au passage deux caractères très importants de leurs ouvrages, qui illustreront avec précision ce que je viens de dire au sujet de leur manière de concevoir. Entrez à Notre-Dame de Paris, et considérez la tranche de l'édifice qui est comprise entre deux piliers successifs de la nef. Cette tranche constitue un tout. Elle est comparable à un segment de vertébré. Au point de vue de la structure comme au point de vue de la décoration, elle est un élément intégrant complet, et visiblement complet. D'autre part, si vous portez votre attention sur les profils des formes de passage, des moulures, des nervures, des bandeaux, des arêtes qui conduisent l'œil dans ses mouvements, vous trouverez, dans la compréhension de ces moyens auxiliaires si simples en eux-mêmes, une impression comparable à celle que donne en musique l'art de moduler et de transporter insensiblement d'un état dans un autre une âme d'auditeur. Mais il n'est pas besoin d'édifices considérables pour faire apparaître ces qualités supérieures. Une chapelle, une maison très simple suffisent, dans dix mille villages, à nous représenter des témoins séculaires de ce sentiment de l'intimité de la forme avec la matière, par laquelle une construction, même tout humble, a le caractère d'une production spontanée du sol où elle s'élève.

Après tout ce que j'ai dit, on ne sera point étonné que je considère la France elle-même comme une forme, et qu'elle m'apparaisse comme une œuvre. C'est une nation dont on peut dire qu'elle est faite de main d'homme, et qu'elle est en quelque manière dessinée et construite comme une figure dont la diversité de ses parties s'arrangent en un individu. On pourrait dire aussi qu'elle est une sorte de loi, qu'un certain territoire et une certaine combinaison ethnique donnent à un groupement humain qui ne cesse au cours des âges de s'organiser et de se réorganiser suivant cette loi. L'effet le plus visible de la loi qui ordonne l'existence de la France est, comme je l'ai dit plus haut, la fonction de Paris, et la singularité de son rôle. Ce phénomène capital était nécessaire dans un pays qui n'est point défini par une race dominante, ni par des traditions ou des croyances, ni par des circonstances économiques mais par un équilibre très complexe, une diversité extrêmement riche, un ensemble de différences des êtres et des climats auxquels devait répondre un organe de coordination très puissant. Quant au caractère de la nation, on le connaît assez. Elle est vive d'esprit, généralement prudente dans les actes, mobile à la surface, constante et fidèle en profondeur. Elle néglige assez facilement ses traditions, garde indéfiniment ses habitudes; elle est sagace et légère, clairvoyante et distraite, tempérée à l'excès, et même infiniment trop modérée dans ses vrais désirs pour une époque où l'énormité des ambitions, la monstruosité des appétits sont presque des conditions normales. Le Français se contente de peu. Il n'a pas de grands besoins matériels, et ses instincts sont modérés. Même il considère avec un certain scepticisme le développement du machinisme et les progrès de cet ordre dans lequel il lui arrive souvent de créer et de dormir sur son œuvre, laissant aux autres le soin et le profit de s'en servir. Peut-être les Français pressentent-ils tout ce que l'esprit et ses valeurs générales peuvent perdre par l'accroissement indéfini de l'organisation et du spécialisme.

Ce dernier trait s'accorde bien avec la thèse générale de ma petite étude. Il est clair qu'un peuple essentiellement hétérogène et qui vit de l'unité de ses différences internes, ne pourrait, sans s'altérer profondément, adopter le mode d'existence uniforme et entièrement discipliné qui convient aux nations dont le rendement industriel et la satisfaction standardisée sont des conditions ou des idéaux conformes à leur nature. Le contraste et même les contradictions sont presque essentiels à la France. Ce pays où l'indifférence en matière de religion est si commune, est aussi le pays des plus récents miracles. Pendant les mêmes années que Renan développait sa critique et que le positivisme ou l'agnosticisme s'élargissaient, une apparition illuminait la grotte de Lourdes. C'est au pays de Voltaire et de quelques autres que la foi est la plus sérieuse et la plus solide, peut-être, et que les Ordres se recruteraient le plus aisément; c'est à lui que l'Eglise a attribué les canonisations les plus nombreuses dans ces

dernières années. Mais peu de superstition; je veux dire :
moins qu'ailleurs. Il y a en France moins de télépathies,
moins de recherches psychiques, moins d'évocations et de
thérapeutiques prestigieuses qu'il n'y en a dans certaines
contrées moins superficielles. Je ne veux pas dire qu'il n'y
en ait point.

1927.

FONCTION DE PARIS

Une très grande ville a besoin du reste du monde, s'alimente comme une flamme aux dépens d'un territoire et d'un peuple dont elle consume et change en esprit, en paroles, en nouveautés, en actes et en œuvres les trésors muets et les réserves profondes. Elle rend vif, ardent, brillant, bref et actif ce qui dormait, couvait, s'amassait, mûrissait ou se décomposait sans éclat dans l'étendue vague et semblable à elle-même d'une vaste contrée. Les terres habitées se forment ainsi des manières de glandes, organes qui élaborent ce qu'il faut aux hommes de plus exquis, de plus violent, de plus vain, de plus abstrait, de plus excitant, de moins nécessaire à l'existence élémentaire; quoique indispensable à l'édification d'êtres supérieurs, puissants et complexes, et à l'exaltation de leurs valeurs.

Toute grande ville d'Europe ou d'Amérique est cosmopolite : ce qui peut se traduire ainsi : plus elle est vaste, plus elle est diverse, plus grand est le nombre des races qui y sont représentées, des langues qui s'y parlent, des dieux qui s'y trouvent adorés simultanément.

Chacune de ces trop grandes et trop vivantes cités, créations de l'inquiétude, de l'avidité, de la volonté combinées avec la figure locale du sol et la situation géographique, se conserve et s'accroît en attirant à soi ce qu'il y a de plus ambitieux, de plus remuant, de plus libre d'esprit, de plus raffiné dans les goûts, de plus vaniteux, de plus luxurieux et de plus lâche quant aux mœurs. On vient aux grands centres pour avancer, pour triompher, pour s'élever; pour jouir, pour s'y consumer; pour s'y fondre et s'y métamorphoser; et en somme pour jouer, pour se trouver à la portée du plus grand nombre possible de chances et de proies, femmes, places, clartés, relations, facilités diverses; pour attendre ou provoquer l'événement favorable dans un milieu dense et chargé d'occasions, de circonstances, et comme riche d'imprévu, qui engendre à l'imagination toutes les promesses de l'incertain. Chaque grande ville est une immense maison de jeux.

Mais dans chacune il est quelque jeu qui domine. L'une s'enorgueillit d'être le marché de tout le diamant de la terre; l'autre tient le contrôle du coton. Telle porte le sceptre du café, ou des fourrures, ou des soies; telle autre fixe le cours des frets ou des fauves, ou des métaux. Toute une ville sent le cuir; l'autre la poudre parfumée.

Paris fait un peu de tout. Ce n'est point qu'il n'ait sa spécialité et sa propriété particulière; mais elle est d'un ordre plus subtil, et la fonction qui lui appartient à lui seul est plus difficile à définir que celles des autres cités.

La parure des femmes et la variation de cette parure; la production des romans et des comédies; les arts divers qui tendent au raffinement des plaisirs fondamentaux de l'espèce, tout ceci lui est communément et facilement attribué.

Mais il faut y regarder plus attentivement et chercher un peu plus à fond le caractère essentiel de cet illustre Paris.

Il est d'abord à mes yeux la ville la plus complète qui soit au monde, car je n'en vois point où la diversité des occupations, des industries, des fonctions, des produits et des idées soit plus riche et mêlée qu'ici.

Fonction de Paris

Etre à soi seul la capitale politique, littéraire, scientifique, financière, commerciale, voluptuaire et somptuaire d'un grand pays; en représenter toute l'histoire; en absorber et en concentrer toute la substance pensante aussi bien que tout le crédit et presque toutes les facultés et disponibilités d'argent, et tout ceci, bon ou mauvais pour la nation qu'elle couronne, c'est par quoi se distingue entre toutes les villes géantes, la ville de Paris. Les conséquences, les immenses avantages, les inconvénients, les graves dangers de cette concentration sont aisés à imaginer.

Ce rapprochement si remarquable d'êtres diversement inquiets, d'intérêts tout différents entre eux, qui s'entrecroisent, de recherches qui se poursuivent dans le même air, qui, s'ignorant, ne peuvent toutefois qu'elles ne se modifient l'une l'autre par influence; ces mélanges précoces de jeunes hommes dans leurs cafés, ces combinaisons fortuites et ces reconnaissances tardives d'hommes mûrs et parvenus dans les salons, le jeu beaucoup plus facile et accéléré qu'ailleurs des individus dans l'édifice social, suggèrent une image de Paris toute psychologique.

Paris fait songer à je ne sais quel grossissement d'un organe de l'esprit. Il y règne une mobilité toute mentale. Les généralisations, les dissociations, les reprises de conscience, l'oubli y sont plus prompts et plus fréquents qu'en aucun lieu de la terre. Un homme, par un seul mot, s'y fait un nom ou se détruit en un instant. Les êtres ennuyeux n'y trouvent pas autant de faveur qu'on leur en accorde en d'autres villes de l'Europe; et ceci au détriment quelquefois des idées profondes. Le charlatanisme y existe, mais presque aussitôt reconnu et défini. Il n'est pas mauvais à Paris de déguiser ce que l'on a de solide et de péniblement acquis sous une légèreté et une grâce qui préservent les secrètes vertus de la pensée attentive et étudiée. Cette sorte de pudeur ou de prudence est si commune à Paris qu'elle lui donne au regard étranger l'apparence d'une ville de pur luxe et de mœurs faciles.

Le plaisir est en évidence. On y vient expressément pour s'y délivrer, pour se divertir. On y prend aisément bien des idées fausses sur la nation la plus mystérieuse du monde, d'ailleurs la plus ouverte.

Encore quelques mots sur un sujet qu'il ne s'agit point ici d'épuiser.

Ce Paris, dont le caractère résulte d'une très longue expérience, d'une infinité de vicissitudes historiques; qui, dans un espace de trois cents ans, a été deux ou trois fois la tête de l'Europe, trois fois conquis par l'ennemi, le théâtre d'une demi-douzaine de révolutions politiques, le créateur d'un nombre admirable de renommées, le destructeur d'une quantité de niaiseries; et qui appelle continuellement à soi la fleur et la lie de la race, s'est fait la métropole de diverses libertés et la capitale de la sociabilité humaine.

L'accroissement de la crédulité dans le monde, qui est dû à la fatigue de l'idée nette, à l'accession de populations exotiques à la vie civilisée, menace ce qui distinguait l'esprit de Paris. Nous l'avons connu capitale de la qualité, et capitale de la critique. Tout fait craindre pour ces couronnes que des siècles de délicates expériences, d'éclaircissements et de choix avaient ouvrées.

1927.

PRÉSENCE DE PARIS

Je rêvais d'être en mer... C'est PARIS qui m'éveille. Une riche rumeur accueille mon retour. Elle environne et brode mon silence de tout ce qui se passe au-delà de mes murs; et, seul, me fait peuplé.

Si je prête l'oreille, mon sens tendu divise et mon esprit déchiffre ce murmure mêlé d'une diversité d'incidents inconnus et de faits invisibles, qui me sont présents et absents.

Sur le fond fluvial et grondeur qu'alimente éternellement le roulement de la roue innombrable, une sorte de perspective de bruits dont le tableau sonore se compose et se décompose à chaque instant donne l'idée d'une action immense qu'entretient une multitude d'événements indépendants, mais qui ne manquent jamais de se produire, l'un ou l'autre.

Je discerne à toute distance, et je puis nommer ceci ou cela : l'aboi d'un chien; la trompe qui corne; le fer froissé qui grince; le cri aigu du tourment d'un câble sur sa poulie; la pierre qui se plaint de la râpe; l'affreux gémissement de l'excavateur quand il arrache sa charge de sable à terre; le sifflement perdu d'un train en détresse lointaine; une voix nette; et de vagues vociférations frustes.

Au premier plan, le chant d'un mendiant longuement lamentable se traîne.

Tout ce que le choc et le frottement peuvent engendrer à l'ouïe appelle à moi de toutes parts ce désordre de noms et d'images, venus de l'horizon de ma mémoire et de mon attente. J'entends mugir, bramer, cogner ou geindre la foule des forces mécaniques qui agissent et malmènent la matière dans PARIS.

PARIS caché, PARIS moteur dans l'étendue et cause multiforme, être puissant fait de pierre et de vie, que suppose cette présence inépuisable d'un flux de rumeur sourde aux éclats de vacarme, veut alors se produire à ma pensée.

Voici me naître et me décourager cet absurde désir : penser PARIS.

Comment songer à vaincre, à réduire à quelque forme intelligible un tel monstre de grandeur, de rapports, de différences concentrées? PARIS, valeur d'un site, ouvrage de vingt siècles; PARIS, produit des mains, des biens et de la politique d'un grand peuple; foyer de délice et de peine; objets des vœux de tant de conquérants, les uns forts de leurs noms, les autres de leurs armes; PARIS, trésor; PARIS, mêlée; PARIS, table de jeu où tous les visages de la fortune, tous les lots du destin brillent à tous les yeux; et PARIS, œuvre et phénomène, théâtre d'événements d'importance universelle, événement lui-même de première grandeur, création semi-statistique, semi-volontaire; mais sur toutes choses, PARIS, Personne Morale du plus haut rang, très illustre héritière des titres les plus nobles, et qui joint à la possession des plus beaux et des plus noirs souvenirs, la conscience d'une mission spirituelle permanente.

Penser Paris?... Je me perds dans les voies de ce propos. Chaque idée qui me vient se divise sous le regard de mon esprit. A peine elle se dessine dans la durée et la logique de mon effort, aussitôt elle s'égare d'elle-même parmi tant d'autres qui s'en détachent et la prolongent, dont chacune enfanterait cent livres. La quantité des beautés sensibles et des caractères abstraits de la Grand-Ville est telle que je me trouve en proie au nombre d'idées qui m'en reviennent et de leurs combinaisons possibles, comme un promeneur étranger qui s'embarrasse dans le réseau de nos rues, et que le tumulte étonne et que le mouvement étourdit. Cette image s'empare du pouvoir, se développe en moi, et m'inspire tout à coup une étrange similitude. Il m'apparaît que penser PARIS se compare, ou se confond, à penser l'esprit même. Je me représente le plan topographique de l'énorme cité, et rien ne me figure mieux le domaine de nos idées, le lieu mystérieux de l'aventure instantanée de la pensée, que ce labyrinthe de chemins, les uns, comme au hasard tracés, les autres, clairs et rectilignes...

Et je me dis qu'il est en nous des avenues, des carrefours et des impasses; il s'y trouve des coins sinistres et des points qu'il faut redouter. Il en est de charmants aussi, et de sacrés. L'âme contient des tombes; comme elle renferme les monuments de nos victoires, et les hauts édifices de notre orgueil. Et nous savons que dans notre Cité intérieure, où chaque instant est un pas qu'y fait notre vie, une activité perpétuelle enfante le bien et le mal, le faux et le vrai, le beau et l'horrible, tous les contraires qui sont de l'homme et le font homme, comme ils s'assemblent nécessairement et contrastent puissamment dans une capitale.

Penser PARIS? Mais comment penser PARIS, quand nous ne pouvons même embrasser le système du simple organisme, concevoir l'unité que composent ses fonctions avec sa substance; savoir ce qu'il puise dans son milieu, ce qu'il repousse, ce qu'il en rejette, imaginer comme il s'édifie et s'accroît; comme il développe ses liaisons intérieures; comme il transforme ce qui l'entoure, et comme il se fait peu à peu un individu, un être incomparable aux autres, qui se distingue de tous ses semblables par une histoire, par des réations, par des sympathies et des antipathies qui ne sont qu'à lui.

Cette rumeur que je ne cesse d'entendre, et que ne cesse de me verser le fleuve de la présence infiniment naissante de la Ville, cette riche rumeur grosse de mouvements que je retrouve et que je consulte entre deux idées, comme la voix confuse qui atteste le réel, est fille des grands nombre. Le NOMBRE de PARIS occupe, obsède, assiège mon esprit.

Que de relations, de conséquences, de rapprochements, de combinaisons, que de commencements et de fins scintillent devant la pensée dès que la pensée considère la quantité des vivants qui coexistent ici, agissant et réagissant les uns sur les autres, de toutes les manières imaginables et inimaginables, dans un conflit perpétuel de leurs différences de toutes espèces!... Elle croit voir, dans cet espace de quelques lieues carrées, une transmutation ardente de la vie en elle-même, une prodigieuse consommation de faits et de gestes, une fermentation de projets, un échange constamment intense de signes et d'actes, de volontés et de sentiments, dont les valeurs, les éclats, les accès, les effets se répondent, se renforcent ou se détruisent à toute heure du jour. Mille nœuds, à chaque moment, s'y forment ou s'y défont. Bien des mystères s'y dérobent; et l'on imagine dans cette profondeur tout habitée, amas de ruches populeuses accumulées, un travail du destin terriblement actif.

Un physicien qui rêverait se divertirait peut-être dans un rêve, à tenter d'évaluer l'énergie interne de la ville... Après tout, la compression de quelques millions d'êtres libres sur un territoire restreint peut prêter à quelques divagations par analogie... Sans doute, ce problème insensé expire, à peine on l'exprime; il se dissout dans l'absurde; mais le simple énoncé qu'il précise suffit à

Présence de Paris

ébaucher une notion fantasmagorique de la quantité de vie qui se produit ou se dissipe et se consume dans la masse de PARIS. La seule idée de tous les pas qui se font dans PARIS en un jour, de toutes les syllabes qui s'y prononcent, de toutes les nouvelles qui y parviennent écrase la pensée. Je songe même à toutes les tentations, décisions, lueurs et niaiseries qui s'y déclarent dans les esprits; à toutes les naissances et morts quotidiennes de fortunes, d'amours, de renommées – qui, dans l'ordre mental et social, imitent le mouvement de la population imaginaires à base réelle, qui font concevoir cette ville énorme comme une nébuleuse d'événements, située à l'extrême limite de nos moyens intellectuels.

Mais il ne manque pas sur la terre d'amas comparables à celui-ci, il en est quelques-uns de plus vastes encore. PARIS, pourtant, se distingue fort nettement des autres monstres à millions de têtes, les NEW YORK, les LONDRES, les PEKING... Il n'est point, en effet, d'entre nos BABYLONES, de ville plus personnelle et qui assemble des fonctions plus nombreuses que celle-ci et plus diverses. C'est qu'il n'en est point où, depuis des siècles, l'élite, en tout genre, d'un peuple ait été si jalousement concentrée; où toute valeur ait dû venir se faire reconnaître, subir l'épreuve des comparaisons, affronter la critique, la jalousie, la concurrence, la raillerie, et le dédain. Il n'est point d'autre ville où l'unité d'un peuple ait été élaborée et consommée par une suite aussi remarquable et aussi diverse de circonstances et le concours d'hommes si différents par le génie et les méthodes. En vérité, c'est ici que notre nation, la plus composée d'Europe, a été fondue et refondue à la flamme des esprits les plus vifs et les plus opposés, et comme par la chaleur de leurs combinaisons.

C'est pourquoi PARIS est bien autre chose qu'une capitale politique et un centre industriel, qu'un port de première importance et un marché de toutes valeurs, qu'un paradis artificiel et un sanctuaire de la culture. Sa singularité consiste d'abord en ceci que toutes ces caractéristiques s'y combinent, ne demeurent pas étrangères les unes aux autres. Les hommes éminents des spécialités les plus différentes finissent toujours par s'y rencontrer et faire échange de leurs richesses. Ce commerce très précieux ne pouvait guère s'instituer que dans un lieu où, depuis des siècles, l'élite en tout genre d'un grand peuple a été jalousement appelée et gardée. Tout Français qui se distingue est voué à ce camp de concentration. PARIS l'évoque, l'attire, l'exige et, parfois, le consume.

PARIS répond à la complexité essentielle de la nation française. Il fallait bien que des provinces, des populations, des coutumes et des parlers si dissemblables se fissent un centre organique de leurs rapports, un agent et un monument de leur mutuelle compréhension. En vérité, c'est là la grande, propre et glorieuse fonction de PARIS.

Il est la tête réelle de la France où elle assemble ses moyens de perception et de réaction les plus sensibles. Par sa beauté et sa lumière, il donne à la France un visage sur lequel par moments vient briller toute l'intelligence du pays. Quand de fortes émotions saisissent notre peuple, le sang monte à ce front et le sentiment tout-puissant de la fierté l'illumine.

Penser PARIS ?...

Plus on y songe, plus se sent-on, tout au contraire, pensé par PARIS.

1937.

LE YALOU [1]

> *Civilization, according to the interpretation of the Occident, serves only to satisfy men of large desires.*
>
> Vicomte Torio.

En septembre mil huit cent quatre-vingt-quinze, et en Chine, un jour bleu et blanc, le lettré me conduisit à un phare de bois noir, sur le sable du rivage. Nous quittâmes les derniers bosquets. Nous marchâmes, dormants, assoupis par la paresse du sol en poudre fondante, par qui étaient bus nos efforts, et qui descendait sous nos pas. Nous quittâmes le sable, enfin. Je regardai, en résumé, la vague trace de notre chemin se tordre et fuser sur la plage. Je vis dans les jambes du phare cligner la lumière de l'eau. A chaque marche, nous devenions plus légers, et nous respirions et nous voyions davantage. Vers la mi-hauteur, nous devînmes plus lourds. Un vent plein et bien tendu se mit heureusement à exister : il a tâtonné les barres de bois tièdes à travers la soie se gonflant de la robe du Chinois. La mer monte avec nous. Toute la vue nous vint comme un frais aliment. Là-haut, il faisait si bon que nous sentîmes bientôt un petit besoin à satisfaire. Au bout d'un temps indifférent, la douce égalité du

---

[1]. Cet essai a été écrit en 1895, pendant la première guerre sino-japonaise.

mouvement, du calme nous saisit. La mer, qui me remuait tendrement, me rendait facile. Elle emplissait tout le reste de ma vie, avec une grande patience qui me faisait plaisir : elle m'usait, je me sentais devenir régulier. Les ondes, tournant sans peine, me donnaient la sensation de fumer, après avoir beaucoup fumé, et de devoir fumer infiniment encore. C'est alors que le souvenir édulcoré de maintes choses importantes passa aisément dans mon esprit : je sentis une volupté principale à y penser avec indifférence; je souris à l'idée que ce bien-être pouvait éliminer certains erreurs, et m'éclairer. Donc... Et je baissai mes paupières, ne voyant plus de la brillante mer que ce qu'on voit d'un petit verre de liqueur dorée, portée aux yeux. Et je fermai les yeux. Les sons de la promenade de l'eau me comblaient.

J'ignore comment vint à mon compagnon un désir de parler et de vaincre l'air délicieux, l'oubli. Je me disais : Que va-t-il dire? aux premiers mots obscurs.

– Nippon, dit-il, nous faire la guerre. Ses grands bateaux blancs fument dans nos mauvais rêves. Ils vont troubler nos golfes. Ils feront des feux dans la nuit paisible.

– Ils sont très forts, soupirai-je, ils nous imitent.

– Vous êtes des enfants, dit le Chinois, je connais ton Europe.

– En souriant tu l'as visitée.

– J'ai peut-être souri. Sûrement, à l'ombre des autres regards, j'ai ri. La figure que je me vois seul, riait abondamment, tandis que les joyeux moqueurs qui me suivaient et me montraient du doigt n'auraient pu supporter la réflexion de leur propre vie. Mais je voyais et je touchais le désordre insensé de l'Europe. Je ne puis même pas comprendre la durée, pourtant bien courte, d'une telle confusion. Vous n'avez ni la patience qui tisse les longues vies, ni le sentiment de l'irrégularité, ni le sens de la place la plus exquise d'une chose, ni la connaissance du gouvernement. Vous vous épuisez à recommencer sans cesse l'œuvre du premier jour. Vos pères ainsi sont deux fois morts, et vous, vous avez peur de la mort.

« Chez vous, le pouvoir ne peut rien. Votre politique est faite de repentirs, elle conduit à des révolutions générales, et ensuite aux regrets des révolutions, qui sont aussi des révolutions. Vos chefs ne commandent pas, vos hommes libres travaillent, vos esclaves vous font peur, vos grands hommes baisent les pieds des foules, adorent les petits, ont besoin de tout le monde. Vous êtes livrés à la richesse et à l'opinion féroces. Mais touche de ton esprit la plus exquise de vos erreurs.

« L'intelligence, pour vous, n'est pas une chose comme les autres. Elle n'est ni prévue, ni amortie, ni protégée, ni réprimée, ni dirigée; vous l'adorez comme une bête prépondérante. Chaque jour elle dévore ce qui existe. Elle aimerait à terminer chaque soir un nouvel état de société. Un particulier qu'elle enivre, compare sa pensée aux décisions des lois, aux faits eux-mêmes, nés de la foule et de la durée : il confond le rapide changement de son cœur avec la variation imperceptible des formes réelles et des Etres durables. (Durant une fleur, mille désirs ont existé; mille fois, on a pu jouir d'avoir trouvé le défaut de la corolle... mille corolles qu'on a crues plus belles ont été coloriées dans l'esprit, mais ont disparu...) C'est par cette loi que l'intelligence méprise les lois... et vous encouragez sa violence! Vous en êtes fous jusqu'au moment de la peur. Car vos idées sont terribles et vos cœurs faibles. Vos pitiés, vos cruautés sont absurdes, sans calme, comme irrésistibles. Enfin, vous craignez le sang, de plus en plus. Vous craignez le sang et le temps.

« Cher barbare, ami imparfait, je suis un lettré du pays de Thsin, près de la mer Bleue. Je connais l'écriture, le commandement à la guerre, et la direction de l'agriculture. Je veux ignorer votre maladie d'inventions et votre débauche de mélange d'idées. Je sais quelque chose de plus puissant. Oui, nous, hommes d'ici, nous mangeons par millions continuels, les plus favorables vallées de la terre; et la profondeur de ce golfe immense d'individus garde la forme d'une famille ininterrompue depuis les premiers temps. Chaque homme d'ici se sent fils et père, entre le mille et le dix mille, et se voit saisi dans le peuple autour de lui, et dans le peuple mort au-dessous de lui, et dans le peuple à venir, comme la brique dans le mur de briques. Il tient. Chaque homme d'ici sait qu'il n'est rien sans cette terre pleine, et hors de la merveilleuse construction d'ancêtres. Au point où les aïeux pâlissent, commencent les foules des Dieux. Celui qui médite peut mesurer dans sa pensée la belle forme et la solidité de notre tour éternelle.

« Songe à la trame de notre race; et, dis-moi, vous qui coupez vos racines et qui desséchez vos fleurs, comment existez-vous encore? Sera-ce longtemps?

« Notre empire est tissu de vivants et de morts et de la nature. Il existe parce qu'il arrange toutes les choses. Ici, tout est historique : une certaine fleur, la douceur d'une heure qui tourne, la chair délicate des lacs entrouverts par le rayon, une éclipse émouvante... Sur ces choses, se rencontrent les esprits de nos pères avec les nôtres. Elles se reproduisent et, tandis que nous répétons les sons qu'ils leur ont donnés pour noms, le souvenir nous joint à eux et nous éternise.

« Tels, nous semblons dormir et nous sommes méprisés. Pourtant, tout se dissout dans notre magnifique quantité. Les conquérants se perdent dans notre eau jaune. Les armées étrangères se noient dans le flux de notre génération, ou s'écrasent contre nos ancêtres. Les chutes majestueuses de nos fleuves d'existences et la descente grossissante de nos pères les emportent.

« Ils nous faut donc une politique infinie, atteignant les deux fonds du temps, qui conduisent mille millions d'hommes, de leurs pères à leurs fils, sans que les liens se brisent ou se brouillent. Là est l'immense direction sans désir. Vous nous jugez inertes. Nous conservons simplement la sagesse suffisante pour croître démesurément, au-delà de toute puissance humaine, et pour vous voir, malgré votre science furieuse, vous fondre dans les eaux pleines du pays du Thsin. Vous qui savez tant de choses, vous ignorez les plus antiques et les plus fortes, et vous désirez avec fureur ce qui est immédiat, et vous détruisez en même temps vos pères et vos fils.

« Doux, cruels, subtils ou barbares, nous étions ce qu'il faut à son heure. Nous ne voulons pas savoir trop. La science des hommes ne doit pas s'augmenter indéfiniment. Si elle s'étend toujours, elle cause un trouble incessant et elle se désespère elle-même. Si elle s'arrête, la décadence paraît. Mais, nous qui pensons à une durée plus forte que la force de l'Occident, nous évitons l'ivresse dévorante de sagesse. Nous gardons nos anciennes réponses, nos Dieux, nos étages de puissance. Si l'on n'avait conservé aux supérieurs, l'aide inépuisable des incertitudes de l'esprit, si, en détruisant la simplicité des hommes, on avait excité le désir en eux, et changé la notion qu'ils ont d'eux-mêmes – si les supérieurs étaient restés seuls dans une nature devenue mauvaise, vis-à-vis du nombre effrayant des sujets et de la violence des désirs – ils auraient succombé, et avec eux, toute la force de tout le pays. Mais notre écriture est trop difficile. Elle est politique. Elle renferme les idées. Ici, pour pouvoir penser, il faut connaître des signes nombreux; seuls y parviennent les lettrés, au prix d'un labeur immense. Les autres ne peuvent réfléchir profondément, ni combiner leurs informes desseins. Ils sentent, mais le sentiment est toujours une chose enfermée. Tous les pouvoirs contenus dans l'intelligence restent donc aux lettrés, et un ordre inébranlable se fonde sur la difficulté et l'esprit.

« Rappelle-toi maintenant que vos grandes inventions eurent chez nous leur germe. Comprends-tu désormais pourquoi elles n'ont pas été poursuivies? Leur perfection spéciale eût gâté notre lente et grande existence en troublant le régime simple de son cours. Tu vois qu'il ne faut pas nous mépriser, car, nous avons inventé la poudre, pour brandir, le soir, des fusées.

Je regarde. Le Chinois était déjà très petit sur le sable, regagnant les bosquets de l'intérieur. Je laisse passer quelques vagues. J'entends le mélange de tous les oiseaux légèrement bouillir dans la brise ou dans une vapeur d'arbustes, derrière moi et loin. La mer me soigne.

À quoi penser? Pensai-je? Que reste-t-il à saisir? Où repousser ce qui maintenant me caresse, satisfaisant, habile, aisé? Se mouvoir, en goûtant certaines difficultés, là-dedans, dans l'air?... Tu me reposes, simple idée de me transporter si haut, et, au moindre élan, si près de toute pointe de vague qui crève; ou d'arriver vers chaque chose infiniment peu désirée, avec nul effort, un temps imperceptible selon d'immenses trajets, amusants par eux-mêmes, si faciles, et revenir. Je suis attiré; dans ce calme, ma plus petite idée se corrige, en se laissant, dans tout l'espace, se satisfaire, en improvisant tout de suite son exécution parfaite et le plaisir de se contenter qui la termine. Elle meurt chaque fois, ayant d'elle-même rétabli l'ensemble antérieur. Mais toute autre l'imite, et s'épuise pareille, voluptueusement, car le groupe de lumière et pensée qui dans ce moment me constitue, demeure encore identique. Alors, le changement est nul. Le temps ne marche plus. Ma vie se pose.

Presque rien ne me le fait sentir, puisque je reconquiers à chaque minute la précédente; et mon esprit voltige à tous les points d'ici. Tout ce qui est possible est becqueté... Si tous les points de l'étendue d'ici se confondent successivement – si je puis en finir si vite avec ce qui continue –, si cette eau brillante qui tourne et s'enfonce comme une vis brillante dans le lointain de ma gauche –, si cette chute de neige dorée, mince, posée au large, en face...

Le Yalou

Désormais, ouverte comme une huître, la mer me rafraîchit au soleil par l'éclat de sa chair grasse et humide : j'entends aussi l'eau, tout près, boire longuement, ou, dans les bois du phare, sauter à la corde, ou faire un bruit de poules.

Pour mieux l'écouter, je coupe le regard. Je baisse les paupières, et vois bouger bientôt deux ou trois petites fenêtres lumineuses, précieuses : des lunules orangées qui se contractent et sont sensibles; une ombre où elles battent et m'aveuglent moi-même. Je veux reconstruire alors toute la vue que je viens de clore; j'appelle les bleus nombreux, et les lignes fermées du tissu simple étendu sur une chose tremblante; je fais une vague qui bouffe et qui m'élève...

Je n'en puis faire mille. Pourquoi? Et la mer que je formais, disparaît. Déjà, je raisonne, et je trouve.

Rouvrons. Revenons au jour fixe. Ici il faut se laisser faire.

Les voilà toutes. Elles se roulent : je me roule. Elles murmurent : je parle. Elles se brisent en fragments, elles se lèchent, elles retournent, elles flottent encore, elles moussent et me laissent mourant sur un sable baisé. Je revis au lointain dans le premier bruit du moindre qui ressuscite, au seuil du large. La force me revient. Nager contre elles – non, nager sur elles –, c'est la même chose; debout dans l'eau où les pieds se perdent, le cœur en avant, les yeux fondus sans poids, sans corps...

L'individu, alors, sent profondément sa liaison avec ce qui se passe sous ses yeux, l'eau.

PROPOS SUR LE PROGRÈS

Les artistes naguère n'aimaient pas ce qu'on appelait le Progrès. Ils n'en voyaient pas dans les œuvres beaucoup plus que les philosophes dans les mœurs. Ils condamnaient les actes barbares du savoir, les brutales opérations de l'ingénieur sur les paysages, la tyrannie des mécaniques, la simplification des types humains qui compense la complication des organismes collectifs. Vers 1840, on s'indignait déjà des premiers effets d'une transformation à peine ébauchée. Les Romantiques, tout contemporains qu'ils étaient des Ampère et des Faraday, ignoraient aisément les sciences, ou les dédaignaient; ou n'en retenaient que ce qui s'y trouve de fantastique. Leurs esprits se cherchaient un asile dans un Moyen Age qu'ils se forgeaient; fuyaient le chimiste dans l'alchimiste. Ils ne se plaisaient que dans la Légende ou dans l'Histoire – c'est-à-dire aux antipodes de la Physique. Ils se sauvaient de l'existence organisée dans la passion et les émotions, dont ils instituèrent une culture (et même une comédie).

Voici cependant une contradiction assez remarquable dans la conduite intellectuelle d'un grand homme de cette époque. Le même Edgar Poe, qui fut l'un des premiers à dénoncer la nouvelle barbarie et la superstition du moderne, est aussi le premier écrivain qui ait songé à introduire dans la production littéraire, dans l'art de former des fictions, et jusque dans la poésie, le même esprit d'analyse et de construction calculée dont il déplorait, d'autre part, les entreprises et les forfaits.

En somme, à l'idole du Progrès répondit l'idole de la malédiction du Progrès; ce qui fit *deux lieux communs*.

Quant à nous, nous ne savons que penser des changements prodigieux qui se déclarent autour de nous, et même en nous. Pouvoirs nouveaux, gênes nouvelles, le monde n'a jamais moins su où il allait.

Comme je songeais à cette antipathie des artistes à l'égard du progrès, il me vint à l'esprit quelques idées accessoires qui valent ce qu'elles valent, et que je donne pour aussi vaines que l'on voudra.

Dans la première moitié du XIXe siècle, l'artiste découvre et définit son contraire – le *bourgeois*. Le bourgeois est la figure symétrique du romantique. On lui impose d'ailleurs des propriétés contradictoires, car on le fait à la fois esclave de la routine et sectateur absurde du progrès. Le bourgeois aime le solide et croit au perfectionnement. Il incarne le sens commun, l'attachement à la réalité la plus sensible – mais il a foi dans je ne sais quelle amélioration croissante et presque fatale des conditions de la vie. L'artiste se réserve le domaine du « Rêve ».

Or la suite du temps – ou si l'on veut, le démon des combinaisons inattendues (celui qui tire et déduit de ce qui est les conséquences les plus surprenantes dont il compose ce qui sera) – s'est diverti à former une confusion tout admirable de deux notions exactement opposées. Il arriva que le merveilleux et le positif ont contracté une étonnante alliance, et que ces deux anciens ennemis se sont conjurés pour engager nos existences dans une carrière de transformations et de surprises indéfinies. On peut dire que les hommes s'accoutument à considérer toute connaissance comme transitive, tout état de leur industrie et de leurs relations comme provisoire. Ceci est neuf. Le statut de la vie générale doit de plus en plus tenir compte de l'inattendu. Le réel n'est plus terminé nettement. Le lieu, le temps, la matière admettent des libertés dont on n'avait naguère aucun pressentiment. La rigueur engendre des rêves. Les rêves prennent corps. Le sens commun, cent fois confondu, bafoué par d'heureuses expériences, n'est plus invoqué que par l'ignorance. La valeur de l'évidence moyenne est tombée à rien. Le fait d'être communément reçus, qui donnait autrefois une force invincible aux jugements et aux opinions, les déprécie aujourd'hui. *Ce qui fut cru par tous, toujours et partout, ne paraît plus peser grand-chose.* A l'espèce de certitude qui émanait de la concordance des avis ou des témoignages d'un grand nombre de personnes, s'oppose l'objectivité des enregistrements contrôlés et interprétés par un petit nombre de spécialistes. Peut-être, le prix qui s'attachait au consentement général (sur lequel consentement reposent nos mœurs et nos lois civiles) n'était-il que l'effet du plaisir que la plupart éprouvent à se trouver d'accord entre eux et semblables à leurs semblables.

Enfin presque tous les songes qu'avait fait l'humanité, et qui figurent dans nos fables de divers ordres – le vol, la plongée, l'apparition des choses absentes, la parole fixée, transportée, détachée de son époque et de sa source –, et maintes étrangetés qui n'avaient même été rêvées – sont à présent sorties de l'impossible et de l'esprit. Le fabuleux est dans le commerce. La fabrication de machines à merveilles fait vivre des milliers d'individus. Mais l'artiste n'a pris nulle part à cette production de prodiges. Elle procède de la science et des capitaux. Le bourgeois a placé ses fonds dans les phantasmes et spécule sur la ruine du sens commun.

Louis XIV, au faîte de la puissance, n'a pas possédé la centième partie du pouvoir sur la nature et des moyens de se divertir, de cultiver son esprit, ou de lui offrir des sensations, dont disposent aujourd'hui tant d'hommes de condition assez médiocre. Je ne compte pas, il est vrai, la volupté de commander, de faire plier, d'intimider, d'éblouir, de frapper ou d'absoudre, qui est une volupté divine et théâtrale. Mais le temps, la distance, la vitesse, la liberté, les images de toute la terre...

Un homme aujourd'hui, jeune, sain, assez fortuné, vole où il veut, traverse vivement le monde, couchant tous les soirs dans un palais. Il peut prendre cent formes de vie; goûter un peu d'amour, un peu de certitude, un peu partout. S'il n'est pas sans esprit (mais cet esprit pas plus profond qu'il ne faut), il cueille le meilleur de ce qui est, il se transforme à chaque instant en homme heureux. Le plus grand monarque est moins enviable. Le corps du grand roi était bien moins heureux que le sien peut l'être; qu'il s'agisse du chaud ou du froid, de la peau ou des muscles. Que si le roi souffrait, on le secourait bien faiblement. Il fallait qu'il se tordît et gémît sur la plume, sous les panaches, sans l'espoir de la paix subite ou de cette absence insensible que la chimie accorde au moindre des modernes affligés.

Ainsi, pour le plaisir, contre le mal, contre l'ennui, et pour l'aliment des curiosités de toute espèce, quantité d'hommes sont mieux pourvus que ne l'était, il y a deux cent cinquante ans, l'homme le plus puissant d'Europe.

Supposé que l'immense transformation que nous

vivons et qui nous meut, se développe encore, achève d'altérer ce qui subsiste des coutumes, articule tout autrement les besoins et les moyens de la vie, bientôt l'ère toute nouvelle enfantera des hommes qui ne tiendront plus au passé par aucune habitude de l'esprit. L'histoire leur offrira des récits étranges, presque incompréhensibles; car rien dans leur époque n'aura eu d'exemple dans le passé; ni rien du passé ne survivra dans leur présent. Tout ce qui n'est pas purement physiologique dans l'homme aura changé, puisque nos ambitions, notre politique, nos guerres, nos mœurs, nos arts, sont à présent soumis à un régime de substitutions très rapides; ils dépendent de plus en plus étroitement des sciences positives, et donc, de moins en moins, de ce qui fut. Le *fait nouveau* tend à prendre toute l'importance que la tradition et le *fait historique* possédaient jusqu'ici.

Déjà quelque natif des pays neufs qui vient visiter Versailles, peut et doit regarder ces personnages chargés de vastes chevelures mortes, vêtus de broderies, noblement arrêtés dans des attitudes de parade, du même œil dont nous considérons au Musée d'Ethnographie les mannequins couverts de manteaux de plumes ou de peau qui figurent les prêtres et les chefs de peuplades éteintes.

L'un des effets les plus sûrs et les plus cruels du progrès est donc d'ajouter à la mort une peine accessoire, qui va s'aggravant d'elle-même à mesure que s'accuse et se précipite la révolution des coutumes et des idées. Ce n'était pas assez que de périr; il faut devenir inintelligibles, presque ridicules; et que l'on ait été Racine ou Bossuet, prendre place auprès des bizarres figures bariolées, tatouées, exposées aux sourires et quelque peu effrayantes, qui s'alignent dans les galeries et se raccordent insensiblement aux représentants naturalisés de la série animale...

Je me suis essayé autrefois à me faire une idée positive de ce que l'on nomme *progrès*. Éliminant donc toute considération d'ordre moral, politique, ou esthétique, le progrès me parut se réduire à l'accroissement très rapide et très sensible de la *puissance* (mécanique) utilisable par les hommes, et à celui de la *précision* qu'ils peuvent atteindre dans leurs prévisions. Un nombre de chevaux-vapeur, un nombre de décimales vérifiables, voilà des indices dont on ne peut douter qu'ils n'aient grandement augmenté depuis un siècle. Songez à ce qui se consume chaque jour dans cette quantité de moteurs de toute espèce, à la destruction de réserves qui s'opère dans le monde. Une rue de Paris travaille et tremble comme une usine. Le soir, une fête de feu, des trésors de lumière expriment aux regards à demi éblouis un pouvoir de dissipation extraordinaire, une largesse presque coupable. Le gaspillage ne serait-il pas devenu une nécessité publique et permanente ? Qui sait ce que découvrirait une analyse assez prolongée de ces excès qui se font familiers ? Peut-être quelque observateur assez lointain, considérant notre état de civilisation, songerait-il que la Grande Guerre ne fut qu'une conséquence très funeste, mais directe et inévitable du développement de nos moyens ? L'étendue, la durée, l'intensité, et même l'atrocité de cette guerre répondirent à l'ordre de grandeur de nos puissances. Elle fut à l'échelle de nos ressources et de nos industries du temps de paix; aussi différente par ses proportions des guerres antérieures que nos instruments d'action, nos ressources matérielles, notre surabondance l'*exigeaient*. Mais la différence ne fut pas seulement dans les proportions. Dans le monde physique, on ne peut agrandir quelque chose qu'elle ne se transforme bientôt jusque dans sa *qualité*; ce n'est que dans la géométrie pure qu'il existe des figures semblables. La similitude n'est presque jamais que dans le désir de l'esprit. La dernière guerre ne peut se considérer comme un simple agrandissement des conflits d'autrefois. Ces guerres du passé s'achevaient bien avant l'épuisement réel des nations engagées. Ainsi, pour une seule pièce perdue, les bons joueurs d'échecs abandonnent la partie. C'était donc par une sorte de *convention* que se terminait le drame, et l'événement qui décidait de l'inégalité des forces était plus symbolique qu'effectif. Mais nous avons vu, au contraire, il y a fort peu d'années, la guerre toute moderne se poursuivre fatalement jusqu'à l'extrême épuisement des adversaires, dont toutes les ressources, jusqu'aux plus lointaines, venaient l'une après l'autre se consumer sur la ligne de feu. Le mot célèbre de Joseph de Maistre qu'une bataille est perdue parce que l'on croit l'avoir perdue, a lui-même perdu de son antique vérité. La bataille désormais est *réellement* perdue, parce que les hommes, le pain, l'or, le charbon, le pétrole manquent non seulement aux armées, mais dans la profondeur du pays.

Parmi tant de progrès accomplis, il n'en est pas de plus étonnant que celui qu'a fait la lumière. Elle n'était, il y a peu d'années, qu'un événement pour les yeux. Elle pouvait être ou ne pas être. Elle s'étendait dans l'espace où elle rencontrait une matière qui la modifiait plus ou moins, mais qui lui demeurait étrangère. La voici devenue la première énigme du monde. Sa vitesse exprime et limite quelque chose d'essentiel à l'univers. On pense qu'elle pèse. L'étude de son rayonnement ruine les idées que nous avions d'un espace vide et d'un temps pur. Elle offre avec la matière des ressemblances et des différences mystérieusement groupées. Enfin cette même lumière, qui était le symbole ordinaire d'une connaissance pleine, distincte et parfaite, se trouve engagée dans une manière de scandale intellectuel. Elle est compromise, avec la matière sa complice, dans le procès qu'intente le discontinu au continu, la probabilité aux images, les unités aux grands nombres, l'analyse à la synthèse, le réel caché à l'intelligence qui le traque – et pour tout dire, l'inintelligible à l'intelligible. La science trouverait ici son point critique. Mais l'affaire s'arrangera.

1929.

ORIENT ET OCCIDENT

Préface au livre d'un Chinois[1]

Rares sont les livres délicieux; et rares les livres de véritable importance. On ne voit donc presque jamais la combinaison de ces valeurs. Cependant, l'improbable n'est pas l'impossible; il peut arriver une fois qu'une œuvre charmante soit le signe d'une époque du monde.

Je trouve dans celle-ci, sous les couleurs les plus douces et les apparences les plus gracieuses, les prémices de grandes et d'admirables nouveautés. Elle me fait songer à l'aurore, au phénomène rose qui, par ses tendres nuances, insinue et annonce l'immense événement de la naissance d'un jour.

Quoi de plus neuf et de plus capable de conséquences profondes, que l'entreprise d'une correspondance toute directe entre les esprits de l'Europe et ceux de l'Extrême-Asie, et même entre les cœurs? Ce commerce des sentiments et des pensées jusqu'ici n'eut pas d'existence. Il n'y a personne encore pour y croire, parmi nous.

La Chine, fort longtemps nous fut une planète séparée. Nous la peuplions d'un peuple de fantaisie, car il n'est rien de plus naturel que de réduire les autres à ce qu'ils offrent de bizarre à nos regards. Une tête à perruque et à poudre, ou porteuse d'un chapeau *haut de forme*, ne peut concevoir des têtes à longue queue.

---

1. *Ma mère,* par Cheng Tcheng.

Nous prêtions pêle-mêle à ce peuple extravagant, de la sagesse et des niaiseries; de la faiblesse et de la durée; une inertie et une industrie prodigieuses; une ignorance, mais une adresse, une naïveté, mais une subtilité incomparables; une sobriété et des raffinements miraculeux; une infinité de ridicules. On considérait la Chine immense et impuissante; inventive et stationnaire, superstitieuse et athée; atroce et philosophique; patriarcale et corrompue; et, déconcertés par cette idée désordonnée que nous en avions, ne sachant où la placer, dans notre système de la civilisation que nous rapportons invinciblement aux Egyptiens, aux Juifs, aux Grecs et aux Romains; ne pouvant ni la ravaler au rang de barbare qu'elle nous réserve à nous-mêmes, ni la hausser à notre point d'orgueil, nous la mettions dans une autre sphère et dans une autre chronologie, dans la catégorie de ce qui est à la fois réel et incompréhensible; coexistant, mais à l'infini.

Rien, par exemple, ne nous est plus malaisé à concevoir, que la limitation dans les volontés de l'esprit et que la modération dans l'usage de la puissance matérielle. Comment peut-on inventer la boussole, se demande l'Européen, sans pousser la curiosité et continuer son attention jusqu'à la science du magnétisme; et comment, l'ayant inventée, peut-on ne pas songer à conduire au loin une flotte qui aille reconnaître et maîtriser les contrées au-delà des mers? – Les mêmes qui inventent la poudre, ne s'avancent pas dans la chimie et ne se font point de canons : ils la dissipent en artifices et en vains amusements de la nuit.

La boussole, la poudre, l'imprimerie, ont changé l'allure du monde. Les Chinois, qui les ont trouvées, ne s'aperçurent donc pas qu'ils tenaient les moyens de troubler indéfiniment le repos de la terre.

Voilà qui est un scandale pour nous. C'est à nous, qui avons au plus haut degré le sens de l'abus, qui ne concevons pas qu'on ne l'ait point et qu'on ne tire, de tout avantage et de toute occasion, les conséquences les plus rigoureuses et les plus excessives, qu'il appartenait de développer ces inventions jusqu'à l'extrême de leurs effets. Notre affaire n'est-elle point de rendre l'univers trop petit pour nos mouvements, et d'accabler notre esprit, non plus tant par l'infinité indistincte de ce qu'il ignore que par la quantité actuelle de tout ce qu'il pourrait et ne pourra jamais savoir?

Il nous faut aussi que les choses soient toujours plus intenses, plus rapides, plus précises, plus concentrées, plus surprenantes. Le nouveau, qui est cependant le périssable par essence, est pour nous une quantité si éminente que son absence nous corrompt toutes les autres et que sa présence les remplace. A peine de nullité, de mépris et d'ennui, nous nous contraignons d'être toujours plus *avancés* dans les arts, dans les mœurs, dans la politique et dans les idées, et nous sommes formés à ne plus priser que l'étonnement et l'effet instantané de choc. César estimant qu'on n'avait rien fait, tant qu'il restait quelque chose à faire; Napoléon qui écrit : « Je ne vis jamais que dans deux ans », semblent avoir communiqué cette inquiétude, cette intolérance à l'égard de tout ce qui est, à presque toute la race blanche. Nous sommes excités comme eux à ne rien faire qui ne détruise ce qui le précède, moyennant sa propre dissipation.

Il est à remarquer que cette tendance, que l'on pourrait croire créatrice, n'est pas, en réalité, moins automatique dans son procédé que la tendance contraire. Il arrive assez souvent que la poursuite systématique du neuf soit une forme de moindre action, une simple *facilité*.

Entre une société dont l'accélération est devenue une loi évidente, et une autre dont l'inertie est la propriété la plus sensible, les relations ne peuvent guère être symétriques, et la réciprocité, qui est la condition de l'équilibre, et qui définit le régime d'une véritable paix, ne saurait que difficilement exister.

Il y a pire.

Par malheur pour le genre humain, il est dans la nature des choses que les rapports entre les peuples commencent toujours par le contact des individus le moins faits pour rechercher les racines communes et découvrir, avant toute chose, la correspondance des sensibilités.

Les peuples se touchent d'abord par leurs hommes les plus durs, les plus avides; ou bien par les plus déterminés à imposer leurs doctrines et à donner sans recevoir, ce qui les distingue des premiers. Les uns et les autres n'ont point l'égalité des échanges pour objet, et leur rôle ne consiste pas le moins du monde à respecter le repos, la liberté, les croyances ou les biens d'autrui. Leur énergie, leurs talents, leurs lumières, leur dévouement sont appliqués à créer ou à exploiter l'inégalité. Ils se dépensent, et souvent ils se sacrifient dans l'entreprise de faire aux autres ce qu'ils ne voudraient pas qu'on leur fît. Or, il faut nécessairement mépriser les gens parfois sans en avoir le sentiment, et même avec une bonne conscience, pour s'employer à les réduire ou à les séduire. Au commencement est le mépris : pas de réciprocité plus aisée, ni de plus prompte à établir.

Une méconnaissance, un mutuel dédain, et même une *antipathie* essentielle, une sorte de négation en partie double, quelques arrière-pensées de violence ou d'astuce, telle était jusqu'ici la substance psychologique des rapports qu'entretenaient les uns avec les autres les *magots* et les *diables étrangers*.

Mais le temps vient que les diables étrangers se doivent émouvoir des immenses effets de leurs vertus actives. Ces étranges démons, ivres d'idées, altérés de puissance et de connaissances, excitant, dissipant au hasard les énergies naturelles dormantes; évoquant plus de forces qu'ils ne savent en conjurer; édifiant des formes de pensée infiniment plus complexes et plus générales que toute pensée, se sont plu, d'autre part, à tirer de leur stupeur ou de leur torpeur des races primitives ou des peuples accablés de leur âge.

Dans cet état des choses, une guerre de fureur et d'étendue inouïes ayant éclaté, un état panique universel a été créé, et le genre humain remué dans sa profondeur. Les hommes de toute couleur, de toutes coutumes, de toute culture, ont été appelés à cette sorte de Jugement avant-dernier. Toutes les idées et les opinions, les préjugés et les évaluations sur quoi se fondait la stabilité politique antérieure, se trouvèrent soumises à de formidables épreuves. Car la guerre est le choc de l'événement contre l'attente; le physique dans toute sa puissance y tient le psychique en état : une guerre longue et générale bouleverse dans chaque tête l'idée qu'elle s'était faite du monde et du lendemain.

C'est que la paix n'est qu'un système de conventions, un équilibre de symboles, un édifice essentiellement fiduciaire. La menace y tient lieu de l'acte; le papier y tient lieu de l'or; l'or y tient lieu de tout. Le crédit, les probabilités, les habitudes, les souvenirs et les paroles, sont alors des éléments immédiats du jeu politique, car toute politique est spéculation, opération plus ou moins réelle sur des valeurs fictives. *Toute politique se réduit à faire de l'escompte ou du report de puissance.* La guerre liquide enfin ces *positions*, exige la présence et le versement des forces vraies, éprouve les cœurs, ouvre les coffres, oppose le fait à l'idée, les résultats aux renommées, l'accident aux prévisions, la mort aux phrases. Elle tend à faire dépendre le sort ultérieur des choses de la réalité toute brute de l'instant.

La dernière guerre a donc été féconde en révélations. On a vu les plus hautaines et les plus riches nations du globe, réduites à une sorte de mendicité, appelant les plus faibles à l'aide, sollicitant des bras, du pain, des secours de toute nature, incapables de soutenir, à soi seules, la suprême partie où leur puissance même les avait engagées. Bien des yeux se sont ouverts, bien des réflexions et des comparaisons se sont instituées.

Mais ce n'est point chez nous que se développent les suites les plus importantes de ces grands événements. Ce ne sont pas du tout les peuples qui furent le plus directement mêlés ou opposés dans le conflit qui s'en trouvent aujourd'hui le plus troublés et transformés. Les effets de la guerre s'élargissent hors d'Europe, et il n'y a point de doute que nous verrons revenir des antipodes les conséquences d'un ébranlement qui s'est communiqué à la masse énorme de l'Orient.

Les *magots* connaissent enfin les inconvénients d'une passivité trop obstinée et trop prolongée. Ils eurent longtemps pour principe que tout changement est mauvais, cependant que les *diables étrangers* suivaient la maxime contraire. Ces héritiers de la dialectique grecque, de la sagesse romaine et de la doctrine évangélique, ayant été tirer de son sommeil le seul peuple du monde qui se soit accommodé, pendant je ne sais combien de siècles, du gouvernement de littérateurs raffinés, on ne sait ce qui adviendra, quelles perturbations générales devront se produire, quelles transformations internes de l'Europe, ni vers quelle nouvelle forme d'équilibre le monde humain va graviter dans l'ère prochaine.

Mais regardant humainement ces problèmes humains, je me borne à considérer en lui-même le rapprochement inévitable de ces peuples si différents. Voici des hommes en présence qui ne s'étaient jamais regardés que comme radicalement étrangers; et ils l'étaient, car ils n'avaient aucun besoin les uns les autres. Nous n'étions, en toute rigueur, que des *bêtes curieuses* les unes pour les autres, et si nous étions contraints de nous concéder mutuellement certaines vertus, ou quelque supériorité sur certains points, ce n'était guère plus que ce que nous faisons quand nous reconnaissons à tels ou à tels animaux une vigueur ou une agilité ou une industrie que nous n'avons pas.

C'est que nous ne nous connaissions, et ne nous connaissons encore, que par des actes de commerce, de guerre, de politique temporelle ou spirituelle, toutes relations auxquelles sont essentiels la notion d'adversaire et le mépris de l'adversaire.

Ce genre de rapports est nécessairement superficiel. Non seulement il s'accorde avec une parfaite ignorance de l'intime des êtres, mais encore il l'exige : il serait bien pénible et presque impossible de duper, de vexer ou de supprimer quelqu'un dont la vie profonde vous serait présente et la sensibilité mesurable par la vôtre.

Mais tout mène les populations du globe à un état de dépendance réciproque si étroit et de communications si rapides qu'elles ne pourront plus, dans quelque temps, se méconnaître assez pour que leurs relations se restreignent à de simples manœuvres intéressées. Il y aura place pour autre chose que les actes d'exploitation, de pénétration, de coercition et de concurrence.

Depuis longtemps déjà, l'art de l'Extrême-Orient impose à nos attentions d'incomparables objets. L'Occident, qui se pique de tout comprendre et de tout assimiler à sa substance dévorante, place au premier rang, dans ses collections, quantité de merveilles qui lui sont venues de là-bas *per fas et nefas*.

Peut-être est-ce le lieu de remarquer que les Grecs, si habiles dans la proportion et la composition des formes, semblent avoir négligé le raffinement dans la matière. Ils se sont contentés de celle qu'ils trouvaient auprès d'eux et n'ont rien recherché de plus délicat, rien qui arrête les sens indéfiniment et diffère l'introduction des idées. Mais nous devons à l'Empire du Ciel l'exquise invention de la soie, celles de la porcelaine, des émaux, du papier, et bien d'autres encore, qui nous sont devenues toutes familières, tant elles se sont trouvées heureusement adaptées aux goûts de la civilisation universelle.

Mais c'est peu que d'admirer et d'utiliser les talents d'une race étrangère, si l'on ne laisse d'en dédaigner les sentiments et l'âme pour se réduire à caresser de l'œil, les vases, les laques, les ouvrages d'ivoire, de bronze et de jade qu'elle a produits. Il y a quelque chose plus précieuse encore, dont ces chefs-d'œuvre ne sont que les démonstrations, les divertissements et les reliques : c'est la vie.

M. Cheng, de qui je me permets de présenter et de recommander le livre au public, se propose de nous faire aimer ce que nous avons si longtemps ignoré, méprisé et raillé avec tant de naïve assurance.

Ce lettré, fils de lettrés, descendant d'une antique famille, qui compte parmi ses ancêtres le vénérable et illustre Lao-Tseu, est venu parmi nous s'instruire aux sciences naturelles. Il a écrit en français son ouvrage.

Il ne prétend à rien de moins qu'à nous faire pénétrer dans la vivante profondeur de cet abîme d'hommes innombrables, dont nous ne savons jusqu'ici que ce que nous en disent des observateurs trop semblables à nous.

L'ambition de notre auteur est singulière. Il veut toucher notre cœur. Ce n'est point par le dehors qu'il se flatte de nous éclairer la Chine, mais il a entendu nous y intéresser intimement et il y place une douce lumière intérieure qui nous fait entrevoir par transparence tout l'organisme de la famille chinoise, qui nous en montre les mœurs, les vertus, les grandeurs et les misères, la structure intime, la force végétale infinie.

Il s'y est pris de la sorte la plus originale, la plus délicate et la plus habile; il a choisi sa propre mère pour personnage essentiel. Cette dame au grand cœur est une figure charmante. Soit qu'elle conte la douloureuse histoire du supplice infligé à ses pieds, ou les incidents de sa vie dans la maison; ou bien qu'elle fasse à ses enfants des contes délicieux aussi purs et aussi mystiques que certaines fables des Anciens, ou qu'elle nous livre enfin ses impressions des événements politiques, la guerre avec les

Japonais ou la révolte des Boxers, j'ai trouvé de l'enchantement à l'écouter.

Prendre une mère toute tendre et tout aimable pour interprète de sa race auprès du genre humain est une idée si surprenante et si juste qu'il est impossible de n'en être pas séduit et comme ébranlé.

Dirai-je ici toute ma pensée? Si l'auteur nous eût mieux connus, lui serait-il venu à l'esprit d'invoquer le nom et l'être de sa mère, eût-il jamais songé de nous convertir à l'amour universel par le détour de la tendresse maternelle? Je n'imagine guère un Occidental s'avisant de s'adresser aux peuples de la Chine de par le sentiment le plus auguste. On peut méditer sur ceci. Tout ce livre, d'ailleurs, ramène les pensées de l'Europe, à ses mœurs, ses croyances, ses lois, et surtout sa politique... Ici, comme là-bas, chaque instant souffre du passé et de l'avenir. Il est clair que la tradition et le progrès sont deux grands ennemis du genre humain.

INTRODUCTION
A UN DIALOGUE SUR L'ART [1]

L'auteur du petit ouvrage qu'on va lire étant, depuis près d'un demi-siècle, l'un de mes amis les plus chers, et cet ouvrage lui-même se référant assez souvent à quelques idées sur la Danse que j'ai exposées jadis ici même, il a paru naturel à la *Revue musicale* de me demander de présenter au public cet auteur et son œuvre. Mais les mêmes raisons, et d'ailleurs, le peu de foi que je professe dans la vertu de ces préludes, qui ne modifient guère les dispositions du lecteur, m'eussent déterminé à m'abstenir, si une considération toute différente ne me fût venue à l'esprit. Il arrive, en effet, que l'intérêt du présent dialogue ne réside pas tout entier dans son texte. Il faut y voir aussi une manière d'*acte*, un élément d'une certaine action qui peut avoir quelque importance, et c'est pourquoi j'ai jugé utile, et peut-être un peu plus qu'utile, d'expliquer en peu de mots ce qu'on pourrait appeler la *fonction de ce texte,* fonction qui n'apparaît pas à la lecture non prévenue.

Il est remarquable – et sans doute assez caractéristique de notre époque pleine de résonances et de rapprochements imprévus – que l'on doive, à propos d'un Dialogue sur l'Art, évoquer le problème le plus difficile de la politique du monde actuel, qui en sera demain l'un des

---

[1]. Entre un Français et un Marocain, par Pierre Fénine (1938).

plus graves. Ce problème est celui des rapports des Européens (et assimilés) avec les autres habitants du globe, et singulièrement avec ceux qui, sujets ou protégés d'une puissance européenne, se trouvent, d'autre part, posséder une culture et des traditions artistiques ou intellectuelles, ainsi qu'une élite de créateurs, d'amateurs et de connaisseurs.

Jusqu'ici, l'attitude européenne a consisté ou bien à négliger ces valeurs indigènes vivantes; ou bien (c'est le cas le plus favorable) à tenter de transmettre nos connaissances et quelque peu de notre esprit, à nos sujets et protégés. Mais, si nous avons essayé, et parfois fort bien réussi, à leur apprendre quelque chose, l'idée ne nous est jamais venue, et ne pouvait guère nous venir, que nous pourrions apprendre quelque chose d'eux. Il n'y a point d'échange. Il nous paraît même impossible, et presque absurde, que nous puissions recevoir le moindre apport spirituel de populations que nous avons soumises. Il est, du reste, incontestable qu'en toute matière qui s'enseigne, la culture européenne est, à la lettre, infiniment supérieure.

Mais tout ne s'enseigne pas. Il est des produits de l'esprit plus subtils que ceux qui se résolvent en formules d'expression finie ou en méthodes et pratiques systématiques. Quant à ces richesses impondérables, je ne suis plus du tout assuré de notre supériorité. J'observe que notre prééminence intellectuelle n'a pas été acquise sans certains sacrifices. J'ai expliqué ailleurs que notre mode de vie, notre hâte, notre abus de puissance mécanique, d'activité vaine, d'excitants trop énergiques, sont des causes et des effets d'un affaiblissement de la sensibilité. L'exigence d'intensité, de nouveauté, d'instantanéité signifie une véritable intoxication. Notre progrès se paye, et nous pouvons mesurer ce qu'il nous coûte en loisirs délicats, en jouissances approfondies, en compréhension sincère, intime et contemplative des ouvrages de l'art : il suffit d'aller quelque peu voir vivre telle population de nos possessions ou de nos pays de protectorat.

Non, je ne suis pas assuré que la moyenne de nos citoyens ait de la beauté un goût plus prononcé que ne l'ont les habitués des cafés maures; que même nos décorateurs aient une pensée ornementale beaucoup plus exquise que celle des artisans indigènes. Avouons que le besoin et l'instinct des enchantements de la vue sont rarissimes chez nous.

Et quant au rythme... Ici, il n'est plus de doute. Le seul fait de son absence totale dans notre enseignement, de l'usage étrange qu'on y fait de la poésie, nous accuse et nous condamne.

Ajoutons à ceci une dégénérescence rapide des manières, des formes du langage, des égards qui font qu'une société ne se réduit pas à un équilibre statistique de forces sensibles... Je n'insiste pas. Je veux seulement suggérer que, sur plus d'un point, les races dont nous nous sommes chargés, peuvent nous offrir quelques exemples. Leur vie est plus sage que la nôtre; et, dans l'ensemble, elle est plus noble. S'il y a chez elles des aspects de grossièreté, on n'y trouve d'autre vulgarité que celle qu'on leur a inculquée.

Que si nous voulons véritablement nous associer ces populations, et tout le monde sent l'importance croissante de ce souci, il nous incombe d'instituer une réciprocité de relations entre elles et nous, un échange réel, dont j'ai essayé de montrer qu'il n'est pas impossible, en expliquant sommairement que nous nous trompons si nous croyons qu'elles ne peuvent que recevoir et qu'elles n'ont rien à nous donner. De jour en jour, le dogme de l'inégalité des familles humaines devient de plus en plus dangereux en politique : il sera fatal à l'Europe. La technique se propage comme la peste.

Voilà, sans doute, ce que Pierre Féline a dû soupçonner dès son premier contact avec le Maroc, pendant la campagne de 1908. Il s'est épris de ce pays; il y est revenu après la guerre de 1914, et a fini par s'y fixer. Fès l'a séduit : il vise à le séduire. Etant mathématicien et musicien de naissance, il pourrait enseigner à ses amis marocains le calcul différentiel ou l'art de la fugue. Mais ce ne serait point faire échange avec eux : ce ne serait que donner sans recevoir : solution imparfaite, et, comme je l'ai dit, plus dangereuse qu'utile. Il a donc passionnément cherché à instituer un commerce positif d'idées, de formes, de valeurs esthétiques avec les artistes et les amateurs indigènes. Il a étudié dans le détail les compositions de rythmes si complexes qui dominent dans leur musique, et qui sont curieusement et mystérieusement parentes de l'Arabesque, création étonnante du génie de l'Islam, instruit par la géométrie des Grecs aux constructions polygonales.

Le *Dialogue sur l'Art* doit donc être compris, non seulement dans sa substance même, comme une œuvre charmante en soi; mais aussi comme un document et comme l'un des actes d'une entreprise individuelle dont je ne veux louer ni la hardiesse, ni l'importance, ni l'opportunité, ni les qualités de l'intelligence qu'elle implique, car, je l'ai déclaré, l'auteur m'est un grand ami et cet ami me cite beaucoup.

ORIENTEM VERSUS[1]

Je n'aime pas les fantômes d'idées, les pensées toutes perspectives, les termes dont le sens se dérobe devant le regard de l'esprit. Je suis impatient des choses vagues. C'est là une sorte de mal, une irritation particulière, qui se dirige enfin contre la vie, car la vie serait impossible sans à-peu-près. La variété extrême et accidentelle des circonstances défie toute exactitude; l'imprévu des événements, qui est la loi la plus certaine et la plus constante du monde, est donc composé par un certain *jeu* de notre organisation qui permet à l'existence vivante de subsister au milieu des hasards et à l'existence pensante de se dédire et de se contredire.

Mais mon humeur assez rigoureuse se relâche pourtant, et se laisse séduire à divers mots, tout imprécis et inépuisables qu'ils sont, qui me ravissent jusqu'à l'illusion d'une richesse et d'une profondeur si précieuses que je me garde d'en refuser l'enchantement. Je leur retire alors toute importance; je les exclus de tout emploi dans une réflexion suivie, et les remets à mes moments de nonchaloir.

Le seul nom de NATURE, par exemple, m'enivre et je ne sais ce qu'il veut dire. Oserai-je avouer que le mot PHILOSOPHIE me semble magique, si je l'entends en

---

1. Cet essai a paru dans la revue *Verve* (n° 3, été 1938).

ignorant, et très loin de songer aux écoles? Je lui trouve en lui-même un charme : celui d'une personne très belle et très calme, qui change l'amour en sagesse, ou bien la sagesse en amour.

Mais, entre tous ces thèmes du langage, dont je préserve pour mon plaisir la résonance incertaine et la valeur de pure merveille, le nom d'ORIENT est l'un de ceux qui me sont un trésor.

Je fais ici une remarque capitale. Pour que ce nom produise à l'esprit de quelqu'un son plein et entier effet, il faut, sur toute chose, *n'avoir jamais été* dans la contrée mal déterminée qu'il désigne.

Il me faut la connaître par l'image, le récit, la lecture, et quelques objets, que de la sorte la moins érudite, la plus inexacte, et même la plus confuse. C'est ainsi que l'on se compose une bonne matière de songe. Il y faut un mélange d'espace et de temps, de pseudo-vrai et de faux certain, d'infimes détails et de vues grossièrement vastes.

C'est là l'ORIENT de l'esprit.

Ce nom d'ORIENT ne peut plus raisonnablement signifier qu'un point de l'*horizon du lieu*. Mais du temps que la cosmographie était plus humaine, que la terre était ce que l'on en voit, et que le soleil, chaque jour, surgissait véritablement de la mer, les gens de nos pays plaçaient dans la direction du lever de ce dieu puissamment visible et générateur de la vision, les domaines de tout ce qu'ils pouvaient concevoir de prodigieux ou d'étrange ou d'original. Le mirage est un phénomène d'optique qui montre plus de choses qu'ils n'en peuvent percevoir aux yeux agrandis de désir. Mais, quant à l'ORIENT, point de prestige : loin que l'imagination doive se dépenser à inventer ce qu'elle souhaite qui l'excite, tout au contraire : elle défaille, elle renonce à soutenir tout ce que la mémoire immédiate la plus négligée lui propose à représenter. Qui s'oriente vers l'ORIENT se sent tout incapable d'isoler, dans l'éblouissement de noms et d'images qu'il en reçoit, une figure nette et une pensée finie.

Qu'il nous suffise, sur la sphère, de tracer un polygone curviligne que bornent les 20e et 55e degrés de longitude Est, et les 40e et 20e degrés de latitude Nord. Cette opération nous détache un assez bel ORIENT. Je sais bien que le développement des affaires de ce temps a fait définir un ORIENT bien plus vaste, à trois degrés : un Proche, un Moyen et un Extrême. Mais pourquoi désormais s'arrêter au Japon ? Il y a de l'absurde dans l'expression : *Extrême-Orient*. Le relatif n'a pas d'extrême. Je m'en tiens donc à mon polygone sphérique, et j'en admire les étonnantes propriétés.

Toute la science, presque tout l'art du monde ; les voluptés les plus délicates ; les connaissances les plus abstraites, sont comme la production naturelle de ce canton du globe, comme la vigne et le blé, la rose et le jasmin, comme le térébinthe et les arbustes qui distillent les gommes, et la myrrhe et de l'encens. Ici germèrent les croyances les plus puissamment organisées, les philosophies les mieux raisonnées. L'idolâtrie y créa des monstres de magnificence et de beauté ; la rigueur, des chefs-d'œuvre de pureté solide. Quantité de villes insignes y florirent, de Ninive à Venise et d'Athènes à Ispahan...
Cet ORIENT DE L'ESPRIT offre à la pensée enivrée le plus délicieux désordre et le plus riche mélange de noms, de

choses imaginables, d'événements et de temps fabuleux ou presque certains, de doctrines, d'œuvres ou d'actes, de personnages et de peuples... Je me place dans l'état entre le rêve et la veille, où ni logique, ni chronologie ne s'opposent aux attractions et aux combinaisons propres des éléments de notre mémoire, qui s'assemblent alors pour le plaisir de l'instant même, et l'effet immédiat, baroque, bizarre ou charmant s'étant produit, se dissocient aussitôt, disparaissent, bien avant que l'objection, la sensation de l'absurde ou de l'arbitraire aient pu se produire.

La cavalerie de Gengis Khan foule le fatal territoire de l'Eden. Les deux arbres funestes de ce verger font songer de tous les arbres sinistres et remarquables, comme celui qui retint aux cheveux l'Absalon fugitif et rebelle; et cet autre, où se vint pendre le traître le plus célèbre d'entre les traîtres innombrables de l'Histoire. Et des arbres, passant aux plantes, paraissent le Lotos des Egyptiens, et leur papyrus, non loin du calame, tous deux détestables fauteurs de la facilité d'écrire...

La Faune de mon ORIENT n'est pas moins riche que la Flore en espèces admirables, dont certaines se réduisent à un exemplaire unique dans les fastes des âges vagues. Voici l'ibis, le lynx, le chat, le crocodile rieur; le cheval pur et le faucon de l'Arabie, et le lévrier du désert qui distance jusqu'à la tortue qu'Achille même ne put vaincre.

Quelle multitude d'animaux redoutables ou savants, ou chargés de missions importantes... Le simorg, la perçante licorne, propices l'un et l'autre aux arts décoratifs; le poisson babylonien dont le fiel « guérit l'œil mort du vieux Tobie », comme parle Victor Hugo; l'énorme cétacé, qui transporte dans son estomac, passagers effarés qu'il ne distingue guère, Jonas le prophète et Sindbad le Marin; le marsouin d'Arion et la chouette de Pallas, sans parler du Serpent qui discute et suggère, de celui qui s'enroule aux pythies, du Sphinx qui interroge, du Taureau qui impose son amour, de l'Oiseau Roc, de l'Aigle de l'Olympe, du Corbeau qui alimente les Prophètes, de la Sauterelle dont ils se sustentent, des Dragons variés qui surveillent les Andromèdes, causent le trépas des Hippolytes, se font exterminer par les Persée, les Bellérophons, les Saints Georges, les Dieudonné de Gozon... J'allais oublier les terribles lions d'Assyrie et celui de Némée, et les pieuvres de Crète, et l'Hydre, et les sordides volatiles du lac Stymphale... Devrais-je enfin, en cet âge de fer et de feu, omettre, d'une part, ces cochons gonflés de démons dont l'immonde troupeau fut envoyé à la noyade, et d'autre part, la colombe couleur d'aurore, au bec porteur d'un rameau d'olivier, qui de l'Arche s'envole, et répand, sur la terre réconciliée, l'espérance de jours limpides et d'une bienheureuse jouissance du calme universel et de la mansuétude généralisée?

Le nombre de toutes ces bêtes, singulières ou non, doit se multiplier par leurs emplois, car la poésie, les arts plastiques, la philologie, l'exégèse, l'archéologie, la science des religions, et même l'histoire naturelle, paléontologie ou zoologie, en font état, chacune selon sa méthode.

Je ne les ai évoquées que pour faire sentir, sur un point particulier, par la confusion d'une ménagerie mentale improvisée, l'incroyable richesse de la vie dans le polygone ORIENT. Je dis bien : *de la vie*, quoique plus d'un animal cité plus haut appartienne au genre des mythes. Mais si la Fable n'est pas la Vie, la génération de la Fable est l'un des actes de la Vie qui en démontrent le plus fortement la puissance. Elle manifeste qu'au milieu même de la nature la plus féconde en productions, l'homme ne peut se tenir d'ajouter sa création propre à la quantité des créatures données : il prend des ailes à l'aigle et son corps au lion; il ajoute au torse de la femme une queue de poisson; il donne la parole à l'âne et au reptile; il combine les machines, les armes, les organes de perception ou de défense qu'il observe dans les êtres, tellement que l'on pourrait isoler et définir un art de composer le bestiaire fabuleux, de construire le centaure, les khérubim, le griffon et l'hircocerf, tels qu'on les trouve à travers les siècles, dans toutes les parties de notre ORIENT.

Mais au travers de cette riche divagation créatrice, et parmi tant de variétés aberrantes, parurent deux familles privilégiées : la logique et la lucidité de leurs productions les distinguent. Je pense à l'art grec et à celui des Arabes. Ces derniers portent à l'excès du délire limpide la construction des figures par opérations accumulées, dont ils avaient reçu les principes de l'école hellénique de géométrie. L'imagination déductive la plus déliée, accordant merveilleusement la rigueur mathématique à celle des préceptes de l'Islam, qui proscrivent religieusement la recherche de la ressemblance des êtres dans l'ordre plastique, invente l'*Arabesque*. J'aime cette défense. Elle élimine de l'art l'idolâtrie, le trompe-l'œil, l'anecdote, la crédulité, la simulation de la nature et de la vie – tout ce qui n'est pas *pur*, qui n'est point l'acte générateur, développant ses ressources intrinsèques, se découvrant ses limites propres, visant à édifier un système de formes uniquement déduit de la nécessité et de la liberté réelles des fonctions qu'il *met en œuvre*. Dans la musique, l'*harmonie imitative* n'est-elle pas tenue pour un artifice secondaire et grossier? Imiter, décrire, représenter l'homme ou les autres choses, *ce n'est pas imiter la nature dans son opération : c'est en imiter les produits, ce qui est fort différent*. Si l'on veut se faire semblable à ce qui produit *(Natura : productrice)*, il faut, au contraire, exploiter l'entier domaine de notre sensibilité et de notre action, poursuivre les combinaisons de leurs éléments, dont les objets et les êtres donnés ne sont que des singularités, des cas très particuliers, qui s'opposent à l'ensemble de tout ce que nous pourrions voir et concevoir.

L'Artiste de l'Arabesque, placé devant le vide du mur ou la nudité du panneau, sommé de créer, empêché de recourir au souvenir des choses, couvre cet espace libre, ce désert, d'une végétation formelle qui ne ressemble à rien, qui s'implante par quelques points, et s'assujettit à quelques nombres; qui se féconde elle-même par actes d'intersections et de projections, et qui peut indéfiniment proliférer, se différencier, se rejoindre à elle-même. Notre artiste est la source unique. Il ne peut compter sur aucune image préexistante dans l'esprit des autres. Il ne peut songer à *rappeler* quoi que ce soit : il lui incombe au contraire, d'APPELER QUELQUE CHOSE...

Je l'envie...

PENSÉE ET ART FRANÇAIS

Les circonstances dans lesquelles nous sommes placés, la pression des événements, la tension de nos âmes qui lui répond, ont, parmi bien d'autres effets, l'effet de nous faire sentir de plus en plus énergiquement notre intime participation à une existence plus grande que la nôtre, qui est celle de la France. Dans les temps calmes et pacifiques, être français en France, c'est une propriété sous-entendue, presque insensible. On est, en somme, en équilibre indifférent avec son milieu natif et natal. On est français comme on respire. On en vient à ne pas concevoir que l'on puisse n'être pas français, Montesquieu l'avait remarqué.

Sans doute, il y avait des Français qui allaient à l'étranger et qui ne tardaient pas à ressentir leur différence nationale. Mais, par rapport au chiffre de notre population, le nombre de ceux qui franchissaient la frontière – et, entrant en contact avec l'étranger, découvraient la France – était presque négligeable.

Mais voici que notre frontière principale s'appelle ligne Maginot, et que nos contacts avec l'étranger, qu'il soit ami, ennemi ou neutre, ne laissent pas de nous rendre de plus en plus sensibles à notre personnalité française. Nous sommes de plus en plus sensibilisés à ce que nous sommes. Il nous arrive ce qui arrive à un être que les circonstances obligent à se ramasser pour agir, ou pour réagir. Sa pensée ne peut plus ignorer son corps; il coordonne toutes ses facultés; il se fait tout entier un seul système de forces et se connaît enfin dans son unité profonde et sa singularité essentielle.

Cette sensation nationale peut-elle se préciser par une définition de nous-mêmes assez simplifiée pour tenir, finalement, en quelques idées?

Je vais essayer sans espoir d'y réussir, en me bornant à la partie intellectuelle de la question.

Je suppose donc que l'on veuille se faire une idée de l'œuvre spirituelle de la France, depuis qu'il y a une France; que l'on essaye à résumer le volume, la valeur, la particularité et l'universalisme de cette production; à fondre les siècles, les genres, les écoles, les modes, les personnes, pour en faire une sorte de composition si réduite qu'elle tienne en quelques pages... Je me demande comment il faut s'y prendre et ce que l'on peut espérer de cette entreprise? Il s'agit, en somme, de définir ou de créer un ÊTRE, un AUTEUR, qui s'appellerait la FRANCE, et qui, au cours d'une carrière d'un millier d'années, eût fait paraître cette quantité de monuments, d'ouvrages précieux de toute espèce, d'expressions de l'intelligence ou du savoir, que nous considérons comme notre capital d'orgueil et de traditions.

Ce problème est celui qui se pose à moi. Je sais qu'il est insoluble, s'il n'est pas absurde. Mais dans l'une et l'autre hypothèses, il n'est pas inabordable. L'esprit peut travailler, et même non sans fruit, sur l'insoluble et sur l'absurde : ce sont là les objets de la plupart de nos pensées.

Voici donc comment l'on pourrait peut-être s'y prendre. Il serait vain, et d'ailleurs infini, de traiter ce problème par une énumération et une chronologie des ouvrages et des personnes dont la table des noms est le catalogue de l'œuvre de la France. J'estime qu'une liste de noms et de titres, même accompagnée de dates, de références et de quelques notices, ne nous apprend rien de substantiel. D'ailleurs, cette seule liste suffirait à emplir mes quelques pages. Enfin, si je choisissais, j'aurais à craindre ou à justifier mes préférences.

Mon parti consiste à feindre un éloignement de tout notre trésor intellectuel et artistique assez grand pour ne percevoir que ce qui se compose de tant de beautés et de valeurs accumulées, sans les séparer en créations distinctes, en personnes illustres et en événements exceptionnels que l'on puisse isoler du système dans lequel ils se produisent. En somme, envisager la France, un rôle ou une fonction de la France dans la constitution du capital de l'esprit humain; mais ne retenir que ce qui n'appartient qu'à la France même, abstraction faite de ce qui se voit de partout et de ce qui ne se voit que de tout près.

Il est bien connu que le territoire de la France est l'un des plus variés qui existent, si l'on rapporte sa variété à sa superficie. Il n'est guère de définitions en géographie qui ne trouvent ici quelque exemple, depuis la haute montagne jusqu'au littoral, qui est de tous les types connus. Ce territoire est pris entre des mers fort différentes sous tous les aspects, dont l'une, par exemple, est assujettie à la marée, la plus ample et la plus haute qui soit, tandis que ce phénomène est imperceptible dans l'autre.

L'assiette géologique et minéralogique du pays n'est pas moins riche en terrains de tout âge et en roches de mainte espèce. La diversité des climats et celle de la flore s'accordent à ce tableau de différences jointes.

La formation successive du peuple de ce lieu si varié en a fait une composition remarquable de types humains. Si la terre de France est nettement figurée sur la carte et offre une proportion très heureuse de montagne et de plaine, de régions fluviales et de fronts de mer; si la pierre à bâtir excellente, le fer, et même le charbon, s'y trouvent; et si le blé, la vigne, les fruits et les légumes en sont les produits précieux, les hommes qui l'habitent constituent un mélange ethnique et psychologique d'une complexité et d'une qualité singulières, dont les éléments se complètent et se tempèrent les uns les autres, depuis des siècles, par leur coexistence, leurs commerces, leurs conflits, leurs expériences et leurs malheurs communs. Sans invoquer la notion indéfinissable de race, l'observation la plus superficielle de la population française la montre composée de types visiblement très dissemblables. Plusieurs dialectes, entièrement étrangers les uns aux autres, sont encore vivants dans nos provinces, où l'on pratique encore, plus ou moins conservés, des usages, des modes de vivre, de cultiver et de construire fort distincts.

En un mot, la formule de constitution du peuple français (s'il est permis d'emprunter cette expression à la chimie), est une des plus complexes qui soient au monde, cependant que le système humain qu'elle représente est merveilleusement UN, toutes les fois que cette unité est requise par les circonstances extérieures.

Cette variété essentielle de la France physique, démographique et politique dont les constituants de tous les genres se complètent, comme je l'ai dit, et se modèrent les uns, les autres, doit nécessairement se manifester dans la production d'ordre intellectuel et artistique de ce pays. L'impression d'ensemble que cette production me semble devoir donner est celle de richesse et de tempérament. Je me permets ici de me citer :

« A cause des sangs très disparates qu'elle a reçus, et dont elle a formé en quelques siècles une personnalité européenne si nette, la nation française fait songer à un arbre greffé plusieurs fois, de qui la qualité et la saveur de ses fruits résultent d'une heureuse alliance de sucs et de sèves très divers, concourant à une même et indivisible existence. »

Le premier fruit intellectuel d'un peuple est son langage, qui est donc la première chose à examiner, si l'on se prend à vouloir apprécier la vie de l'esprit dans ce peuple, et l'évolution de cette vie parallèlement au développement du drame de son histoire. Ce langage est formation statistique, qui serait assez variable, et le serait parfois très rapidement, si cette mobilité et si les différenciations locales anonymes pouvaient se développer anarchiquement et altérer sans obstacles le son et le sens des mots, ainsi que la syntaxe. Mais ce travail incessant se trouve plus ou moins contrarié par des volontés ou des sensibilités qui s'opposent à la moyenne, et dont la puissance s'impose à celle du nombre, qu'elle appartienne à des individus ou à des institutions, ou même à des agglomérations dans lesquelles le commerce des idées est particulièrement intense. Ici, comme en économie, plus les échanges sont actifs, plus il importe que les conventions, les poids, mesures et monnaies soient stables et bien définis.

En France, à diverses époques, et concurremment avec l'action des œuvres des écrivains, le langage a été fixé ou modifié consciemment en quelque mesure, tantôt par la Cour, tantôt par l'Académie, tantôt par l'enseignement d'Etat; et enfin (et comme tant d'autres choses françaises), par l'action de Paris, et par la concentration à Paris de la production et de la publication des idées.

Toutes ces influences se sont exercées dans le sens d'un tempérament réciproque des facteurs hétérogènes dont j'ai parlé. Il en est résulté quelques caractères spécifiques du français qui le distinguent assez profondément des autres langues occidentales.

Le français bien parlé ne chante pas. C'est un discours de registre peu étendu; une parole presque plane. Nos consonnes sont toutes remarquablement adoucies. Quant à nos voyelles, elles sont plus nombreuses et plus nuancés que dans les langues latines ou germaniques. L'*e* muet nous est une ressource particulière en poésie.

Je ne parlerai pas de notre orthographe, malheureusement fixée, en toute ignorance et absurdité, par les pédants du XVIIe siècle, et qui n'a pas laissé depuis lors de désespérer l'étranger et de vicier la prononciation d'une quantité de nos mots. Sa bizarrerie en a fait un moyen d'épreuve sociale : celui qui écrit comme il prononce est, en France, considéré inférieur à celui qui écrit comme on ne prononce pas.

Notre syntaxe est des plus rigides. Elle s'égale, quant à la rigueur des conventions, à notre prosodie classique. Il est remarquable qu'un peuple dont l'esprit passe pour excessivement libre et logique se soit astreint dans son parler à des contraintes dont beaucoup sont inexplicables. Peut-être les Français ont-ils senti qu'il existe une liberté d'ordre supérieur qui se révèle et s'acquiert par le détour des gênes, même tout inutiles.

Quoi qu'il en soit notre langue, rebelle aux formations des mots composés, aux facilités d'accord, au placement arbitraire des mots dans la phrase, et se contentant volontiers d'un vocabulaire assez restreint, est justement fameuse pour la clarté de sa structure qui, jointe à un goût fréquent chez nous des définitions et des précisions abstraites, fit concevoir et réaliser tant des chefs-d'œuvre d'organisation verbale – des pages d'une perfection d'architecture telle qu'elles semblent exister et s'imposer indépendamment de leur sens, des images ou des idées qu'elles portent, et même de leurs vertus sonores; comparables qu'elles sont, sous ce jour, à ces pièces de savante musique dont le thème est peu de chose, et le plaisir immédiat qu'elles donnent à l'oreille presque négligeable, au prix de la sensation intellectuelle qu'on en reçoit et de la jouissance supérieure de comprendre cette même sensation.

Puisque j'ai prononcé le nom de l'architecture, j'introduirai ici une réflexion qui s'y rapporte directement. Je viens de considérer dans nos lettres en ce qu'elles ont de proprement français, une œuvre dérivée de la grande œuvre collective que constitue notre langue. Une littérature, d'ailleurs (et je n'en sépare pas ce qu'on nomme philosophie), n'est et ne peut être qu'une exploitation de quelques-unes des propriétés d'un langage. Un Français qui écrit trouve dans le nôtre des ressources et des lacunes, des facilités, et surtout des rigueurs qui se feront sentir plus ou moins nettement dans son ouvrage. Notre langue s'oppose très souvent à une expression immédiate de la pensée, et nous oblige à une élaboration plus pénible, sans doute, et plus intime, de nos intentions ou impulsions qu'il n'est nécessaire en d'autres nations. Mais les constructions qui en résultent, qui n'ont pu être menées à bien que par un concours de conditions antagonistes, et qui exigent autant de science, de lucidité et de volonté soutenue que d'invention, donnent assez souvent l'impression d'un accord admirable entre la vie et la durée, la lumière et la matière, la « forme » et le « fond ».

Ne sont-ce point des qualités toutes semblables qui placent l'architecture française des grandes époques, à côté de la grecque du meilleur temps, au premier rang de toute la production de l'art de construire? A la base, donnée par le sol national, la pierre véritablement fine, la plus propre qui soit à la taille précise et savante; pierre d'un grain parfait, qui n'a ni la sécheresse du marbre ni la dureté cristalline des granits, pierre qui séduit et qui se prête aux élégantes liaisons, aux modératures charmantes, à toute hardiesse calculée. Avec la pierre, le bois. Ce pays de grandes forêts abonde en chênes et en châtaigniers, matière puissante de poinçons et d'arbalétriers, et de tous les membres des fermes qui soutiennent la couverture des édifices.

Ces moyens excitent au beau travail, lequel n'est, après tout, qu'un combat qui s'achève en heureuse transformation de l'homme en artiste et de la chose en objet noble.

Qu'il s'agisse d'architecture ou de littérature, il faut noter en France une tradition, un besoin de ce beau travail. Avouons que les conditions de la vie moderne, le changement de la production en fabrication, de l'opération individuelle en exécution mécanique d'objets faits « à la chaîne » ou en série, l'économie de temps, la concurrence qui engendre le « bon marché », les effets de la mode et de la publicité qui développent l'imitation aux dépens du goût personnel, et quelques autres circonstances, ne sont pas des plus favorables à la création des objets les plus précieux. L'inimitable ni le durable ne conviennent à notre époque.

Je disais, un jour, à un architecte, qui me voulait convaincre de la beauté supérieure d'édifices tout modernes, dressant à mille pieds de prodigieuses ruches de ciment, que ces masses concrètes étonnaient sans doute le regard, et lui offraient un décor prestigieux de falaises géométriques exposé à toutes les hautes variations de la lumière des jours, et que j'admirais ces constructions surhumaines... Mais, s'il fallait bien que je les admire – ce n'était point là les aimer. Une épure, lui dis-je encore, une épure en épuise la connaissance, mais je ne vois personne qui les considère avec une tendresse croissante, qui s'attarde en un point, et tire un carnet de sa poche pour croquer tel détail, telle solution singulière d'un problème qui naquit de quelque imprévu et provoqua le praticien à combiner la fonction, la matière, et son propre génie pour inventer ce qui convenait et donnât enfin l'impression de la trouvaille, de la vie de l'esprit... C'est là, pourtant, ce que suggère assez souvent une vieille maison, une petite église en France. Telle bicoque, tel morceau d'une ruine, ont leur saveur, qui n'est qu'à eux.

On voit encore à Paris, dans les vieux quartiers, des centaines de petits balcons en fer forgé, dont aucun ne ressemble à aucun autre, et dont chacun est une invention charmante, une sorte d'idée, simple comme un thème de peu de notes. Cela est fait de quelques barres assemblées et de beaucoup de goût. Rien ne me résume plus clairement ce qu'il y a de plus français en France.

C'est ici que je placerai une observation qui s'applique à toute une classe de nos ouvrages de tout genre, mais particulièrement aux écrits.

Il s'est développé chez nous, à partir du XVIᵉ siècle, un certain esprit critique en matière de forme, qui a sévèrement « contrôlé » notre littérature, pendant la période dite « classique », et qui n'a cessé, depuis lors, d'exercer une influence directe ou indirecte sur les jugements de valeurs et, par là, sur les productions. La France est le pays où des considérations de pure forme – le souci de la forme en soi – aient dominé et persisté jusqu'à notre époque. Un « écrivain », en France, est autre chose qu'un homme qui écrit et publie. Un auteur, même du plus grand talent, connût-il le plus grand succès, n'est pas nécessairement un « écrivain ». Tout l'esprit, toute la culture possible, ne lui font pas un « style ».

Le style résulte d'une sensibilité spéciale à l'égard du langage. Cela ne s'acquiert pas; mais cela se développe. Ce développement s'est produit chez nous, non seulement dans le tête-à-tête de l'artiste avec sa pensée, ses ambitions de solitaire et ses ressources verbales, mais encore par l'excitation de la concurrence et de l'exemple, dans les milieux restreints qu'ont, à diverses époques, constitués la cour, les salons, les cafés, les chapelles, les publics attitrés de certains théâtres... Autant de juridictions toutes-puissantes et de foyers d'esprit critique virulent. Les exigences de ces milieux, leurs traditions de conservation ou de révolution ont eu les plus grands effets sur notre littérature, et, d'ailleurs, sur tous nos arts. Tout ceci demanderait de bien longues explications et des faits précis, que je n'ai pas le loisir de donner en ces quelques pages. Je me bornerai à accuser l'importance de cette organisation toute française de l'activité littéraire par la remarque suivante : la personnalité intellectuelle, chez nous, ne peut guère se produire à l'état isolé, comme phénomène sans relation avec l'opinion, la mode, le goût régnants. Elle doit ou leur appartenir, ou se prononcer contre eux. Depuis quatre siècles, l'évolution de nos arts procède par écoles successives, actions et réactions, manifestes et pamphlets. Nous aimons que les nouveautés s'expliquent et que les traditions se défendent; toute une bibliothèque de préfaces, de proclamations et de théories accompagnent de leurs raisonnements la création successive des valeurs. Notre littérature ressemble par là à notre politique. Enfin, elle est curieusement devenue, depuis plus d'un demi-siècle, une sorte de champ d'expériences dans lequel toutes les possibilités (et donc, toutes les impossibilités) du langage et de la prosodie ont été essayées : tentatives très hardies, diversement heureuses; les unes, procédant d'analyses profondes de la pensée et de ses moyens d'expression; les autres purement aventureuses et seulement inspirées du désir ardent de faire autre chose que ce qui déjà avait été fait. L'état actuel de notre production est remarquable par la coexistence des modes d'écrire les plus différents : tous les dieux sont honorés à la fois, sans grandes disputes entre leurs fidèles. Le temps n'est plus des batailles, des anathèmes et des échanges de mépris.

Peut-être faut-il déplorer aujourd'hui l'intervention de diverses causes de corruption de nos mœurs littéraires et de confusion des valeurs. Une littérature vaut ce que vaut le lecteur : tout ce qui diminue celui-ci en tant que sensible à la qualité du langage, capable d'attention soutenue, sceptique à l'égard des jugements qu'on lui veut imposer tout formés, est funeste à la belle tenue des lettres. C'est dire que la publicité commerciale, la facilité et la rapidité des spectacles composés d'images directes, l'institution des prix littéraires, le désir de faire impression par la seule surprise, d'agir par le neuf à tout coup, par le choc des termes et les rapprochements abrupts, enfin la multiplication des ouvrages, ne sont pas des conditions toutes favorables à la formation du public le plus sensible aux délicatesses et aux profondeurs de l'art. L'époque ne sait plus prendre la peine de jouir.

La présente tentative d'apercevoir, d'isoler et d'exposer en quelques mots ce que l'immense production de la France contient de plus purement français, devient, par la nature même des choses, plus difficile et plus incertaine (si ce n'est toute chimérique), lorsque son effort s'applique à la création spéculative ou scientifique. Il est clair que la méditation philosophique aussi bien que la recherche scientifique veulent obtenir des résultats universels, essentiellement transmissibles à tous les hommes, volonté qui tend à soustraire les produits de l'esprit aux puissances cachées du sang, des habitudes locales et du milieu. La pensée abstraite ou « pure », comme la pensée technique, s'exercent à effacer ce qui vient au penseur de sa nation ou de sa race, puisqu'elles visent à créer des valeurs indépendantes du lieu et des personnes. Il n'est pas impossible, sans doute, de discerner, ou de croire discerner, dans une métaphysique ou une morale, ce qui s'y trouve appartenir proprement à une race ou une nation : il arrive même que rien ne paraisse mieux définir telle race ou telle nation que la philosophie qu'elle a produite. On prétend que certaines idées, quoique exprimées en toute universalité, sont presque inconcevables hors de leur climat d'origine. Elles dépérissent à l'étranger comme plantes déracinées ou y font figure de monstres. Cela est fort possible.

Pour isoler de l'œuvre abstraite de nos philosophes ce qui soit en elle de spécifiquement français, en s'efforçant d'éviter (autant qu'on le puisse en ces matières) le vague et l'arbitraire, il faut s'en remettre aux observations les plus simples, mais il faut aussi s'accorder un certain postulat, qui n'est point d'évidence, et que peu m'accorderont.

A mon avis (sentiment dont je m'excuse), la philosophie est une affaire de forme. Elle n'est point du tout la science, et doit, peut-être, se dégager de toute liaison inconditionnelle avec la science. Etre *ancilla scientiae* ne vaut pas mieux pour elle que d'être *ancilla theologiae*. Si je dis qu'elle est une affaire de forme, je veux dire que si je cherche une ordonnance et une expression qui me résument et me composent l'ensemble de mon expérience personnelle, interne, et externe, c'est là ma philosophie et c'est là chercher une forme. Je ne dis point que j'aie raison : ce qui n'aurait, du reste, aucun sens. Je dis que dans ma tentative actuelle, ma téméraire formule me permet de considérer que la forme dont il s'agit est une de celles dont est capable un certain langage, et que l'être qui parle et se parle ce langage ne peut ni en excéder les moyens ni se soustraire aux suggestions et associations que ledit langage importe insidieusement en lui.

Si je suis français, au point même de ma pensée où cette pensée se construit et se parle à soi-même, elle se forme en français, et selon les possibilités et dans l'appareil du français. Cette langue a ses vertus et ses vices (relatifs) : elle n'a point licence de composer des mots; elle abonde en restrictions; elle est assez pauvre en termes du vocabulaire psychologique. Or, celui qui pense dans une certaine langue poursuit, d'expression en expression, une perfection, une satisfaction intime qu'il attend de l'une de ces expressions; mais celle-ci, quelle qu'elle soit, sera conforme aux exigences de cette langue, modifiée par ses singularités, subornée par ses séductions. Le penseur se contentera, sa pensée se fixera à tel point critique dans telle langue, et c'est dans cet état qu'elle sera pour lui sa pensée définitive, puis écrite et extériorisée. La langue, œuvre commune et indistincte d'un peuple, aura donc, finalement, imposé des conditions d'expression et des conditions d'acceptation à la pensée individuelle – conditions dont celle-ci n'a pas conscience. Supposez que notre langue ne nous permette, à nous Français, de n'accepter de nous que des expressions finies, nettement articulées, de ne souffrir que des constructions dont on voit la charpente, notre métaphysique en sera toute influencée. Le passage du confus au net, qui est sa grande besogne cachée, sera plus laborieux chez nous; nos conceptions seront plus retenues, et le doute y jouera le plus grand rôle qu'une métaphysique, sans périr, puisse lui accorder. Ce que l'on nomme profondeur (sans trop savoir quels abîmes se creusent sous ce nom imposant) ne sera pas tenu chez nous pour une vertu positive...

Ici s'élève un grand débat qui ne peut pas avoir d'issue. Profondeur et clarté, conscience et inconscient, introspection et objectivité, logique et... je ne sais quoi qui la défie, ce sont là des oppositions classiques dans toutes les philosophies, mais qui se sont développées jusqu'à devenir des caractéristiques nationales.

Je résumerai en quelques mots mon impression d'ensemble sur cette partie de mon sujet : il me semble que l'esprit français tend à se défier et à s'écarter de toute conception qui ne lui laisse pas espérer qu'elle se réduira, finalement, à une formule nette et sans équivoque. Le succès d'une philosophie en France est à ce prix. Je ne veux pas dire qu'il ne puisse s'y produire des systèmes d'idées qui ne soient pas conformes à ce principe : je veux dire qu'ils ne sont pas réellement et comme organiquement adoptés. Je trouve, d'ailleurs, en politique et dans les arts, des réactions françaises analogues.

Parmi les spécialités de notre esprit, je n'oublierai pas cette admirable collection d'études, d'essais, de romans et de pièces de théâtre qui ont l'analyse des mœurs et des caractères pour objet. Nous comptons plus de psychologues et de moralistes que de métaphysiciens. Je n'hésite pas à ranger parmi ces auteurs généralement amers quelques caricaturistes, dont les légendes de leurs dessins et les « mots » valent bien quelquefois le crayon.

C'est peut-être par l'idée qu'un peuple se fait de l'homme que l'on jugerait le mieux de sa sensibilité nationale : législation, politique, littérature, manières sont toujours directement inspirées par cette idée non exprimée. *Les Français ont plus de foi dans l'homme qu'ils n'ont d'illusions sur les hommes.* Il en résulte un contraste assez remarquable entre les principes qui les séduisent et qui expriment leur confiance dans la nature humaine et les observations cruelles, les maximes assez noires, que tant de grands écrivains chez eux ont si élégamment et fortement fixées.

J'abandonne ici le domaine des lettres pour jeter un regard sur notre quantité de richesses sensibles : peinture, sculpture, arts décoratifs, musique... L'abondance et la variété de cette production découragent l'esprit qui voudrait en tirer une essence d'idées, comme si ce n'était point songer à détruire les œuvres destinées à la sensibilité que de prétendre les épuiser en quelques « jugements ».

L'art français s'est exercé supérieurement dans tous les genres : du vitrail au burin, de la cathédrale au « bonheur-du-jour », de la tapisserie de haute lisse à l'émail, de la céramique à la typographie – et cette simple énumération démontre à travers les âges une variété dans les talents aussi riche que celle que nous avons tout à l'heure fait observer dans les sites, les climats, les constituants humains de la France. Pour concevoir cette richesse, il faut se représenter qu'elle est faite d'un nombre considérable d'inventions, de formes, de combinaisons et de procédés, auquel doit s'ajouter toute la valeur d'exécution qu'il fallut pour donner l'être à tant de formes possibles imaginées.

La main française a fait merveille, qu'elle ait taillé la pierre ou enluminé le parchemin.

De cette abondance de recherches et de trouvailles dans la poursuite comme dans la pratique des productions de l'art, je trouve un exemple récent et lumineux dans l'œuvre de la peinture française entre l'an 1800 et notre époque. Je ne veux point citer de noms, et je me tiens à ce propos. Les noms, qui ne sont faits que pour nous renvoyer aux choses, nous dispensent trop souvent de nous y rendre...

Il faudrait, ici, exposer l'étonnante diversité de solutions du problème de la peinture qui s'est proposée pendant ces quelque cent trente ans : la forme, la lumière, la couleur, la vie ou la rigueur ou l'instant ou l'harmonie pure, tour à tour pris pour pôles de l'effort et pour excitants des vertus des artistes. Cela se rapproche assez intimement de la quantité des expériences qui se sont faites, pendant le même intervalle de temps, dans notre littérature et, particulièrement, dans le domaine de la poésie.

Que de choses je dois passer sous silence! Notre sculpture, depuis deux siècles, la première du monde. Notre musique, la plus subtile et qui me semble (si je laisse parler mon incompétence) avoir cherché par la voie de l'intelligence à tourner les positions formidablement organisées d'une très grande puissance symphonique qui dominait naguère l'univers musical...

Mais le sujet est immense et les conditions du problème sont excessivement rigoureuses. Vous avez observé – et, sans doute, avec quelque étonnement – que je n'ai articulé aucun nom, cité aucun titre, mentionné aucune date. Si je n'avais suivi cette règle, c'était un gros livre, un catalogue de personnes et d'ouvrages que j'aurais dû vous apporter. Ç'eût été la multiplicité, et ç'auraient été les différences individuelles que je vous aurais exposées, au lieu de l'unité composée et de la consonance nationale.

Je termine en vous résumant en deux mots mon

impression personnelle de la France : notre particularité (et, parfois, notre ridicule, mais souvent notre plus beau titre), c'est de nous croire, de nous sentir universels – je veux dire : *hommes d'univers*... Observez le paradoxe : avoir pour spécialité le sens de l'universel.

1939.

NOTRE DESTIN
ET LES LETTRES

L'esprit a transformé le monde et le monde le lui rend bien. Il a mené l'homme où il ne savait point aller. Il nous a donné le goût et les moyens de vivre, il nous a conféré un pouvoir d'action qui dépasse énormément les forces d'adaptation, et même la capacité de compréhension des individus; il nous a inspiré des désirs et obtenu des résultats qui excèdent de beaucoup ce qui est utile à la vie. Par là, nous nous sommes de plus en plus éloignés des conditions primitives de toute vie, entraînés que nous sommes, avec une rapidité qui s'accélère jusqu'à devenir inquiétante, dans un état de choses dont la complexité, l'instabilité, le désordre caractéristique nous égarent, nous interdisent la moindre prévision, nous ôtent toute possibilité de raisonner sur l'avenir, de préciser les enseignements qu'on avait jadis coutume de demander au passé, et absorbent dans leur emportement et leur fluctuation tout effort de fixation et de construction, qu'elle soit intellectuelle ou sociale, comme un sable mouvant absorbe les forces de l'animal qui s'aventure sur lui.

Tout ceci réagit nécessairement sur l'esprit même. Un monde transformé par l'esprit n'offre plus à l'esprit les mêmes perspectives et les mêmes directions que jadis; il lui impose des problèmes entièrement nouveaux, des énigmes innombrables.

Le spectacle du monde humain, tel qu'on l'observait

autrefois, et tel que l'Histoire le représentait, tenait de la comédie et de la tragédie; on y trouvait assez facilement, de siècle en siècle, des situations analogues, des personnages comparables, des périodes bien tranchées, des politiques longuement suivies; des événements nettement définis, à conséquences bien formées. En ce temps-là, les administrations pouvaient vivre de « précédents ».

Mais que ce spectacle classique se transforme étrangement! A la comédie et à la tragédie humaines, l'élément féerique s'est combiné. Sur le théâtre du monde actuel, semblable au Châtelet, tout se passe en changements à vue. Ce ne sont qu'apparitions, transformations et surprises, surprises pas toutes agréables, et il arrive que l'auteur lui-même de tout cela, l'homme – du moins, l'homme à qui demeure le loisir et la triste habitude de la réflexion – s'étonne de pouvoir vivre dans cette atmosphère actuelle d'enchantements, de transformations, où les contradictions se réalisent, où les renversements et les catastrophes se disputent la scène, se substituent comme par magie; où les inventions naissent, mûrissent et modifient en quelques années les mœurs et les esprits. Et cet homme qui pense (qui pense encore), ressent parfois une sorte de lassitude extraordinaire. Il lui semble que la découverte la plus étonnante ne l'étonnerait plus.

J'ai une petite-fille qui a deux ans et deux mois; elle téléphone presque tous les jours et elle tourne un peu au hasard les boutons de la boîte radiophonique, et tout cela, pour elle, est aussi naturel que de jouer avec ses cubes et ses poupées. Je ne veux pas du tout être en retard sur cette enfant et je m'essaie à ne plus trouver de frontières entre ce que nous appelions jadis le naturel et ce que nous appelions jadis l'artificiel...

J'ai prononcé tout à l'heure, le mot féerie. C'est que je songeais à une vieille pièce de ce genre que j'ai lue (ou que j'ai vue) il y a bien des années. Il ne me souvient pas si je l'ai lue ou si je l'ai vue. Un enchanteur des plus malveillants y soumettait à d'étranges épreuves un malheureux garçon dont il entendait contrarier les amours; tantôt il l'entourait de démons et de flammes, et tantôt il lui changeait son lit en un bateau tanguant et roulant dans une chambre qu'une mer illusoire envahissait, et le drap de ce lit se dressait comme une brigantine de fortune enflée par le vent des coulisses... Mais la surprise finissait par atteindre l'état d'indifférence résignée, et à la dixième brimade du magicien prodigieux, ce jeune homme, fatigué de tant de sortilèges farceurs et de tant d'assommantes merveilles, haussait les épaules et s'écriait :

– Allons, bon! voilà les bêtises qui recommencent!

Voilà peut-être, comment nous finirons, un jour, par accueillir les « miracles de la science »...

Mais l'humanité n'en a jamais assez. Je ne sais, d'ailleurs, si elle sent qu'elle se modifie. Elle croit encore que l'homme est toujours le même. Nous le croyons!... c'est-à-dire que nous n'en savons rien! Et, cependant, il y a quelques raisons de croire qu'il se modifie. Imaginez (nous sommes dans le domaine magique), imaginez, cependant, les remarques que pourrait faire un observateur, un Méphistophélès spectateur des destins de notre espèce, qui, posté un peu au-dessus des humains, considérerait notre condition, notre vie d'ensemble, comment elle passe, comme elle se transforme, comme elle se consume depuis un siècle environ. Il aurait grand sujet de se divertir à nos dépens en constatant le curieux retournement de nos efforts inventifs contre nous-mêmes. Tandis que nous croyons nous soumettre les forces et les choses, il n'est pas un seul de ces attentats savants contre la nature qui, par voie directe ou indirecte, ne nous soumette, au contraire, un peu plus à elle et ne fasse de nous des esclaves de notre puissance, des êtres d'autant plus incomplets qu'ils sont mieux équipés, et dont les désirs, les besoins et l'existence elle-même sont les jouets de leur propre génie.

– Vous ne voyez donc pas, dirait ce diable aux yeux clairs, vous ne voyez donc pas que vous êtes de simples sujets d'expériences extravagantes, qu'on essaie sur vous mille actions et mille substances inconnues? On veut savoir comment vos organes se comporteront aux grandes vitesses et aux basses pressions; et si votre sang s'accommode d'un air fortement carburé; et si votre rétine peut soutenir des brillances et des radiations de plus en plus énergiques... Et ne parlons pas des odeurs, des bruits que vous endurez, des trépidations des courants de toute fréquence, des nourritures synthétiques, que sais-je!... Et quant à l'intellect, mes amis, quant à la sensibilité – c'est à quoi je m'intéresse le plus –, on vous soumet l'esprit à une merveilleuse quantité de nouvelles incohérentes par vingt-quatre heures; vos sens doivent absorber, sans un jour de repos, autant de musique, de peinture, de drogues, de boissons bizarres, de spectacles, de déplacements, de brusques changements d'altitude, de température, d'anxiété politique et économique, que toute l'humanité ensemble, au cours de trois siècles, en pouvait absorber jadis!

« Vous êtes des cobayes, chers hommes, et des cobayes fort mal utilisés, puisque les épreuves que vous subissez ne sont infligées, variées, répétées, qu'au petit bonheur. Il n'est point de savant, point d'assistant de laboratoire qui règle, dose, contrôle, interprète des expériences, des vicissitudes artificielles, dont nul ne peut prévoir les effets plus ou moins profonds sur vos personnes précieuses. Mais la mode, l'industrie, mais les forces combinées de l'invention et de la publicité vous possèdent, vous exposent sur les plages, vous expédient à la neige, vous dorent les cuisses, vous cuisent les cheveux, cependant que la politique aligne nos multitudes, leur fait lever la main ou dresser le poing, les fait marcher au pas, voter, haïr ou aimer ou mourir en cadence, indistinctement, statistiquement!

J'impose silence à mon Méphistophélès. Ce diable allait tout dire! Mais, tout diable qu'il est, il n'eût certainement pas pu vous dire l'avenir. L'avenir est comme le reste : il n'est plus ce qu'il était. J'entends par là que nous ne savons plus penser à lui avec quelque confiance dans nos inductions. Nous avons perdu nos moyens traditionnels d'y penser et de prévoir : c'est le pathétique de notre état.

Tandis que nous sommes de plus en plus anxieux de connaître où nous allons, que nous ne nous lassons pas de nous interroger sur les lendemains possibles, nous vivons, d'autre part, une vie terriblement quotidienne. Nous vivons au jour le jour, comme aux époques les plus pressées par les besoins immédiats, comme aux temps les plus précaires de l'humanité. Mais encore, et comme pour empirer notre sensation d'incertitude, nous ne sommes pas accoutumés à nous passer de prévisions, nous ne sommes pas encore organisés pour ne vivre que dans le présent et par à-coups. Nos habitudes profondes, nos lois, notre langage, nos sentiments, nos ambitions, sont engendrés dans un temps et accordés à un temps qui admettait de longues durées, qui fondait et raisonnait sur un passé immense, et visait un avenir mesuré par générations.

Du reste, il en est à peu près de même de nos rapports avec l'espace. Nos codes, nos ambitions, notre politique, sont inspirés de notions fortement, puissamment locales; ils sont d'un homme fixé au sol, localisé. Qu'il s'agisse des individus ou des nations, nos idées et notre droit, nos conflits et nos contrats impliquent la stabilité, la reconnaissance de la propriété et de la souveraineté d'un domaine. En somme, la durée, la continuité des nations et des individus, sont encore à la base de nos institutions. Songez au mariage, à l'héritage, à l'idée que nous avons de nous-mêmes; nous nous prenons pour des individus!... Mais cette localisation et cette permanence, qui furent les fondements de notre vie sociale et politique, contrastent de plus en plus avec l'excitation au mouvement qui tourmente le monde moderne et avec les facilités qui sont créées pour satisfaire son goût du départ et son étrange idéal d'ubiquité.

Voilà donc que l'homme mobile s'oppose à l'homme enraciné. Nous assistons à une lutte désespérée entre l'antique structure et le pouvoir croissant de déplacement. Tandis que le nomade, le nomade du nouveau type, chevauchant cinq ou six cents chevaux, survole les divisions territoriales, ignore douanes et frontières, les nations élèvent entre elles des barrières de plus en plus hautes qu'elles porteraient volontiers jusqu'au zénith; et elles s'efforcent, d'autre part, de se passer de plus en plus les unes des autres, ce qui les conduit à des actes curieusement contradictoires; car, cependant qu'elles tendent à se constituer chacune en système autonome, en économie fermée, en autarcie (comme on dit aujourd'hui), elles font de leur mieux pour produire bien plus qu'elles ne peuvent consommer, avec l'idée naïve d'écouler à l'extérieur leur surabondance, tout en recevant le moins possible de la surabondance des autres.

Cette résistance à la mobilité généralisée n'est pas, cependant, sans quelques avantages. Si l'humanité procédait sans obstacles dans la voie des grandes vitesses et des déplacements constants, et des propagations presque instantanées, il faudrait renoncer à régler sa montre sur le soleil; cet astre serait éliminé du règlement de nos actes, le jour ne se distinguerait pas de la nuit, et il faudrait se mettre à l'heure sidérale, qui est celle des étoiles fixes (lesquelles, d'ailleurs, ne sont pas fixes, rien ne l'étant).

Après votre dîner, et dans le même instant de votre perception ou de votre durée, vous pouvez être par l'oreille à New York (et bientôt, par la vue), tandis que votre cigarette fume et se consume à Paris. Au sens propre du terme, c'est là une dislocation, qui ne sera pas sans conséquence. En somme, si l'on rassemble et que l'on tente de composer toutes les observations que l'on peut faire de la variation du monde actuel, on se trouve aux prises avec une idée paradoxale qui veut se former dans notre esprit, où elle se heurte à d'antiques acquisitions et à des habitudes immémoriales.

Nous ne pouvons pas (et jusqu'ici absolument pas) consentir qu'une ignorance, qu'une impuissance de l'esprit soit équivalente à une connaissance positive. Nous ne pouvons pas tenir pour un enrichissement la conviction bien établie qu'un refus conscient d'exercice de notre intellect soit un acte d'intelligence, et nous pouvons encore moins regarder comme caractéristique d'une chose, et comme l'un des points essentiels de sa définition, le fait que cette chose soit indéterminée. Vous trouveriez ridicule qu'on vous réponde, si vous demandez à quelqu'un son nom :

– Mon nom ? Celui que vous voudrez !

Vous trouveriez la réponse absurde. Et si l'on ajoutait : « Je porte le nom que vous voudrez, et c'est mon véritable nom », vous considéreriez celui qui vous répond comme un fou. Et voilà, cependant, ce à quoi il faudra peut-être s'accoutumer; l'indétermination devenue un fait positif, un élément positif de la connaissance.

Il faut s'accoutumer aussi à ne pas chercher devant nous ce qui est définitivement derrière nous et à considérer toute prévision comme précaire, précisément parce qu'elle est prévision.

Je l'ai dit assez souvent : *nous entrons dans l'avenir à reculons*, et ce genre de mouvement a eu jadis son utilité et quelques heureux résultats; mais l'écrevisse elle-même a dû y renoncer. Pouvons-nous faire comme elle, c'est-à-dire, désormais, agir, penser, écrire, vivre, comme si ce qui va venir n'était qu'illusoirement exprimable par ce qui fut, n'était ni intelligible, ni utilement définissable par ce qui a été ?

Vous sentez l'importance de la question. Elle ne tend à rien de moins qu'à modifier en nous tout le système de nos attentes, tout le réseau des extrémités sensibles qui nous donne l'illusion du futur, toutes les formes de nos espoirs et de nos craintes. En d'autres termes, il y a en nous une crise de l'imprévu.

Je vais essayer de préciser ceci, cette nouveauté de notre âge de nouveautés, qui en est d'ailleurs la plus grande.
On disait autrefois, couramment – c'est un proverbe : « La vie est faite d'imprévu. » Mais on ne pensait pas à toute la profondeur de cette formule banale. Celui qui l'a le premier énoncée, ceux qui l'ont répétée après lui, ne pensaient sans doute qu'à exprimer l'expérience fondée sur le passé vécu; ils avaient observé qu'il arrive à chaque instant autre chose que ce qui était attendu, et que le moindre regard sur l'histoire de chacun de nous montre une suite de prévisions démenties et d'événements inattendus. Mais je trouve un sens plus intéressant à cette vieille proposition d'une sagesse un peu usée. Je l'interprète ainsi : les organes de la vie, les fonctions de notre organisme et celles de l'esprit, toutes ces propriétés et facultés du vivant comportent de quoi nous permettre de nous adapter, en quelque mesure, à ce qui va arriver. Mon œil ne sait pas que je m'approche de tel objet, ou bien que telle lumière, ici, va changer d'intensité; mais, cependant, aussitôt que l'objet sera plus rapproché, ou bien, aussitôt que la lumière deviendra plus forte ou plus faible, aussitôt mon œil se modifiera comme pour conserver sa vision nette. C'est donc qu'il pouvait se modifier : ce qu'on traduirait en langage peu philosophique, en disant qu'il était fait pour se modifier, qu'il était fait pour cet imprévu, qu'il prévoyait quelque imprévu, que des incidents précédents l'avaient peut-être façonné, organisé à cette fin et que sa propriété d'accommodation était comme faite pour l'imprévu, et cet œil non seulement un organe de vision, mais un instrument doué de prévision...

Si, maintenant, vous généralisez cet exemple, qui est simple, si vous observez que tout l'homme (et non seulement tout l'homme, mais tout le système de sa vie) est comme suspendu à la possibilité de se modifier en présence de l'événement, afin que cet homme et ce système de vie conservent ce qu'il faut pour continuer à vivre, ce qu'il faut pour que l'être subsiste, pour qu'il se reconnaisse, pour qu'il se retrouve lui-même, vous comprendrez facilement le rôle essentiel d'un certain jeu dans la constitution même de notre organisme, de notre esprit et de notre société. Organisme, esprit, société, admettent un certain jeu, une certaine faculté d'adaptation à un certain imprévu. D'ailleurs, les idées de prévision, de prévoyance, de prudence, les lois civiles, le mariage, le placement d'argent, la créance, la dette, tout cela suppose que le lendemain, si inconnaissable soit-il en toute précision, ne puisse pas être infiniment différent de la veille. En un mot, tous les événements de la vie entre lesquels l'esprit, jadis, pouvait hésiter, étaient en quelque sorte, exposés devant lui, imaginables par lui; ils appartenaient à des espèces bien reconnues de l'homme, décrites par lui depuis l'antiquité la plus reculée. Nous jouissions d'un imprévu limité, ce qui donnait une grande valeur à l'Histoire. Elle nous apprenait qu'il faut, en gros, s'attendre à ce qui a été. Certes, nos pères disaient bien que le hasard est grand; ils savaient qu'on ne peut rien affirmer de l'issue d'une affaire; mais, dans l'ensemble, cet imprévu imaginable, permettait cependant de décréter des lois durables, de signer des conventions fermes, de faire des économies pour les enfants, de savoir, quand on achetait, ce qu'on aurait au juste à payer, et, quand on vendait, ce qu'on aurait à recevoir. Le savons-nous encore?

Enfin, si l'on était poète, artiste, écrivain, philosophe, on visait les générations même lointaines, on songeait à la postérité jusqu'à la prolonger si loin dans la perspective qu'elle en devenait immortalité. Il en résultait les plus grandes conséquences pour les œuvres : on faisait des choses durables... C'est dire que la considération de la forme et de la matière des œuvres l'emportait sur toute autre. Ni la nouveauté, ni l'intensité, ni les effets, ni les surprises n'étaient recherchées comme ils le sont aujourd'hui, car le nouveau et le surprenant, ce sont les parties périssables des choses; le travail, la recherche, l'expérience, n'étaient donc pas dissociés le moins du monde des puissances spontanées de l'esprit. On savait, au contraire, que le plus beau génie ne peut saisir et fixer définitivement, au regard des siècles, ce qui lui vient des dieux, que s'il est en possession des moyens de composer, de maîtriser même ses trouvailles en un système pur et comme incorruptible.

Ce n'est pas tout. Il résultait aussi de cette ambition de survivre, un ennoblissement de nos buts et de notre effort; et par là, une sorte de hiérarchie, une classification des ouvrages des hommes selon la durée qu'on présumait attachée à leur action. Enfin, cette pensée de l'avenir, de la postérité ou de l'immortalité, tout illusoire qu'elle pouvait être, était pour l'artiste une source sans pareille d'énergie qui le soutenait dans sa carrière souvent dure, contre l'incompréhension des difficultés matérielles de la vie. « Un jour viendra », pensait-il. Mais tout cela n'est plus, ou presque plus, et il y a peu d'espoir que cette notion de confiance en la postérité et la durée renaisse de nos cendres.

Il est trop clair, d'ailleurs, que les nouvelles formes de société qui s'ébauchent aujourd'hui ne font pas de l'existence du luxe intellectuel une de leurs conditions essentielles. L'inutile ne peut ni ne doit, sans doute, les intéresser. Le développement d'une minorité, l'édification de quelques personnes, l'entretien d'hommes qui ne rendent rien au plus grand nombre et dont les ouvrages sont insensibles à la plupart, ne peuvent être des objets de quelque importance dans une organisation économique rigoureusement ajustée.

Tendre à la perfection, donner à une œuvre un temps de travail illimité, se proposer, comme le voulait Goethe, un but impossible, ce sont là des desseins que le système de la vie moderne tend à éliminer. Supposez même que les moyens matériels vous fassent défaut, et que vous soyez pourvus aussi de ces objets du plus grand luxe qu'on nomme le loisir, le silence, la juste proportion de solitude et de compagnie qui conviennent à la production des œuvres de l'esprit, je ne sais où vous trouverez dans le monde qui nous entraîne et nous dissipe ce pressentiment de désir spirituel profond, ces conditions d'attention durable et fidèle, et même cette sensation d'une résistance de noble qualité à vaincre qui nous assurerait de la valeur de notre effort.

Heureusement, mes prévisions sont vaines! Je suis en train de faire ce dont je viens de vous expliquer tout à l'heure toute la vanité. Je prévois, donc je me trompe.

Je vous disais que l'imprévu lui-même était en voie de transformation et que l'imprévu moderne est presque illimité. L'imagination défaille devant lui. Jadis notre visibilité de prévision (et, par conséquent, l'imprévu de la même époque), était bornée par nos connaissances, d'une part; par nos moyens d'actions, de l'autre; et, entre ces deux facteurs, une manière d'équilibre existait. Nous considérions l'inconnu à venir comme une simple combinaison des choses déjà connues, le nouveau s'analysait en éléments non inédits. Mais cela n'est plus et voici une image de ce qui est, me semble-t-il :

Au lieu de jouer avec le destin, comme autrefois, une honnête partie de cartes, connaissant les conventions du jeu, connaissant le nombre des cartes et les figures, nous nous trouvons désormais dans la situation d'un joueur qui s'apercevrait avec stupeur que la main de son partenaire lui donne des figures jamais vues et que les règles du jeu sont modifiées à chaque coup. Aucun calcul de probabilité n'est plus possible, et il ne peut même pas jeter les cartes au nez de son adversaire. Pourquoi? C'est que, plus il le dévisage, plus il se reconnaît en lui!... Le monde moderne se façonne à l'image de l'esprit de l'homme. L'homme a recherché dans la nature tout ce qu'il faut de moyens et de puissance pour rendre les choses autour de lui aussi promptes, aussi instables, aussi mobiles que lui-même, aussi admirables, aussi absurdes, aussi déconcertantes et prodigieuses que son propre esprit. Or, l'esprit ne peut se prévoir, il ne peut se prévoir lui-même. Nous ne prévoyons ni nos rêves ni nos projets; nous ne prévoyons guère que nos réactions. Si donc nous imprimons au monde humain l'allure de notre esprit, il en devient d'autant imprévisible; il en prend le désordre.

Il faut bien cependant, considérer comme l'on peut (et sans aucune prétention à la prophétie, bien entendu) la question de l'existence prochaine, du destin prochain si vous voulez, de la littérature. Elle est déjà marquée au front de certains signes mystérieux.

La littérature peut être affectée, d'abord dans la personne même de celui qui la pratique; ensuite, dans la matière même dont elle se sert, le langage, et dans les modes selon lesquels le langage se modifie. Enfin, en dehors de l'auteur et de l'ouvrage, elle comporte nécessairement une troisième condition, qui peut varier elle aussi, et qui n'est autre que le lecteur.

Considérée dans la personne de l'auteur la littérature est une profession singulière. Le matériel est réduit à une plume et à quelques feuilles de papier; l'apprentissage, le métier est ce que l'on veut : de durée nulle ou infinie. La matière première est aussi tout ce que l'on veut, elle se trouve partout; dans la rue, dans le cœur, dans le bien et dans le mal. Et quant au travail lui-même, il est indéfinissable, car chacun peut dire qu'il appartient à cette profession et qu'il prétend d'y être maître.

Mais considérons à présent d'un œil sans complaisance cette bizarre situation sociale. Dépouillons l'écrivain du lustre que lui conserve encore la tradition et regardons-le dans la réalité de sa vie d'artisan d'idées et de praticien du langage écrit. A quoi, à qui fait donc songer cet homme occupé sous sa lampe, enfermé entre ses livres et ses murs, étrangement absorbé ou agité; en proie à je ne sais quels débats dont les objets sont invisibles; animé, arrêté tout à coup, mais, finalement, toujours revenant à son établi, et griffonnant ou frappant la machine? Ecartons l'image romantique du poète échevelé, au front fatal, qui se sent devenir lyre ou harpe au milieu des tempêtes ou dans la nuit, sous la lune, au bord d'un lac... Rien de bon ne se fait en ces circonstances extraordinaires. Les beaux vers se mûrissent au lendemain de l'inspiration.

Voyons donc l'auteur d'un ouvrage. A quoi ressemble la condition de ce travailleur?

En vérité, la littérature, telle qu'elle est, se rapproche singulièrement de quelqu'un de ces petits métiers en chambre, comme il y en a encore tant à Paris; et elle en est un par bien des aspects. Le poète fait songer à ces industriels ingénieux qui fabriquent, en vue de la Noël ou du Jour de l'An, des jouets remarquables par l'invention, par la surprise organisée, et qui sont faits avec des matérieux de fortune. Le poète puise les siens dans le langage ordinaire. Il a beau évoquer le ciel et la terre, soulever des tempêtes, ranimer nos émotions, suggérer ce qu'il y a de plus délicieux ou de plus tragique, dans la profondeur des êtres, disposer de la nature, de l'infini, de la mort, des dieux et des beautés, il n'en est pas moins, aux yeux de l'observateur de ses faits et gestes, un citoyen, un contribuable, qui s'enferme à telle heure devant un cahier blanc, et qui le noircit, parfois silencieusement, parfois donnant de la voix, et marchant de long en large entre porte et fenêtre. Vers 1840, un Victor Hugo est un auteur très rangé, qui habite bourgeoisement un appartement dans le Marais; il paie son loyer, ses impôts; c'est un producteur modèle. Mais que fait-il? Que produit-il? Et quel est le type de son industrie? Le même observateur, froidement exact, constatera que les produits de cette petite industrie ont une valeur variable, aussi précaire que celle des produits du fabricant de jouets, de l'article de Paris, qui travaille lui aussi en chambre, à deux pas de là, dans la rue des Archives ou dans la rue Vieille-du-Temple.

Mais cette valeur, celle qui sortira des mains du poète, est complexe, elle est double, et, dans les deux cas, elle est essentiellement incertaine. Elle se compose d'une part qui est réelle (c'est-à-dire qui s'échange quelquefois contre de l'argent), et d'une part qui est fumée – fumée étrange, en vérité, fumée qui se condensera un jour, peut-être, en quelque œuvre monumentale de marbre ou de bronze, créant autour d'elle un rayonnement puissant et durable, la gloire. Mais encore, réelle ou idéale, cette valeur est incommensurable : elle ne peut pas être mesurée par les unités de mesure dont dispose la société. Une œuvre de l'art vaut un diamant pour les uns, un caillou pour les autres. On ne peut pas l'évaluer en heures de travail; elle ne peut donc figurer comme monnaie universellement utilisable dans l'ensemble des échanges. L'utile est ce qui répond à la satisfaction des besoins physiologiques des hommes, ce dont la possession affranchit l'homme de quelque sensation de peine, de déficience, de diminution physiquement définie.

L'homme agit pour apaiser cette sensation : et son action, développée, organisée, coordonnée, étendant son rayon à des milliers d'êtres et à la surface du globe, à donné naissance à toute la machine économique. Mais l'inutile n'y a point de place. La machine économique est, au fond, une exagération, une amplification colossale de l'organisme, et il est impossible de faire entrer dans ce système, rigoureusement fondé sur l'égalité d'utilité entre les objets et des services qui ne satisfont que des désirs et non des besoins absolus, et qui ne correspondent qu'à des dispositions individuelles, et non à des fonctions vitales. Par ces motifs, une société systématiquement et complètement organisée ne peut, sans altérer son économie exacte, admettre aucun luxe, aucun échange de ce qui vaut pour tous contre ce qui vaut pour les uns et non pas pour les autres.

Comment donc ont vécu jusqu'ici poètes, philosophes, artistes, tous nos petits fabricants de ce qui fait l'orgueil de la race humaine? Ils ont vécu, ils ont vécu comme ils ont pu. Ils ont vécu grâce à l'imprécision du mécanisme économique, et l'un fort mal, l'autre assez bien : Verlaine d'expédients et d'aumônes; mais Victor Hugo laisse des millions... De mes petits fabricants en chambre, il en est qui font fortune, d'autres qui font faillite; le plus grand nombre se tirent d'affaires par divers métiers à côté : il faut avoir plusieurs cordes à sa lyre.

Mais, fortunés ou non, l'allure générale des choses humaines ne leur permet rien de riant. Partout, la rigueur des économies dirigées les menace. Le mécanisme devient beaucoup trop précis pour eux; et, d'autre part, la rude main des pouvoirs, si elle daigne, çà et là, ne pas broyer dans l'œuf la pensée à l'état naissant, ne laisse éclore que des œuvres qui chantent, ou proclament ou démontrent que tout va de mieux en mieux dans le meilleur des régimes possibles.

D'autre part, la littérature, qui n'est en soi qu'une exploitation des ressources de langage, dépend des vicissitudes très diverses qu'un langage peut subir et des conditions de transmission que lui procurent les moyens matériels dont une époque dispose.

Le temps me fait défaut pour développer la quantité d'observations que cet aspect du sujet demanderait qu'on exposât. Je me tiendrai à quelques remarques sur la diffusion radiophonique, d'une part, sur l'enregistrement par disques, de l'autre.

On peut déjà se demander si une littérature purement orale et auditive ne remplacera pas, dans un délai assez bref, la littérature écrite. Ce serait là un retour aux âges les plus primitifs, et les conséquences techniques en seraient immenses. L'écriture supprimée, qu'en résulterait-il? D'abord – et ceci serait heureux – le rôle de la voix, les exigences de l'oreille reprendraient dans la forme, l'importance capitale que ces conditions sensibles ont eue et qu'elles avaient encore, il y a quelques siècles. Du coup, la structure des œuvres, leurs dimensions, seraient fortement affectées; mais, d'autre part, le travail de l'auteur deviendrait bien moins facile à reprendre. Certains poètes ne pourraient pas se faire aussi compliqués qu'on prétend qu'ils le sont, et les lecteurs, transformés en auditeurs, ne pourraient guère plus revenir sur un passage, le relire, l'approfondir en jouissance ou en critique, comme ils le font sur un texte qu'ils tiennent entre leurs mains.

Il y a autre chose. Supposez que la vision à distance se développe (et je vous avoue que je ne le souhaite guère), du coup, toute la partie descriptive des œuvres pourra être remplacée par une représentation visuelle : paysages, portraits, ne seraient plus du ressort des Lettres, ils échapperaient aux moyens du langage. On peut encore aller plus loin : la partie sentimentale pourrait également être réduite, sinon tout à fait abolie, moyennant une intervention d'images tendres et de musique bien choisie, déclenchée au moment pathétique...

Et voici, enfin, une conséquence possible, la plus grave peut-être, de la mise en train de tous ces progrès : Que deviendrait la littérature abstraite? Tant qu'il s'agit d'amuser, d'émouvoir, de séduire les esprits, on peut consentir, à la rigueur, que l'émission y suffise. Mais la science ou la philosophie demandent à la pensée un rythme tout autre, que la lecture permettait jadis; ou, plutôt, elles imposent une absence de rythme. La réflexion arrête ou brise, à chaque instant, l'impulsion, introduit des temps inégaux, des retours et des détours, qui exigent la présence d'un texte et la possibilité de le manœuvrer à loisir. Tout cela est exclu par l'audition.

L'audition ne suffit pas à la transmission des œuvres abstraites.

Mais je ne veux pas insister sur tous ces problèmes si intéressants dont nous voyons déjà se préciser les données et la portée, et je me bornerai, pour achever (mais non pour déterminer cet exposé), à pousser une pointe vers certains points particuliers de l'horizon littérature.

La fantaisie est une des attributions des lettres, et il m'est arrivé de demander à quels développements inédits elle pourrait aujourd'hui ou demain s'employer. Je précise ma pensée. Que ferait aujourd'hui, ou que pourrait faire, un Jules Verne, un Wells, un constructeur de mondes imaginaires ? Notez bien que s'ils ont inventé des mondes imaginaires, ils n'ont rien tenté, ni l'un ni l'autre, du côté de l'esprit. Ils ne se sont pas dépensés, par exemple, à imaginer des arts futurs. Le célèbre capitaine Nemo, que tout le monde connaît, dans son *Nautilus*, joue de l'orgue au fond des mers, et sur cet orgue, de la musique de Bach ou de Haendel. Jules Verne n'a pas prévu la musique des ondes, et il n'a pas songé non plus à des combinaisons ou compositions nouvelles, à une esthétique encore inconnue. Remarquez qu'il lui fut assez facile d'imaginer certaines inventions qui ont été faites depuis : le sous-marin, l'avion, etc. Ce sont celles qui n'exigeaient qu'un développement de moyens déjà existants, combinés avec les naïves tentations de l'homme primitif que l'homme a trouvées en lui depuis qu'il existe, comme voler dans l'air, circuler dans l'épaisseur de la mer, foudroyer à distance, créer de la richesse sans travail correspondant. Tout cela ne demandait qu'une imagination qu'on peut appeler élémentaire. Même Wells, dans le fameux livre qui s'intitule *La Machine à explorer le temps*, n'a utilisé et parcouru que le temps tel qu'il était, le vieux temps, le temps qui était vrai jusqu'à lui.

Mais un conteur d'aujourd'hui qui voudrait prendre la succession de ces conteurs célèbres, devrait emprunter à la science la plus récente ses vues paradoxales et ses pressentiments. Il est vrai qu'il déconcerterait son lecteur et en exigerait, sans doute, des connaissances assez approfondies. Après tout, il ne serait pas impossible d'introduire, dans la littérature moderne, un fantastique vraiment moderne, de mettre en scène, par exemple, avec un semblant d'explication scientifique, un personnage qui, par un certain geste, ou par un simple regard dirigé sur un appareil, déterminerait des effets lointains et considérables, ce qui ressemblerait assez à de la magie. Mais cette magie existe! Et l'on pourrait déjà faire dépendre l'ouverture d'un coffre-fort d'une formule prononcée, d'un SÉSAME, OUVRE-TOI! Mais encore, sans autre machine, nous savons bien – et, parfois, nous savons trop bien – qu'un geste, un regard s'adressant à des êtres humains, entraînent bien souvent des conséquences étonnantes. Il suffira de substituer les appareils imaginés aux personnes vivantes, de les faire sensibles au regard, invention qui coûtera fort peu à l'écrivain, et nous obtiendrons une source de combinaison des éléments de conte, non encore exploités.

Mais tout cela n'est toujours que dérivé assez grossièrement de nos possibilités physiques actuelles. Il faut aller un peu plus loin. Songer au destin des lettres, c'est songer aussi et surtout au devenir de l'esprit. Tout le monde ici s'embarrasse. Nous sommes trop libres de concevoir ce devenir comme il nous plaira, et nous pouvons arbitrairement supposer ou bien que les choses continueront à être assez semblables à celles que nous connaissons, ou bien qu'il se produira, dans l'âge qui vient, une dépres-

Notre destin et les lettres

sion des valeurs intellectuelles, un abaissement, une décadence comparables à ceux qui se sont produits à la fin de l'antiquité; la culture à peu près abandonnée, les œuvres devenues incompréhensibles ou détruites, la production abolie, toutes choses malheureusement très possibles, et même possibles par deux modes que nous connaissons bien : soit que les moyens de destruction à grande puissance s'y emploient, déciment les populations des régions du globe les plus cultivées, ruinent les monuments, les bibliothèques, les laboratoires, les archives, réduisent les survivants à une misère qui excède leur intelligence et supprime tout ce qui relève l'esprit de l'homme; soit que, non plus les moyens de destruction, mais, au contraire, les moyens de possession et de jouissance, l'incohérence imposée par la fréquence et la facilité des impressions, la vulgarisation immédiate et l'application aux productions, aux évaluations et à la consommation des fruits de l'esprit, de méthodes industrielles, finissent par altérer les vertus intellectuelles les plus élevées et les plus importantes : l'attention, la puissance méditative et critique, et ce qu'on peut nommer la pensée de grand style, la recherche approfondie et conduite jusqu'à l'expression la plus exacte et la plus forte de son objet.

Or, nous vivons sous le régime perpétuel de la perturbation de nos intelligences. L'intensité, la nouveauté, dans notre époque sont devenues des qualités, ce qui est un symptôme assez remarquable. Je ne puis croire que ce système soit excellent pour la culture. Sa première conséquence sera de rendre ou inintelligibles ou insupportables toutes les œuvres du passé qui ont été composées dans des conditions toutes contraires et qui exigent des esprits tout différemment formés.

Mais il y a encore une autre possibilité.

Rassurons-nous un peu. Je vous préviens que j'entre ici dans ce *fantastique de l'esprit* duquel je vous disais, tout à l'heure, que ni Verne, ni Wells, ni Poe lui-même, le plus grand et le plus profond des auteurs de cette espèce, n'avaient osé imaginer les possibilités. Rappelons-nous, d'abord, que nous ne savons rien sur l'esprit lui-même et presque rien sur nos sens. Il m'est arrivé quelquefois de dire à des physiciens, après que la conversation eut porté sur tant de nouveautés imprévues, où la science s'embarrasse de nos jours, qu'après tout, la rétine devait avoir ses idées à elle sur la lumière, sur les événements ondulatoires dans lesquels se confondent nos expressions de l'ancien langage, matière, énergie, continu ou discontinu...

– Il faut prévoir, leur disais-je, que vous serez contraints de concentrer, un jour ou l'autre, vos recherches sur la sensibilité et les organes des sens. Ce sont là vos appareils fondamentaux. Toute mesure que vous faites, vous, physiciens, met en jeu le toucher, la vue, le sens musculaire... Vous vous êtes énormément éloignés, par une quantité d'intermédiaires et de relais, du petit rayon dans lequel tous ces sens ont prise sur quelque chose. Vous avez commencé par imaginer ce que vous pensiez qui existait au-dessous du niveau des sens à l'image de ce qui se perçoit par eux; mais vous avez atteint, à présent, la limite acceptable de ces images et de ces analogies. Il faut revenir à l'origine, il faut revenir à ces sens si peu connus par lesquels nous connaissons.

Nous en savons encore moins, peut-être, sur la mémoire et sur les autres facultés ou propriétés de ce que nous appelons l'esprit. Toutefois (et peut-être sans en savoir davantage), il n'est pas absurde d'imaginer que toutes nos idées sur cet esprit et sur ces facultés soient, quelque jour pas très éloigné, aussi bouleversées, aussi transformées que le sont, à présent, nos idées sur le monde physique, comparées à ce qu'elles étaient il y a quarante ans. Ce que nous appelons encore intelligence, mémoire, invention, génie, talent, etc,. paraîtront peut-être des notions et des catégories grossières, primitives, surannées, comme celle de matière opposée à l'esprit peut le paraître aujourd'hui. Vous savez, sans doute, que la matière s'est évanouie depuis quelques années, et avec elle, bien des disputes. Spiritualisme, matérialisme n'ont plus qu'un sens historique, celui d'une antithèse assez fatiguée.

Que peut-il donc arriver dans ce domaine?

Un grand savant que je connais, qui demeure plein de confiance dans la théorie assez ébranlée de l'évolution, croit fermement que l'homme finira bien par acquérir ce qui lui manque pour lever les contradictions qui l'embarrassent aujourd'hui dans bien des domaines; que nous parviendrons à nous familiariser (dans quelques centaines de siècles) avec un monde tout nouveau caractérisé par la préexistence et l'intervention de grandeurs prodigieusement différentes, de dimensions et de vitesses très éloignées les unes des autres; et que les notions les plus abstraites, celles qui ne sont aujourd'hui que des symboles mathématiques sans images, deviendront intuitives aux esprits des hommes de ce temps-là.

J'avoue que je suis moins assuré que lui de ces faveurs que les ressources de notre nature accorderaient à notre intelligence, mais je ne vous défends pas d'y rêver, et je m'en voudrais de vous retenir plus longtemps loin de vous-mêmes et de vos espoirs.

1937.

LA LIBERTÉ DE L'ESPRIT

C'est un signe des temps, et ce n'est pas un très bon signe, qu'il soit nécessaire aujourd'hui – et non seulement nécessaire, mais qu'il soit même urgent, d'intéresser les esprits au sort de l'Esprit, c'est-à-dire à leur propre sort.

Cette nécessité apparaît du moins aux hommes d'un certain âge (un certain âge est, malheureusement un âge trop certain), aux hommes d'un certain âge qui ont connu une tout autre époque, qui ont vécu une tout autre vie, qui ont accueilli, qui ont subi, qui ont observé les maux et les biens de l'existence dans un tout autre milieu, dans un monde bien différent.

Ils ont admiré des choses que l'on n'admire presque plus; ils ont vu vivantes des vérités qui sont à peu près mortes; ils ont spéculé, en somme, sur des valeurs dont la baisse ou l'effondrement est aussi clair, aussi manifeste et aussi ruineux pour leurs espoirs et leurs croyances, que la baisse ou l'effondrement des titres et des monnaies qu'ils avaient, avec tout le monde, tenus autrefois pour valeurs inébranlables.

Ils ont assisté à la ruine de la confiance qu'ils eurent dans l'esprit, confiance qui a été pour eux le fondement, et, en quelque sorte, le postulat de leur vie.

Ils ont eu confiance dans l'esprit, mais quel esprit, et qu'entendaient-ils par ce mot?...

Ce mot est innombrable, puisqu'il évoque la source et la valeur de tous les autres. Mais les hommes dont je parle y attachaient une signification particulière : ils entendaient peut-être, par esprit, cette activité personnelle mais universelle, activité intérieure, activité extérieure – qui donne à la vie, aux forces même de la vie, au monde, et aux réactions qu'excite en nous le monde –, un sens et un emploi, une application et un développement d'effort, ou un développement d'action, tout autres que ceux qui sont adaptés au fonctionnement normal de la vie ordinaire, à la seule conservation de l'individu.

Pour bien comprendre ce point, il faut donc ici entendre par le mot « esprit » la possibilité, le besoin et l'énergie de séparer et de développer les pensées et les actes qui ne sont pas nécessaires au fonctionnement de notre organisme ou qui ne tendent à la meilleure économie de ce fonctionnement.

Car notre être vivant, comme tous les êtres vivants, exige la possession d'une puissance, *une puissance de transformation* qui s'applique aux choses qui nous entourent en tant que nous nous les représentons.

Cette puissance de transformation se dépense à résoudre les problèmes vitaux que nous impose notre organisme et que nous impose notre milieu.

Nous sommes, avant tout, une organisation de transformation, plus ou moins complexe (suivant l'espèce animale), puisque tout ce qui vit est obligé de dépenser et de recevoir de la vie, il y a échange de modifications entre l'être vivant et son milieu.

Toutefois, cette nécessité vitale satisfaite, une espèce, qui est la nôtre, espèce *positivement* étrange, croit devoir se créer d'autres besoins et d'autres tâches, que celle de conserver la vie : d'autres échanges la préoccupent, d'autres transformations la sollicitent.

Quelle que soit l'origine, quelle que soit la cause de cette curieuse déviation, l'espèce humaine s'est engagée dans une immense aventure... Aventure dont elle ignore le but, dont elle ignore le terme, et même, dont elle croit ignorer les limites.

Elle s'est engagée dans une aventure, et ce que j'appelle *l'esprit* lui en a fourni à la fois la direction instantanée, l'aiguillon, la pointe, la poussée, l'impulsion, comme il lui a fourni les prétextes et toutes les illusions qu'il faut pour l'action. Ces prétextes et ces illusions ont d'ailleurs varié d'âge en âge. La perspective de l'aventure intellectuelle est changeante...

Voilà donc, à peu près, ce que j'ai entendu dire par mes premiers mots.

Je veux encore demeurer sur ce point quelque peu, pour montrer avec plus de précision comment cette puissance humaine se distingue – pas entièrement – de la puissance animale qui s'applique à conserver notre vie et est spécialisée dans l'accomplissement de notre cycle habituel de fonctions physiologiques.

Elle s'en distingue; mais elle lui ressemble, et elle lui est étroitement apparentée. C'est un fait important que cette similitude, qui se trouve, à la réflexion, singulièrement féconde en conséquences.

La remarque en est fort simple : il ne faut pas oublier que quoi que nous fassions, quel que soit l'objet de notre action, quel que soit le système d'impressions que nous recevions du monde qui nous entoure et quelles que soient nos réactions, c'est le même organisme qui est chargé de cette mission, le même appareil de relations, qui s'emploie aux deux fonctions que j'ai indiquées, l'utile et l'inutile, l'indispensable et l'arbitraire.

Ce sont les mêmes sens, les mêmes muscles, les mêmes membres; davantage, ce sont les mêmes types de signes, les mêmes instruments d'échange, les mêmes langages, les mêmes modes logiques, qui entrent dans les actes les plus indispensables de notre vie, comme ils figurent dans les actes les plus gratuits, les plus conventionnels, les plus somptuaires.

En somme, l'homme n'a pas deux outillages; il n'en a

qu'un seul, et tantôt cet outillage lui sert à la conservation de l'existence, du rythme physiologique; tantôt, il se dépense aux illusions et aux travaux de notre *grande aventure*.

Il m'est arrivé souvent, au sujet d'une question toute spéciale, de comparer nos actions, de dire que les mêmes organes, les mêmes muscles, les mêmes nerfs produisent la marche aussi bien que la danse, exactement comme notre faculté du langage nous sert à exprimer nos besoins et nos idées, cependant que les mêmes mots et les mêmes formes peuvent se combiner et produire des œuvres de poésie. Un même mécanisme dans les deux cas est utilisé à deux fins entièrement différentes.

Il est donc naturel quand on parle des affaires spirituelles (en appelant *spirituel* tout ce qui est science, art, philosophie, etc.), il est donc naturel, parlant de nos affaires spirituelles et de nos affaires d'ordre pratique, qu'il existe entre elles un parallélisme remarquable, qu'on puisse observer ce paraléllisme, et parfois en déduire quelque enseignement.

On peut simplifier ainsi certaines questions assez difficiles, mettre en évidence la similitude qui existe, à partir des organes d'action et de relation, entre l'activité qu'on peut appeler *supérieure*, et l'activité qu'on peut appeler pratique, ou *pragmatique*...

D'un côté et de l'autre, puisque ce sont les mêmes organes qui s'emploient, il y a analogie de fonctionnement, correspondance des phases et des conditions dynamiques; tout ceci est d'origine profonde, d'origine substantielle, puisque c'est l'organisme lui-même qui le commande.

Tout à l'heure, je vous disais à quel point les hommes de mon âge sont tristement affectés par l'époque qui se substitue, si promptement et brutalement, à l'époque qu'ils ont connue, et je vous disais tout à l'heure : – je prononçais à ce propos, le mot de *valeur*.

J'ai parlé, il me semble, de la baisse et de l'effondrement qui se fait sous nos yeux, des valeurs de notre vie; et par ce mot « valeur » je rapprochais dans une même expression, sous un même signe, les valeurs d'ordre matériel et les valeurs d'ordre spirituel.

J'ai dit « valeur » et c'est bien cela même dont je veux parler; c'est le point capital sur lequel je voudrais attirer votre attention.

Nous sommes aujourd'hui en présence d'une véritable et gigantesque transmutation de valeurs (pour employer l'expression excellente de Nietzsche), et en intitulant cette conférence « Liberté de l'Esprit », j'ai fait simplement allusion à une de ces valeurs essentielles qui semblent à présent subir le sort des valeurs matérielles.

J'ai donc dit « *valeur* » et je dis qu'il y a une valeur nommée « esprit », comme il y a une valeur *pétrole, blé* ou *or*.

J'ai dit *valeur*, parce qu'il y a appréciation, jugement d'importance, et qu'il y a aussi discussion sur le prix auquel on est disposé à payer cette valeur : *l'esprit*.

On peut avoir fait un placement de cette valeur; on peut la *suivre*, comme disent les hommes de la Bourse; on peut observer ses fluctuations, dans je ne sais quelle cote qui est l'opinion générale du monde sur elle.

On peut voir, dans cette cote qui est inscrite en toutes les pages des journaux, comment elle vient en concurrence ici et là avec d'autres valeurs.

Car il y a des valeurs concurrentes. Ce seront, par exemple : *la puissance politique*, qui n'est pas toujours d'accord avec la valeur esprit, la valeur *sécurité sociale*, et la valeur *organisation de l'Etat*.

Toutes ces valeurs qui montent et qui baissent constituent le grand marché des affaires humaines. Parmi elles, la malheureuse valeur *esprit* ne cesse guère de baisser.

La considération de la valeur *esprit* permet, comme toutes les valeurs, de diviser les hommes, selon la confiance qu'ils mirent en elle.

Il y a des hommes qui ont tout misé sur elle, tous leurs espoirs, toutes leurs économies de vie, de cœur et de foi.

Il en est d'autres qui s'y attachent médiocrement. Pour eux, c'est un placement qui n'a pas grand intérêt, ses fluctuations les intéressent fort peu.

Il y en a d'autres qui s'en soucient extrêmement peu, ils n'ont pas mis leur argent vital dans cette affaire.

Et enfin, il en est, il faut l'avouer, qui la font baisser de leur mieux.

Vous voyez comme j'emprunte le langage de la Bourse. Il peut paraître étrange, adapté à des choses spirituelles; mais j'estime qu'il n'y en a point de meilleur, et peut-être, qu'il n'y en a pas d'autre pour exprimer les relations de cette espèce, car l'économie spirituelle comme l'économie matérielle, quand on y réfléchit, se résument l'une et l'autre fort bien dans un simple conflit *d'évaluations*.

J'ai donc souvent été frappé des analogies qui apparaissent, sans qu'on les sollicite le moins du monde, entre la vie de l'esprit et ses manifestations, et la vie économique et les siennes.

Une fois qu'on a perçu cette similitude il est presque impossible de ne pas la suivre jusqu'à ses limites.

Dans l'une et l'autre affaire, dans la vie économique comme dans la vie spirituelle, vous trouverez avant tout les mêmes notions de *production* et de *consommation*.

Le producteur, dans la vie spirituelle, est un écrivain, un artiste, un philosophe, un savant; le consommateur est un lecteur, un auditeur, un spectateur.

Vous trouverez de même cette notion de *valeur* que je viens de reprendre, qui est essentielle, dans les deux ordres, comme l'est la notion de l'échange, comme l'est celle de l'offre et de la demande.

Tout ceci est simple, tout ceci s'explique aisément; ce sont des termes qui ont leur sens aussi bien sur le marché intérieur (où chaque esprit dispute, négocie ou transige avec l'esprit des autres) que dans l'univers des intérêts matériels.

D'ailleurs, on peut, des deux côtés, considérer également le travail et le capital; *une civilisation est un capital* dont l'accroissement peut se poursuivre pendant des siècles comme celui de certains capitaux, et qui absorbe en lui ses intérêts composés.

Ce parallélisme paraît frappant à la réflexion; l'analogie est toute naturelle; j'irai jusqu'à y voir une véritable identité, et en voici la raison : d'abord, je vous l'ai dit, c'est le même type organique qui intervient sous les noms de production et de réception – production et réception sont inséparables des échanges; mais, de plus, tout ce qui est social, c'est tout ce qui résulte des relations entre le grand nombre d'individus, tout ce qui se passe dans le vaste système d'êtres vivants et pensants (plus ou moins pensants) dont chacun se trouve à la fois solidaire de tous les autres – unique, quant à soi, indiscernable et comme inexistant au sein du nombre.

Voilà le point. Il s'observe et se vérifie aussi bien dans l'ordre pratique que dans l'ordre spirituel. D'un côté, l'individu; de l'autre, la quantité indistincte et les choses; par conséquent, la forme générale de ces rapports ne peut être bien différente, qu'il s'agisse de production, d'échanges ou de consommation de produits pour l'esprit, ou bien de production, d'échanges ou de consommation de produits dans la vie matérielle.

Comment en serait-il autrement?... Le même problème se retrouve; c'est toujours *individu et quantité indistincte d'individus* qui sont en relations directes ou indirectes; surtout indirectes, parce que, dans le plus grand nombre des cas, c'est indirectement que nous subissons la pression extérieure en matière économique comme en matière spirituelle, et réciproquement, que nous exerçons notre action extérieure sur une quantité indéterminée d'auditeurs ou de spectateurs.

Voilà, par conséquent, une double relation qui s'établit. Du moment qu'il doit y avoir échange, d'une part, tandis que, d'autre part, il y a diversité de besoins, diversité des hommes, du moment que la singularité des individus, leurs goûts qui sont incommunicables, ou bien leur savoir-faire, leur industrie, leurs talents, et leurs idéologies personnelles viennent s'affronter sur un marché, qu'il s'agisse de doctrines ou d'idées, de matières premières ou d'objets manufacturés, la concurrence que ces valeurs individuelles se font, compose l'équilibre mobile, équilibre que déterminent, pour un instant seulement, les *valeurs* à cet instant.

De même que telle marchandise vaut tant aujourd'hui, pendant quelques heures, qu'elle est sujette à de brusques fluctuations, ou à des variations très lentes, mais continues; de même, les valeurs en matière de goût, de doctrines, de style, d'idéal, ect.

Seulement l'économie de l'esprit nous présente des phénomènes bien plus difficiles à définir, car ils ne sont pas mesurables en général, et ils ne sont pas davantage constatés par des organes ou des institutions spécialisés à cet effet.

Puisque nous en sommes à considérer l'individu en contraste avec ses semblables, nous pouvons bien rappeler ce dicton des anciens, que des goûts et des couleurs il n'y a pas à disputer. Mais en fait, c'est tout le contraire; on ne fait que cela.

Nous passons notre temps à disputer des goûts et des couleurs. On le fait à la Bourse, on le fait dans les innombrables jurys, on le fait dans les Académies et il ne peut pas en être autrement; tout est marchandage dans tous les cas où l'individu, le collectif, le singulier et le pluriel doivent s'affronter l'un l'autre, et chercher soit à s'entendre, soit à se réduire au silence.

Ici, l'analogie que nous suivons est si frappante qu'elle touche à l'identité.

Ainsi, quand je parle d'esprit, je veux désigner à présent un aspect et une propriété de la vie collective; aspect, propriété aussi réels que la richesse matérielle, aussi précaire, quelquefois, que celle-ci.

Je veux envisager une production, une évaluation, une économie, laquelle est prospère ou non, laquelle est plus ou moins stable, comme l'autre, laquelle se développe ou bien périclite, laquelle a ses forces universelles, a ses institutions, a ses lois propres et qui a aussi ses mystères.

Ne croyez pas que je me plaise à opérer ici une simple comparaison, plus ou moins poétique, et que, de l'idée de l'économie matérielle, je passe par de simples artifices rhétoriques à l'économie spirituelle ou intellectuelle.

En réalité, ce serait bien tout le contraire, si on voulait y réfléchir. *C'est l'esprit qui a commencé*, et il ne pouvait pas en être autrement.

C'est le commerce des esprits qui est nécessairement le premier commerce du monde, le premier, celui qui a commencé, celui qui est nécessairement initial, car avant de troquer les choses, il faut bien que l'on troque des signes, et il faut par conséquent que l'on institue des signes.

Il n'y a pas de marché, il n'y a pas d'échanges sans langage; le premier instrument de tout trafic, c'est le langage, on peut redire ici (en lui donnant un sens convenablement altéré) la fameuse parole : *Au commencement était le Verbe*. Il a bien fallu que le Verbe précédât l'acte même du trafic.

Mais le verbe n'est pas autre chose que l'un des noms les plus précis de ce que j'ai appelé *l'esprit*. L'esprit et le verbe sont presque synonymes dans bien des emplois. Le terme qui se traduit par *verbe* dans la Vulgate, c'est le grec « logos » qui veut dire à la fois *calcul, raisonnement, parole, discours, connaissance*, en même temps qu'expression.

Par conséquent, en disant que le *verbe* coïncide avec l'esprit, je ne crois pas dire une hérésie – même dans l'ordre linguistique.

D'ailleurs, la moindre réflexion nous rend évident que dans tout commerce, il faut bien qu'il y ait d'abord de quoi entamer la conversation, désigner l'objet que l'on doit échanger, montrer ce dont on a besoin; il faut par conséquent quelque chose de sensible, mais ayant puissance intelligible; et ce quelque chose, c'est ce que j'ai appelé d'une façon générale, le *verbe*.

Le commerce des esprits précède donc le commerce des choses. Je vais montrer qu'il l'accompagne, et de fort près.

Non seulement il est logiquement nécessaire qu'il en soit ainsi, mais encore ceci peut s'établir historiquement. Vous trouverez cette démonstration dans ce fait remarquable que les régions du globe qui ont vu le commerce des choses le plus développé, le plus actif et le plus anciennement établi, sont aussi les régions du globe où la production des œuvres d'esprit et des ouvrages de l'art ont été le plus précoces et le plus fécondes et le plus diverses.

J'observe en outre que ces régions-là ont été celles où ce qu'on nomme la *liberté de l'esprit* a été la plus largement accordée, et j'ajoute qu'il ne pouvait pas en être autrement.

Dès que les rapports deviennent plus fréquents, actifs, extrêmement nombreux entre les hommes, il est impossible de maintenir entre eux de très grandes différences, non pas de castes ou de statut, car cette différence peut subsister, mais de compréhension.

La conversation, même entre supérieurs et inférieurs, prend une familiarité et une aisance qui ne se trouvent pas dans les régions où les rapports sont beaucoup moins fréquents; il est connu par exemple que dans l'antiquité, et en particulier à Rome, l'esclave et son patron avaient des rapports tout à fait familiaux, malgré la dureté, la discipline et les atrocités qui pouvaient légalement s'exercer.

Je disais donc que la liberté d'esprit et l'esprit lui-même ont été le plus développés dans les régions où le commerce en même temps se développait. A toute époque, sans exception, toute production intense d'art, d'idées, de valeurs spirituelles se manifeste en des points remarquables par l'activité économique qui s'y observe. Vous savez que le bassin de la Méditerranée a offert, sous ce rapport, l'exemple le plus frappant et le plus démonstratif.

Ce bassin est, en effet, un lieu en quelque sorte privilégié, prédestiné, providentiellement marqué pour que se produisît sur ses bords, s'établît entre ses rives un commerce des plus actifs.

Il se dessine et se creuse dans la région la plus tempérée du globe; il offre des facilités toutes particulières à la navigation; il baigne trois parties du monde très différentes; par conséquent, il attire à lui quantité de races des plus diverses; il les met en contact, en concurrence, en accord ou en conflit; il les excite ainsi aux échanges de toute nature. Ce bassin, qui a cette propriété remarquable que, d'un point à tout autre de son contour, on peut aller ou bien par voie de terre en suivant le littoral, ou par la traversée de la mer, a été le théâtre du mélange et des contrastes, pendant des siècles, de familles différentes de l'espèce humaine s'enrichissant l'une l'autre de leurs expériences de tout ordre.

Là, excitation à l'échange, concurrence vive, concurrence du négoce, concurrence des forces, concurrence des influences, concurrence des religions, concurrence des propagandes, concurrence simultanée des produits matériels et des valeurs spirituelles; cela ne se distinguait point.

Le même navire, la même nacelle apportaient les marchandises et les dieux; les idées et les procédés.

Combien de choses se sont développées sur les bords de la Méditerranée, par contagion ou par rayonnement. Ainsi s'est constitué ce trésor auquel notre culture doit presque tout, au moins dans ses origines; je puis dire que la Méditerranée a été une véritable *machine à fabriquer de la civilisation*.

Mais tout ceci créait nécessairement de la *liberté de l'esprit*, tout en créant des affaires.

Nous trouvons donc étroitement associés sur les bords de la Méditerranée : *Esprit, culture et commerce*.

Mais voici un autre exemple moins banal que celui que je viens de vous donner. Considérez la ligne du Rhin, cette ligne d'eau qui va de Bâle à la mer, et observez la vie qui s'est développée sur les bords de cette grande voie fluviale, depuis les premiers siècles de notre ère jusqu'à la guerre de Trente Ans. Tout un système de cités semblables entre elles s'établit le long de ce fleuve, qui joue le rôle d'un conducteur comme la Méditerranée, et d'un collecteur. Qu'il s'agisse de Strasbourg, de Cologne ou d'autres villes jusqu'à la mer, ces agglomérations se constituent dans des conditions analogues et présentent une similitude remarquable dans leur esprit, leurs institutions, leurs fonctions et leur activité à la fois matérielle et intellectuelle.

Ce sont des villes où la prospérité apparaît de bonne heure; villes de commerçants et de banquiers; leur système s'élargissant vers la mer, se relie aux cités industrielles de Flandre, à l'ouest; aux ports de la Hanse, vers le Nord-Est.

Là, la richesse matérielle, la richesse spirituelle ou intellectuelle, et la liberté sous forme municipale, s'établissent, se consolident, se fortifient de siècle en siècle. Ce sont des places financièrement puissantes, et ce sont des positions stratégiques de l'esprit. On y trouve à la fois une industrie qui exige des techniciens, de la banque qui exige

La liberté de l'esprit 219

des calculateurs et des diplomates d'affaires, des gens spécialement voués à l'échange dans une époque où les moyens d'échange et de circulation étaient assez peu pratiques; mais on y trouve aussi une vitalité artistique, une curiosité érudite, une production de peinture, de musique, de littérature – en somme, une création et une circulation de valeurs toute parallèle à l'activité économique des mêmes centres.

C'est là que l'imprimerie s'invente; de là, elle rayonne sur le monde; mais c'est sur le bord du fleuve, et comme élément du commerce engendré par ce fleuve, que l'industrie du Livre peut se développer et atteindre tout l'espace du monde civilisé.

Je vous ai dit que toutes ces villes présentent de remarquables similitudes dans l'esprit, dans les coutumes et l'organisation intérieure; elles obtiennent ou achètent une sorte d'autonomie.

La richesse et l'amateur s'y rencontrent; le connaisseur n'y manque pas. L'esprit, sous forme d'artistes ou d'écrivains ou d'imprimeurs, y peut vivre : il y trouve un terrain des plus favorables.

C'est un terrain de choix pour la culture, qui exige de la liberté et des ressources.

Ainsi cet ensemble de cités crée le long du fleuve une bande de territoires qui s'épanouissent vers la mer, et qui s'opposent aux régions intérieures de l'Est et de l'Ouest qui sont, elles, des régions agricoles, des régions qui demeurent longtemps de type féodal.

Il est bien entendu que je vous fais là un exposé des plus sommaires et qu'il faudrait, pour préciser la vue que je viens d'esquisser, consulter bien des livres et reconstruire toute ma composition d'époque et de lieux. Mais ce que j'en ai dit suffira peut-être à justifier mon opinion sur le parallélisme des développements intellectuels avec le développement commercial, bancaire, industriel des régions méditerranéenne et rhénane.

Ce qu'on appelle le Moyen Age s'est transformé en monde moderne par l'action des échanges – laquelle porte au plus haut point la température de l'esprit. Non pas que ce Moyen Age ait été une période obscure comme on l'a dit. Il a ses témoins qui sont de pierre. Mais ces travaux, ces constructions de cathédrales, ces incomparables ouvrages qu'ont élevés ses architectes, et d'abord les Français, sont pour nous de véritables énigmes si nous nous inquiétons des conditions de leur conception et de leur exécution.

En effet, nous n'avons aucun document qui nous renseigne sur la vraie culture de ces *maîtres de l'œuvre*, qui devaient cependant avoir une science très développée pour construire des œuvres de cette ampleur et de cette extrême hardiesse. Ils ne nous ont laissé ni traités de géométrie, de mécanique, d'architecture, de résistance des matériaux, de perspective, ni plans, ni épures, rien qui nous apporte la moindre clarté sur ce qu'ils savaient.

Une chose, cependant, nous est connue : c'est que ces architectes étaient des nomades. Ils allaient bâtir de ville en ville. Il semble bien qu'ils se transmettaient de personne à personne leurs procédés théoriques et techniques de construction. Ces ouvriers et leurs chefs ou contremaîtres se formaient en sociétés de *compagnons*, qui se transmettaient leurs procédés de coupe de pierre et d'appareillage, de charpente ou de serrurerie. Mais nul document écrit ne nous est parvenu sur toutes ces techniques. Le célèbre carnet de Villard de Honnecourt est un document tout à fait insuffisant.

Tous ces voyageurs-constructeurs, ces transporteurs de méthodes et de recettes d'art étaient donc aussi des instruments d'échange – mais primitifs, personnels et d'ailleurs jaloux de leurs secrets et tours de main. Ils gardaient arcane ce qu'une époque d'intense culture tend à répandre le plus possible, et peut-être, à trop répandre.

La liberté de l'esprit

Il y avait aussi une certaine vie intellectuelle dans les monastères. C'est à l'ombre des cloîtres que l'étude de l'antiquité a pu naître, la littérature et les langues, la civilisation des anciens être étudiées, préservées, cultivées pendant quelques tristes siècles...

La vie de l'esprit est, dans tout l'Occident, affreusement pauvre entre le Ve et le XIe siècle. Même à l'époque des premières croisades, elle ne se compare pas avec ce qui s'observait à Byzance et dans l'Islam, de Bagdad à Grenade, dans l'ordre des arts, des sciences et des mœurs. Saladin devait être par les goûts et par la culture, très supérieur à Richard Cœur de Lion.

Ce regard sur le Haut Moyen Age ne doit-il pas revenir sur notre temps? Culture, variations de la culture, valeur des choses de l'esprit, estimation de ses productions, place que l'on donne à leur importance dans la hiérarchie des besoins de l'homme, nous savons à présent que tout ceci est, d'une part, en rapport avec la facilité de la multiplicité des échanges de toute espèce; d'autre part, étrangement précaire. Tout ce qui se passe aujourd'hui doit se rapporter à ces deux points. Regardons en nous et autour de nous. Ce que nous constatons, je vous l'ai résumé dans mes premiers mots.

Je vous disais que d'inviter les esprits à s'inquiéter de l'Esprit et de son destin, c'était là un signe des temps, un symptôme. Cette idée me fût-elle venue si tout un ensemble d'impressions n'eût été assez significatif et assez puissant pour se faire réfléchir en moi, et pour que cette réflexion se fît acte? Et cet acte, qui consiste à l'exprimer devant vous, l'aurais-je accompli si je n'avais pressenti que mes impressions étaient celles de bien des gens, que la sensation d'une diminution de l'esprit, d'une menace pour la culture; d'un crépuscule des divinités les plus pures était une sensation qui s'imposait de plus en plus fortement à tous ceux qui peuvent éprouver quelque chose dans l'ordre des valeurs supérieures dont nous parlons.

Culture, civilisation, ce sont des noms assez vagues que l'on peut s'amuser à différencier, à opposer ou à conjuguer. Je ne m'y attarderai pas. Pour moi, je vous l'ai dit, il s'agit d'un capital qui se forme, qui s'emploie, qui se conserve, qui s'accroît, qui périclite, comme tous les capitaux imaginables – dont le plus connu est, sans doute, ce que nous appelons *notre corps*...

De quoi est composé ce capital *Culture ou Civilisation*? Il est d'abord constitué par des *choses*, des objets matériels – livres, tableaux, instruments, etc., qui ont leur durée probable, leur fragilité, leur précarité de choses. Mais ce matériel ne suffit pas. Pas plus qu'un lingot d'or, un hectare de bonne terre, ou une machine ne sont des capitaux, en l'absence d'hommes *qui en ont besoin* et *qui savent s'en servir*. Notez ces deux conditions. Pour que le matériel de la culture soit un capital, il exige, lui aussi, l'existence d'hommes qui aient besoin de lui, et qui puissent s'en servir – c'est-à-dire d'hommes qui aient soif de connaissance et de puissance de transformations intérieures, soif de développements de leur sensibilité; et qui sachent, d'autre part, acquérir ou exercer ce qu'il faut d'habitudes, de discipline intellectuelle, de conventions et de pratiques pour utiliser l'arsenal de documents et d'instruments que les siècles ont accumulé.

Je dis que le capital de notre culture est en péril. Il l'est sous plusieurs aspects. Il l'est de plusieurs façons. Il l'est brutalement. Il l'est insidieusement. Il est attaqué par plus d'un. Il est dissipé, négligé, avili par nous tous. Les progrès de cette désagrégation sont évidents.

J'en ai donné ici même des exemples à plusieurs reprises. Je vous ai montré de mon mieux, à quel point toute la vie moderne constitue, sous des apparences souvent très brillantes et très séduisantes, une véritable maladie de la culture, puisqu'elle soumet cette richesse qui doit s'accumuler comme une richesse naturelle, ce capital qui doit se former par assises progressives dans les esprits, elle la soumet à l'agitation générale du monde propagée, développée par l'exagération de tous les moyens de communication. A ce point d'activité, les échanges trop rapides sont *fièvre*, la vie devient dévoration de la vie.

Secousses perpétuelles, nouveautés, nouvelles; instabilité essentielle, devenue un véritable besoin, nervosité généralisée par tous les moyens que l'esprit a lui-même créés. On peut dire qu'il y a du suicide dans cette forme ardente et superficielle d'existence du monde civilisé.

Comment concevoir l'avenir de la culture quand l'âge que l'on a permet de comparer ce qu'elle fut naguère avec ce qu'elle devient? Voici un simple fait que je propose à vos réflexions comme il s'est imposé aux miennes.

J'ai assisté à la disposition progressive d'êtres extrêmement précieux pour la formation régulière de notre capital idéal, aussi précieux que les créateurs eux-mêmes. J'ai vu disparaître un à un ces connaisseurs, ces amateurs inappréciables qui, s'ils ne créaient pas les œuvres mêmes, en créaient la véritable valeur; c'étaient des juges passionnés, mais incorruptibles, pour lesquels ou contre lesquels, il était beau de travailler. Ils savaient lire : vertu qui s'est perdue. Ils savaient entendre, et même écouter. Ils savaient voir. C'est dire que ce qu'ils tenaient à relire, à réentendre ou à revoir, se constituait, par ce retour, en *valeur solide*. Le capital universel s'en accroissait.

Je ne dis pas qu'ils soient tous morts et qu'il n'en doive naître jamais plus. Mais je constate avec regret leur extrême raréfaction. Ils avaient pour profession *d'être eux-mêmes* et de jouir, en toute indépendance, de leur jugement, qu'aucune publicité, aucun article ne touchait.

La vie intellectuelle et artistique la plus désintéressée et la plus ardente était leur raison d'être.

Il n'était pas de spectacle, d'exposition, de livre auquel ils ne donnassent une attention scrupuleuse. On les qualifiait parfois d'hommes de goût, avec quelque ironie, mais l'espèce est devenue si rare, que le mot lui-même n'est plus tenu pour un quolibet. C'est là une perte considérable, car rien n'est plus précieux pour le créateur que ceux qui peuvent apprécier son ouvrage et surtout donner au soin de son travail, à la *valeur de travail* du travail, cette évaluation dont je parlais tout à l'heure, cette estimation qui fixe, hors de la mode et de l'effet d'un jour, l'autorité d'une œuvre et d'un nom.

Aujourd'hui, les choses vont très vite, les réputations se créent rapidement et s'évanouissent de même. Rien ne se fait de stable, car rien ne se fait pour le stable.

Comment voulez-vous que l'artiste ne sente pas sous les apparences de la diffusion de l'art, de son enseignement généralisé, toute la futilité de l'époque, la confusion des valeurs qui s'y produit, toute la facilité qu'elle favorise?

S'il donne à son travail tout le temps et le soin qu'il peut lui donner, il les donne avec le sentiment que quelque chose de ce travail s'imposera à l'esprit de celui qui le lit; il espère qu'on lui rendra par une certaine qualité et une certaine durée d'attention, un peu du mal qu'il s'est donné en écrivant sa page.

Avouons que nous le payons fort mal... Ce n'est pas notre faute, nous sommes accablés de livres. Nous sommes surtout harcelés de lectures d'intérêt immédiat et violent. Il y a dans les feuilles publiques une telle diversité, une telle incohérence, une telle intensité de nouvelles (surtout par certains jours), que le temps que nous pouvons donner par vingt-quatre heures à la lecture en est entièrement occupé, et les esprits troublés, agités ou surexcités.

L'homme qui a un emploi, l'homme qui gagne sa vie et qui peut consacrer une heure par jour à la lecture, qu'il la fasse chez lui, ou dans le tramway, ou dans le métro, cette heure est dévorée par les affaires criminelles, les niaiseries incohérentes, les ragots et les faits moins divers, dont le pêle-mêle et l'abondance semblent faits pour ahurir et simplifier grossièrement les esprits.

Notre homme est perdu pour le livre... Ceci est fatal et nous n'y pouvons rien.

Tout ceci a pour conséquences une diminution réelle de la culture; et, en second lieu, une diminution réelle de la véritable liberté de l'esprit, car cette liberté exige au contraire un détachement, un refus de toutes ces sensations incohérentes ou violentes que nous recevons de la vie moderne, à chaque instant.

Je viens de parler de liberté... Il y a la liberté tout court, et la liberté des esprits.

Tout ceci sort un peu de mon sujet, mais il faut cependant s'y attarder quelque peu. La liberté, mot immense, mot que la politique a largement utilisé – mais qu'elle proscrit, çà et là, depuis quelques années –, la liberté a été un idéal, un mythe; elle a été un mot plein de promesses pour les uns, un mot gros de menaces pour les autres! un mot qui a dressé les hommes et remué les pavés. Un mot qui était le mot de ralliement de ceux qui semblaient le plus faibles et qui se sentaient le plus forts, contre ceux qui semblaient le plus forts et qui ne se sentaient pas le plus faibles.

Cette liberté politique est difficilement séparable des notions d'égalité, des notions de souveraineté; mais elle est difficilement compatible avec l'idée d'ordre; et parfois avec l'idée de justice.

Mais ce n'est pas là mon sujet.

J'en reviens à l'esprit. Lorsqu'on examine d'un peu plus près toutes ces libertés politiques, on arrive rapidement à considérer la *liberté de pensée*.

La liberté de pensée se confond dans les esprits avec la liberté de publier, qui n'est pas la même chose.

On n'a jamais empêché personne de penser à sa guise. Ce serait difficile; à moins d'avoir des appareils pour dépister la pensée dans les cerveaux. On y arrivera certainement, mais nous n'y sommes pas tout à fait, et nous ne souhaitons pas cette découverte-là!... La liberté de pensée, en attendant, existe donc – dans la mesure où elle n'est pas bornée par la pensée même.

C'est très joli d'avoir la liberté de penser, mais encore faut-il penser à quelque chose!...

Mais dans l'usage le plus ordinaire quand on dit *liberté de penser*, on veut dire *liberté de publier*, ou bien *liberté d'enseigner*.

Cette liberté-là donne lieu à de graves problèmes : il y a toujours quelque difficulté qu'elle suscite; et tantôt la Nation, tantôt l'Etat, tanôt l'Eglise, tantôt l'Ecole, tantôt la Famille, ont trouvé à redire à la liberté de penser en publiant, de penser publiquement ou d'enseigner.

Ce sont là autant de puissances plus ou moins jalouses des manifestations extérieures de l'individu pensant.

Je ne veux pas m'occuper ici du fond de la question. C'est une affaire de cas particuliers. Il est certain que dans tels cas, il est bon que la liberté de publier, soit surveillée et restreinte.

Mais le problème devient très difficile quand il s'agit de mesures générales. Par exemple, il est clair que pendant une guerre, il est impossible de laisser tout publier. Il est non seulement imprudent de laisser publier des nouvelles sur la conduite des opérations; ceci, tout le monde le comprend, mais il y a d'autre part certaines choses que l'ordre public ne permet pas qu'on publie.

Ce n'est pas tout. La liberté de publier qui fait partie essentielle de la liberté du commerce de l'esprit, se trouve aujourd'hui, dans certains cas, dans certaines régions, sévèrement restreinte et même supprimée de fait.

Vous sentez à quel point cette question est brûlante; et comme elle se pose un peu *partout*. Je veux dire en tout lieu où l'on peut encore poser une question quelconque. Je ne suis pas personnellement des plus enclins à publier ma pensée. On peut bien ne pas publier; qui vous oblige à publier?... Quel démon? Pourquoi faire, après tout? On peut bien garder ses idées. Pourquoi les extérioriser?... Elles sont si belles dans le fond d'un tiroir ou dans une tête...

Mais enfin, il est des gens qui aiment publier, qui aiment inculquer leurs idées aux autres, qui ne pensent que pour écrire, et qui n'écrivent que pour publier. Ceux-là s'aventurent alors dans l'espace politique. Ici se dessine le conflit.

La politique, contrainte de falsifier toutes les valeurs que l'esprit a pour mission de contrôler, admet toutes les falsifications, ou toutes les réticences qui lui conviennent, qui sont d'accord avec elle et repousse même violemment, ou interdit toutes celles qui ne le sont pas.

En somme, qu'est-ce que c'est que la politique?... La politique consiste dans la volonté de conquête et de conservation du pouvoir; elle exige, par conséquent, une action de contrainte ou d'illusion sur les esprits, qui sont la matière de tout pouvoir.

Tout pouvoir songe nécessairement à empêcher la publication des choses qui ne conviennent pas à son exercice. Il s'y emploie de son mieux. L'esprit politique finit toujours par être contraint de falsifier. Il introduit dans la circulation, dans le commerce, de la fausse monnaie intellectuelle; il introduit des notions historiques falsifiées; il construit des raisonnements spécieux; en somme, il se permet tout ce qu'il faut pour conserver son autorité, qu'on appelle, je ne sais pourquoi, *morale*.

Il faut avouer que dans tous les cas possibles, *politique et liberté d'esprit s'excluent*. Celle-ci est *l'ennemie essentielle des partis*, comme elle l'est, d'autre part, de toute doctrine en possession du pouvoir.

C'est pourquoi j'ai voulu insister sur les nuances que ces expressions peuvent revêtir en français.

La liberté est une notion qui figure dans des expressions contradictoires, puisque nous l'employons quelquefois pour dire que nous pouvons faire ce que nous voulons, et d'autres fois pour dire que nous pouvons faire ce que nous ne voulons pas, ce qui est, selon certains, le maximum de la liberté.

Ceci revient à dire qu'il y a plusieurs êtres en nous, mais que ces plusieurs hommes qui sont en nous ne disposant que d'un seul et même langage, il arrive que le même mot (comme liberté) s'emploie à des besognes d'expression fort différentes. C'est un mot à tout faire.

Tantôt on est libre parce que rien ne s'oppose à ce qui se propose à nous et qui nous séduit, et tantôt on se trouvera supérieurement *libre* parce qu'on se sentira se dégager d'une séduction ou d'une tentation, on pourra agir contre son penchant : c'est là un maximum de liberté.

Observons donc un peu cette notion si fuyante dans ses emplois spontanés. Je trouve aussitôt que l'idée de liberté n'est pas *première* chez nous; elle n'est jamais évoquée qu'elle ne soit provoquée; je veux dire qu'elle est toujours *une réponse*.

Nous ne pensons jamais que nous sommes libres quand rien ne nous montre que nous ne le sommes pas, ou que nous pourrions ne pas l'être. L'idée de liberté est une réponse à quelque sensation ou à quelque hypothèse de gêne, d'empêchement, de résistance, qui s'oppose soit à une impulsion de notre être, à un désir des sens, à un besoin, soit aussi à l'exercice de notre volonté réfléchie.

Je ne suis libre que quand je me sens libre; mais je ne me sens libre que quand je me pense contraint quand je me mets à imaginer un état qui contraste avec mon état présent.

La liberté n'est donc sensible, elle n'est conçue, elle n'est souhaitée que par l'effet d'un *contraste*.

Si mon corps trouve des obstacles à ses mouvements naturels, à ses réflexions; si ma pensée est gênée dans ses opérations soit par quelque douleur physique, soit par quelque obsession, soit par l'action du monde extérieur, par le vacarme, par la chaleur excessive ou le froid, par la trépidation ou par la musique que font les voisins, j'aspire à un changement d'état, à une délivrance, à une liberté. Je tends à reconquérir l'usage de mes facultés dans leur plénitude. Je tends à nier l'état qui me le refuse.

Vous voyez donc qu'il y a de la négation dans ce terme de *liberté* quand on recherche son rôle originel, à l'état naissant.

Voici la conséquence que j'en tire. Puisque le besoin de liberté et l'idée ne se produisent pas chez ceux qui ne sont pas sujets aux gênes et aux *contraintes*, moins sera-t-on sensible à ces restrictions, moins le terme et le réflexe *liberté* se produiront.

Un être peu sensible aux gênes apportées à la liberté de l'esprit, aux contraintes que lui imposeront les pouvoirs publics, par exemple, ou les circonstances extérieures quelles qu'elles soient, ne réagira que peu, contre ces contraintes. Il n'aura aucun sursaut de révolte, aucun réflexe, aucune rébellion contre l'autorité qui lui impose cette gêne. Au contraire, dans bien des cas, il se trouvera soulagé d'une vague responsabilité. Sa délivrance, à lui, sa liberté, consistera à se sentir déchargé du souci de penser, de décider et de vouloir.

Vous apercevez les conséquences énormes de ceci : chez les hommes dont la sensibilité aux choses de l'esprit est si faible que les pressions qui s'exercent sur la production des œuvres de l'esprit leur sont imperceptibles, pas de réactions, du moins extérieures.

Vous savez que cette conséquence se vérifie bien près de nous : vous observez à l'horizon les effets les plus visibles de cette pression sur l'esprit, et vous observez du même coup le peu de réaction qu'elle provoque. Ceci est un fait.

Il n'est que trop évident. Je ne veux pas non plus juger, parce qu'il ne m'appartient pas de juger. Qui peut juger des hommes ?... N'est-ce pas se faire plus qu'homme ?

Si j'en parle c'est qu'il n'est pas de sujet pour nous plus intéressant, car nous ne savons pas ce que l'avenir nous réserve, à nous hommes, que j'appellerai *hommes de l'esprit*, si vous voulez...

J'estime donc à la fois nécessaire et inquiétant d'être obligé aujourd'hui d'invoquer, non pas ce que l'on appelle les *droits de l'esprit*, ce sont là des mots! Il n'y a pas de droits, s'il n'y a pas de force, mais d'invoquer l'intérêt, pour tout le monde, de la préservation et du soutien des valeurs de l'esprit.

Pourquoi?

C'est que la création et l'existence organisée de la vie intellectuelle se trouvent dans une relation des plus complexes, mais des plus certaines et des plus étroites avec la vie – tout court – la vie humaine. Personne n'a jamais expliqué à quoi nous rimions, nous hommes, et notre bizarrerie qui est esprit. Cet esprit est en nous une puissance qui nous a engagés dans une aventure extraordinaire, notre espèce s'est éloignée de toutes les conditions initiales et normales de la vie. Nous avons inventé un monde pour notre esprit – et voulons vivre dans ce monde de notre esprit. Il veut vivre dans son œuvre.

Il s'est agi de refaire ce que la nature avait fait ou la corriger et donc finir par refaire, en quelque sorte, l'homme lui-même.

Refaire dans la mesure de ses moyens qui sont déjà assez grands, refaire l'habitation, équiper la portion de planète qu'il habite; la parcourir en tous sens, aller vers le haut, vers le bas; l'exploiter, en extraire tout ce qu'elle contient d'utilisable pour nos desseins. Tout cela est très bien; et nous ne voyons pas ce que ferait l'homme s'il ne faisait pas cela, à moins de revenir à une condition tout animale.

N'oublions pas ici de dire que toute une activité proprement spirituelle, à côté des aménagements matériels du globe, est en liaison avec eux, c'est là un véritable aménagement de l'esprit, qui a consisté à créer la connaissance spéculative et les valeurs artistiques, et à produire une quantité d'œuvres, un capital de richesse immatérielle. Mais, matériels ou spirituels, nos trésors ne sont pas impérissables. J'ai écrit il y a déjà longtemps, en 1919, que les civilisations sont aussi mortelles que n'importe quel être vivant, qu'il n'est pas plus étrange de songer que la nôtre puisse disparaître avec ses procédés, ses œuvres d'art, sa philosophie, ses monuments, comme ont disparu tant de civilisations depuis les origines – comme disparaît un grand navire qui sombre.

Il a beau être armé de tous les procédés les plus modernes pour se diriger, pour se défendre contre la mer, il a beau s'enorgueillir des machines toutes-puissantes qui le meuvent, elles le meuvent vers sa perte aussi bien que vers le port, et il coule avec tout ce qu'il porte, corps et biens.

Tout cela m'avait frappé alors; je ne me sens pas aujourd'hui plus rassuré. C'est pourquoi je ne crois pas utile de rappeler la précarité de tous ces biens, que ces biens soient la culture même, que ces biens soient la liberté de l'expression.

Car, où il n'y a pas liberté d'esprit, là, la culture s'étiole... On voit d'importantes publications, des revues (jadis très vivantes) d'au-delà les frontières, qui sont remplies maintenant d'articles d'érudition insupportables; on sent que la vie s'est retirée de ces recueils, qu'il faut cependant faire semblant d'entretenir la vie intellectuelle.

Il y a là une simulation qui rappelle ce qui se passait autrefois, à l'époque où Stendhal se moquait de certains érudits qu'il avait rencontrés : le despotisme les condamnait à se réfugier dans la discussion de virgules dans un texte d'Ovide...

De telles misères étaient devenues incroyables. Leur absurdité paraissait condamnée sans retour... Mais la voici, toute revenue et toute-puissante, çà et là...

De tous côtés, nous percevons des gênes et des menaces pour l'esprit, dont les libertés en même temps que la culture, sont combattues, et par nos inventions et par nos modes de vie, et par la politique générale, et par diverses politiques particulières, de sorte qu'il n'est peut-être ni vain, ni exagéré de donner l'alarme et de montrer les périls qui entourent ce que nous avons considéré, nous, les hommes de mon âge, comme le souverain bien.

J'ai essayé de dire ces choses ailleurs. Il m'est arrivé récemment d'en parler en Angleterre, et j'ai observé que j'étais écouté avec un grand intérêt, que mes paroles exprimaient des sentiments et des pensées immédiatement saisis par mon auditoire. Ecoutez à présent ce qu'il me reste à vous dire.

Je voudrais, si vous me permettez d'exprimer un vœu, que la France, quoique en proie à de tout autres préoccupations, se fasse le conservatoire, le temple où l'on conserve les traditions de la plus haute et de la plus fine culture, celle du véritable grand art, celle qui se marque par la pureté de la forme et la rigueur de la pensée; qu'elle accueille aussi et conserve tout ce qui se fait de plus haut et de plus libre dans la production des idées : c'est là ce que je souhaite à mon pays!

Peut-être les circonstances sont-elles trop difficiles, les circonstances économiques, politiques, matérielles, l'état des nations, des intérêts, des nerfs, et l'orageuse atmosphère qui nous fait respirer l'inquiétude.

Mais enfin, après tout, j'aurai fait mon devoir si je l'ai dit!

1939.

LA FRANCE TRAVAILLE

Travail est toute dépense d'actes qui tend à rendre les choses, les êtres, les circonstances profitables ou délectables à l'homme; et l'homme lui-même, plus sûr et plus fier de soi.

Toute vie, d'ailleurs, ne subiste que par des actes continuels de tout ordre de grandeur accomplis dans l'intime de l'organisme, et qui se complètent, sont amorcés, entretenus, modifiés par des actions extérieures. Chaque vie altère donc nécessairement le milieu dans lequel elle dure. D'une part, elle l'appauvrit quant à elle : de propice qu'il était, elle le rend de plus en plus impropre à son existence; elle consomme et elle prolifère. D'autre part, elle peut au contraire modifier son habitat de manière à le rendre plus favorable, plus riche, plus commode, plus régulier quant aux productions, plus supportable quant au climat; et elle s'inquiète aussi de lui restituer sous quelque forme ce qu'elle lui dérobe par besoin. Par là, toute région habitée par une population sédentaire se transfigure peu à peu. Ni la flore ni la faune premières ne s'y retrouvent. Des champs refoulent les forêts, les landes et les sables sont conquis par les pins; des marais se dessèchent et la vigne les gagne. Des bancs de roche, des collines calcaires ont disparu, dont une quantité de bâtisses et d'ouvrages ont absorbé la matière. Une terre entreprise depuis des siècles est donc une œuvre des actes de la vie : l'économie et la volonté humaines s'y sont inscrites; mais cette terre et ce travail ont réciproquement agi sur le possesseur et l'argent.

La France est un illustre exemple d'une telle composition. Sa terre, qui est diverse comme le peuple qui l'habite, est *une* par l'heureux assemblage de sa diversité, comme est *une* la nation en laquelle tant de races sont venues se fondre au cours des âges. La France et le Français sont des produits remarquables et fort peu simples de l'action d'un certain domaine sur des hommes et de ces hommes sur ce domaine : ce domaine étant un système de régions contiguës très différentes, et ces hommes appartenant aux types les plus variés.

C'est dire que la formation de ce pays représente à l'esprit qui veut la concevoir un immense travail interne. La France est une sorte d'œuvre. Je souhaiterais que notre histoire, au lieu de considérer surtout la succession des incidents et des accidents politiques, et les événements (qui ne sont à mes yeux que les crêtes et les écumes de la surface des choses), eût pour objet essentiel l'étude et l'intelligence de la suite des transformations de tous genres qui ont fait de cette terre ce qu'elle est, et de ces habitants ce que nous sommes. Sans doute, l'histoire de notre langage, celle des lois et coutumes, celle de l'esprit public et de ses fluctuations sont des parties essentielles de ce dessein, auquel on pourrait donner la forme suivante : Comment vivait-on en tel siècle? – ou plutôt : Comment pouvait-on vivre en l'an 1000, en l'an 1200 ou 1500? Quelles différences entre ces états de vie successifs, en tels points de France?

Mais le langage, les lois, les mœurs – ou si l'on veut, les désirs, les idées, les volontés, les conventions – et en somme, les possibilités de concevoir ou d'agir – dépendent grandement des rapports directs de l'homme avec les choses : c'est-à-dire, du *pouvoir de transformation*. Nous le voyons bien aujourd'hui. Nous assistons à un accroissement brusque et démesuré de l'empire de l'homme sur la nature donnée. Nos usages, nos vies en sont prodigieusement affectés. On ne voit pas ce qui échappera à la réaction qu'exercera de plus en plus sur les êtres la puissance qu'ils ont acquise et acquerront sur les choses. Mais cette action devenue si sensible a toujours existé, sous forme lente et continue. L'immense travail interne, dont je parlais tout à l'heure, s'analyse en une quantité d'activités particulières, et la moindre réflexion fait apparaître toute l'importance des valeurs professionnelles, des expériences capitalisées, de la multiplication et du perfectionnement des métiers dans la constitution de notre être national. *Nous supposons des milliards d'heures de labeurs spécialisés.* Ceux qui ont déboisé, défriché, ensemencé, amendé le sol; ceux qui ont découvert mines, carrières et gisements; ceux qui ont capté, dirigé, distribué des eaux; ceux qui ont bâti, ceux qui ont forgé; ceux qui ont tracé les routes, creusé les canaux, jeté les ponts; et ceux qui, de leurs mains et de leurs pensées, ont créé des valeurs, changé en richesses des matières qui étaient viles et négligeables : ceux-là sont les véritables fondateurs; et non seulement fondateurs de la cité visible, mais encore ils lui ont fait son esprit.

Certains prétendent qu'il existe une relation immédiate et comme symétrique entre la main de l'homme et son cerveau. Les articulations si riches, les mouvements si prompts, la sensibilité si bien distribuée de cette main, le nombre de ses emplois, l'instrument « universel » qu'elle est pour nous, et jusqu'à la quantité de métaphores que nous tirons de ses actes pour désigner des actes de l'esprit, donnent de la force à cette opinion indémontrable. Quant à moi, même fausse, je la trouve très bonne à méditer. Je m'assure que l'intelligence doit toujours se référer au système d'actes que nous savons ou pouvons accomplir, que sa fin est quelque industrie, et que la pratique de quelque métier lui donne des habitudes ou lui inspire des analogies très précieuses. Je dis maintenant que l'esprit français doit beaucoup à tous ces cultivateurs, vignerons, artisans, ouvriers des métaux ou du bois, créatures et créateurs de leur pays. Considérez en France cette quantité de chefs-d'œuvre locaux qui s'y remarquent. Songez à tant d'architectures, aux travaux d'art les plus parfaits du monde, aux meubles, aux étoffes précieuses, aux faïences et aux ferronneries; énumérez ces crus célèbres dont la liste est une sorte d'armorial, et qui doivent aux soins et à l'expérience autant qu'à la nature; visitez les cultures savantes des fleurs destinées aux parfums, des fruits soigneusement surveillés, préservés : rose et jasmin de Grasse et de Vence, chasselas délicatement ciselé de Thomery; n'oubliez même pas les peines et les merveilles de l'art d'écrire notre langue, la seule dans laquelle subsiste encore un peu le souci de peser les mots, d'ordonner les pensées, d'accuser les formes du discours, comme si nous étions encore à l'époque fabuleuse où les esprits étaient sensibles et où le temps ne comptait pas...

Que si l'on veut se faire une idée plus précise de ce que nous devons au travail, il faut reprendre le grand exemple des constructions. Il n'est presque pas de village en France dont l'église ne montre au connaisseur quelque trait délicieux, quelque solution élégante à retenir. Peu de villes où quelque hôtel, quelque hôpital, quelque porte ou fontaine, ne révèlent une science ou un sentiment qui font que l'on s'arrête – et que l'on soupire...

La France offrait de la pierre et des bois de grande qualité. Elle se forma d'incomparables praticiens, des appareilleurs, des tailleurs de pierre, des charpentiers, des couvreurs, desquels les maîtres d'œuvres étaient sûrs comme d'eux-mêmes. Ils lui bâtirent ces édifices extraordinaires dont le système sans concrétion, sans béton, sans les facilités que donnent l'état fluide et le moulage, commande une prévision et une précision minutieuses, analogues à celles que la fabrication d'un mécanisme exige. Quoique nous ignorions absolument ce que ces constructeurs savaient en fait de géométrie, de statique et de résistance des matériaux, le caractère raisonné de leurs ouvrages s'impose. Rien de plus intéressant que de *lire*, en ces créations dont la hardiesse et la complication touchent parfois au fantastique, une structure toute logique, un développement de principes et de partis pris, qui, de la base au faîte, engendrent toutes les décisions, répondent à toutes les exigences, suggèrent et assurent toutes les libertés. Ce sont là les entreprises les plus téméraires et les plus rigoureuses qui se trouvent dans l'art de bâtir. Pas d'œuvres plus imaginatives ni plus rationnelles ensemble. Mais tout ceci ne fut possible que par les vertus de l'exécution. L'exécutant lui-même dut être pénétré du sentiment de sa fonction, de la connaissance amoureuse de sa matière, du goût des problèmes honnêtement et nettement résolus. Des ouvriers qui veulent comprendre, qui sont fiers de s'employer à l'ajustement d'une fabrique si savante et si composée; des architectes certains de ces hommes et de leur méthodes; des matériaux de choix : la pierre abondante et souvent très bonne; le chêne, le châtaignier, le fer et l'ardoise à portée : voilà des conditions très heureuses. L'architecture florit magnifiquement chez nous. Il en résulte une relation toute particulière entre l'art et l'intellect, entre la pensée et l'acte, entre les qualités de la forme et les propriétés de la matière. Il y eut donc en France une lignée d'artistes – mêmes écrivains – qui furent essentiellement *architectes*.

On voit à merveille par cet exemple les matériaux imposer aux actes qui les veulent réduire au service de l'homme, des restrictions qui contraignent l'esprit du même coup à la rigueur et à l'invention. Il en résulte une liberté que l'on peut dire supérieure, pour l'opposer à cette liberté qui n'est que l'échange du moindre effort contre le moindre effet.

Voilà pour moi un grand trait de la formation de la France, qui nous est représenté par une production particulière : la bâtisse. D'autres productions ont exigé et développé des qualités qui se sont elles aussi incorporées peu à peu à l'esprit national : l'acuité et la subtilité sensorielles ont été des nécessités créatrices dans l'industrie de la mode comme dans celle des vins fins. Un dégustateur de bordeaux qui dit d'un vin *qu'il fait la queue de paon dans la bouche* s'égale à plus d'un poète – de même que Baucher, le célèbre écuyer, touche au grand écrivain quand il parle de la *mobilité moelleuse de la bouche du cheval*...

Que de patience aussi, que de soins, de soucis et de peines suppose la mise en valeur de certains cantons du pays à la fois très précieux et très âpres. Les vignerons des Côtes du Rhône cultivent parfois des pieds de vigne disséminés dans des creux de rochers haut placés. Il faut les soigner un à un, porter à dos d'homme des hottes de terre et d'engrais.

Cependant le travail change de caractère. Le temps ne comptait pas, jadis. L'énergie (mécanique) comptait. Les procédés étaient de tradition. Il y avait quantité de secrets et de tours qui se passaient de maître à compagnon; de père en fils, du cédant au concessionnaire. Point de technique organisée et générale. Point de fabrication en série. On peut se demander si la machine ne va pas altérer les vertus humaines que l'obligation d'employer la vigueur, l'adresse, l'attention, la constance, avait cultivées? Je ne fais qu'énoncer la question. Peut-être, comme les exercices athlétiques s'emploient à développer aujourd'hui la vie musculaire pour elle-même et compensent ainsi ce que la machine lui retire d'occasions de s'employer, trouvera-t-on de nouveaux objets d'effort et de nouvelles difficultés?... C'est donc ici que germe et que perce le problème capital de la *qualité de l'homme de demain*.

De ce que vaudra cet héritier de nos connaissances et de nos œuvres, dépendra, entre autres choses, ce qu'on pourrait appeler l'*Avenir du Passé*, c'est-à-dire l'évaluation prochaine de tout ce qui a été créé jusqu'ici par l'art et l'intelligence. Que vaudra demain ce que nous admirons ou goûtons encore aujourd'hui ?

La question est posée par la quantité et l'importance des modifications de la vie qui font notre époque si neuve.

L'homme a conquis toute l'étendue habitable : la terre, la mer, l'air et la nuit lui appartiennent, et jusqu'à l'éther – si *éther* est un nom qui convienne encore à l'espace ondulatoire.

Sa puissance est magique, passe son entendement. Il *peut* bien plus qu'il ne *sait*. L'acte d'un doigt d'enfant illumine dans l'instant une capitale, pulvérise une colline, conduit tout incandescent sous le laminoir un bloc de métal de cent tonnes. On peut parler, agir à des milliers de kilomètres de soi-même. On décèle des corps si éloignés qu'il en faut évaluer la distance en siècles de lumière, et d'autres si petits que la lumière les ignore ou les entraîne...

Tout ceci est, pour une immense part, l'œuvre des cinquante dernières années. Jamais transformation plus profonde et plus brusque ne s'est prononcée dans l'histoire. Jamais plus étonnante révolution, nouveautés plus déconcertantes, plus précipitées, plus agissantes sur toute existence. Jamais le genre humain ne s'est vu s'éloigner si témérairement des conditions naturelles ou immémoriales de la vie de l'espèce, et ne s'est trouvé engagé dans une aventure plus étrange et plus incertaine.

Que seront nos enfants ? Que feront-ils ? Que seront leurs travaux, leurs ressources, leurs relations avec la matière et avec l'énergie ?

Point de réponse. Nous vivons sous le régime de la surprise. Mais il n'en faut douter : les arts et les techniques auront beau changer ; les vitesses, les puissances, la précision utilisable, l'emploi des relais auront beau croître au-delà de toute conjecture actuelle, la valeur de l'individu sera toujours, en dernière analyse, le support essentiel des valeurs de toutes créations ou organisations matérielles. Le travail sera peut-être plus « intellectuel »; mais peut-être verra-t-on se dégager magnifiquement certains *dons*, qui sont précisément les dons de nos artisans et praticiens d'hier et d'aujourd'hui les plus excellents.

Il importe donc de reconnaître et de faire connaître les vertus spécifiques de ces artisans de qualité, car il importe que les progrès matériels de l'avenir, loin de réduire ou de déprimer l'individu, puissent, au contraire, servir à l'exalter. Il importe que dans un monde supérieurement exploité, équipé, organisé, dans une civilisation déchargée des besognes machinales, une forme transfigurée du travail personnel se déclare et se développe – de laquelle le travail de nos praticiens et ouvriers les plus habiles et les plus consciencieux aura été l'origine simple et vénérable.

1932.

MÉTIER D'HOMME[1]

Ce livre que vous avez fait n'est fait que de ce que vous avez fait : c'est dire que vous n'y traitez que ce que vous savez, car nous ne savons vraiment que ce que nous savons faire.

C'est là une circonstance si rare que je ne puis guère vous louer de votre ouvrage sans blesser presque tout homme qui parle et ravaler quantité d'auteurs, au nombre desquels je me range. Si licence d'écrire n'était donnée qu'à ceux qui pourraient démontrer par l'acte une intime connaissance de leur sujet, combien de chômeurs faudrait-il mettre sur les listes !...

Je puis cependant vous exprimer mon sentiment sur ce livre que je viens de lire. Ce sentiment n'est pas très pur. Je vous avoue qu'il est mêlé d'un grand plaisir de l'esprit et d'un mouvement de l'âme assez détestable. Je vous envie, cher Monsieur. Votre livre nous confirme ce que nous savions : que vous exercez avec passion, avec le plus heureux succès, avec une supériorité reconnue par l'Etat, et davantage, par tout le monde, un métier qui en assemble une quantité d'autres et qui se trouve bien qu'on les possède tous à fond. Vous êtes capable, en un jour, d'être mécanicien, commerçant, politique, financier, ingénieur et architecte, conducteur d'agents, trans-

---

1. Lettre-préface à un livre de M. R. Dautry.

porteur de foules. Vous commandez, exhortez, créez; vous coordonnez le risque et la prudence; et vous tenez dans votre tête, à la disposition de l'instant, quelque cent mille données précises des matières les plus diverses et de tous les ordres de grandeurs : des chiffres, des visages, des méthodes, des modèles d'action –, et un idéal.

Voilà votre métier, dont vous parlez en amant tout à fait heureux. Quant à moi, je n'en connais qu'un, qui n'en est pas un, puisqu'il est essentiellement niable, et que tout homme, s'armant d'une plume, peut se targuer d'en être maître; et je ne dis le connaître que pour m'être fait un sens toujours plus exquis, et comme ombrageux, de ses difficultés – et presque – de son impossibilité.

Mais, de cette expérience particulière, j'ai du moins retiré une grande révérence pour toute personne qui sait faire quelque chose, et un singulière considération pour celles qui nous montrent par leur exemple que l'exercice d'une profession peut valoir à son homme un autre avantage que son traitement ou son salaire, son avancement ou son renom; mais un accroissement et une édification de son être. Si j'aimais, plus que je ne fais, les termes considérables, je dirais que tout métier, même très humble, ébauche en nous une éthique et une esthétique, tellement que, à partir de l'obligation de « gagner sa vie » au moyen d'un travail bien défini, quelqu'un peut s'élever à une possession de soi-même et à un pouvoir de compréhension en tous genres, qui surprennent parfois celui qui les observe chez des individus dont il n'eût pas attendu des remarques d'artistes ou des sentences de philosophe, exprimées en termes semi-pittoresques, semi-professionnels.

Il arrive même que le métier, s'il fut aimé et approfondi, demeure comme le dernier vestige d'intelligence et de moralité, la suprême chance de salut mental et social dans un homme en ruine, quant à l'organisme; en perdition totale, quant au caractère. Il est remarquable qu'une spécialité – de celles qui peuvent inspirer l'orgueil d'y exceller – s'insère si profondément dans une vie, y développe des connexions si fortes, que la déchéance générale, le désordre psychologique habituel, le procès de dégradation et de destruction de la personne physique et pensante, respectent, presque jusqu'à la fin, le sentiment du métier. Je ne l'aurais pas cru si je ne l'avais vu.

Il y a quelque trente ans, je passais, un dimanche, devant l'ancien Hôtel-Dieu. Au bas des tristes murs, mainte échoppe de vieilleries s'appuyait : linges sales, lampes verdies, verres et ferraille, ustensibles ignobles dans des paniers. Et des livres aussi, car il se trouve toujours des livres dans les épaves.

Un de ces livres m'arrêta. Je le pris du bout des doigts. Je ne sais plus ce qu'il était : peut-être un recueil de ces pièces de théâtre que les élèves des Jésuites composaient sous Louis XV pour leurs Académies de collège? Mais la reliure m'intrigua. Toute souillée et comme éculée qu'elle était, le dos presque arraché, les plats faisant songer à des pommes soufflées, elle me parut fort remarquable et singulière. Je n'avais jamais vu ce genre de décor. J'étais dans cette réflexion, quant vint à passer quelque être bien misérable, un très petit homme, l'air farouche et égaré, le pas incertain, le vêtement trop vaste et immonde. Sans âge; le cheveu étrangement décoloré; le visage sans poil et de parchemin, il était vieillard et enfant. Je demeurai stupéfait de me voir le livre bizarre arraché des mains par ce blême avorton. Il brandit le bouquin avec un rire amer et extraordinaire; et comme le fripier se ruait pour défendre son bien, il le repoussa en haussant les épaules. Exhalant son haleine affreuse et tout échauffée d'alcool, il me cria d'une voix trop proche, grasseyant à la parisienne : « Allez donc... Ça m'connaît, moi, la r'liure. » Et maniant, retournant, ouvrant et fermant le volume, voilà cet ivrogne sans couleur, aux mains de cire, qui entame toute une démonstration savante et raisonnée, avec une abondance de termes techniques et mystérieux, un sentiment saisissant du métier, une manière d'éloquence amoureuse et précise, dont je restais émerveillé. Je m'aperçus alors qu'il avait des yeux bleus admirables et que ses pâles mains ne tremblaient plus. Elles avaient retrouvé leur objet... On eût dit que le contact du livre avait changé cette chose humaine errante en Docteur de la Reliure. Je ne me tins de l'interroger. Il se dit être le dernier survivant d'une famille qui fut illustre dans le métier. Trois siècles durant, établis rue Dauphine, ils vécurent de vêtir les livres noblement. Il montrait la conscience la plus nette de la dégénérescence que tout son être et son état manifestaient.

— Et les fers, lui demandai-je, qu'est-ce qu'ils sont devenus?

— Vendus au poids, dit-il, on les a bus.

Il haussa les épaules. Son regard avait repris l'air noyé.

Le mouvement des gens sous la bruine absorba l'avorton, et je m'évanouis dans mes pensées, comme parle la Bible...

Celui-ci n'était peut-être pas excusable d'avoir bu jusqu'à l'extrême usure de soi-même, car la reliure est un art complexe et varié. Mais combien de métiers se réduisent à un automatisme, et lui sacrifient peu à peu ce qu'il y a dans l'homme le plus précieux!... Alors, à cet accroissement de valeur dont je parlais tout à l'heure, s'oppose une diminution de la personne. Le nom même de métier y fait songer. Il signifie dans l'origine service de détail : métier, c'est ministère (*ministerium*, dans lequel minus s'entrevoit). Il est intéressant de noter que le langage a utilisé ce mot dans des locutions dont l'une en relève le sens : métier de roi; l'autre le réduit à désigner une machine : métier à tisser.

Mais quand la machine est humaine, elle se défend

quelquefois, et quelque temps, contre l'abêtissement de la tâche identique et périodique. Il arrive que le reste de l'être réclame des excitants qui satisfassent, ou qui trompent, aussi promptement et énergiquement que possible, la soif d'images et d'invention, le besoin de vie non organisée, non chronométrée, non détaillée; ou bien il demande aux stupéfiants de le délivrer de la sensation de cette énergie libre et surabondante qui est dans l'homme, et l'inquiète, quand elle ne peut se dissiper en actes spontanés – parfois en créations ou en aventures...

Je crains bien que la transformation moderne des moyens de produire n'ait, jusqu'ici, accru la part de l'automatisme. La notion de travail, grandeur aisément mesurable, valeur purement quantitative, s'est substituée à la notion d'ouvrage ou d'œuvre, à mesure que le rendement a été plus recherché, et que la machine a conquis plus d'emplois, au point de faire en quelque sorte reculer l'ouvrier devant elle. Mais le travail est un moyen de vivre, et rien de plus. L'œuvre est une raison de plus, et ce n'est pas la même chose. D'ailleurs, le développement d'entreprises immenses et d'une complexité extrême entraîne nécessairement une diminution réciproque de la personnalité des hommes qu'elles emploient, jusqu'aux environs du sommet. Au sommet, l'initiative, l'invention, le vouloir, se concentrent : en ce point, le travail redevient œuvre. Ne semble-t-il pas que l'organisation politique, en plus d'un pays, tende à se façonner sur ce type créé par l'industrie à grande puissance? Ce qu'on nomme aujourd'hui dictature revient à un essai de traiter la fabrication continue de « l'ordre social » selon le modèle qui s'est imposé aux vastes exploitations et sociétés de production dont je parlais. Tous ces mécanisme exigent une précision extrême et une surveillance permanente des écarts individuels. Quelles que soient leurs différences nominales et idéales, ils ne peuvent exister que par une simplification des individus qui permette de les orienter identiquement dans le champ de forces de l'Etat; et il importe que cette modification agisse jusque dans la profondeur effective et intellectuelle de chacun d'eux. Il faut donc que les sentiments, les idées, les impulsions soient livrés, comme tout usinés, à la consommation des esprits et à la nutrition des âmes, par un être central. Le « psychisme supérieur » et la plénitude des puissances de l'action sont réservés à celui-ci. Il est l'unique homme complet de sa nation, et donc, dans notre temps, une manière de demi-dieu. Parfois il manifeste par un acte symbolique qu'il assume en sa personne les principes de tous les métiers, prend la pioche, ensemence, pointe un canon, conduit une machine, paraît aussi en prince des athlètes...

Les avantages, les bienfaits, les vices, les dangers de ces régimes sont évidents : il suffit de se rendre sensible à tel ou tel autre aspect de ce qu'on observe pour admirer ou abhorrer passionnément...

Mais où suis-je, et où en suis-je? Je crois bien que ma lecture m'entraîna l'esprit hors de la voie. Je brûle disques et sémaphores. Rien de plus grave sous votre œil. Son regard est d'un chef, mais qui n'est point, heureusement pour moi (et pour bien d'autres), de ces chefs qui trouvent dans l'autorité une jouissance intrinsèque et qui se contentent d'être obéis. On sait et l'on voit que vous sentez de quel prix de sollicitude et d'intelligence des hommes, un pouvoir véritablement légitime doit se payer; on sait que si vous apportez chaque jour à votre réseau les perfections nouvelles de la technique, il n'est point de progrès possible dans la sécurité, le bien-être, et même le divertissement de vos agents que vous ne recherchiez. Je vous l'ai dit tantôt, il y a de l'amour dans votre livre : vous voulez inspirer ce qui vous possède. Vous avez voulu, peut-être, à partir de ce que vous faites et savez faire (et non, comme tant d'autres, d'après quelque mélange de songes, de logique et de mythologie), montrer que tout le cède enfin à l'expérience, et que la conscience – dans tous les sens de ce terme – d'un métier que l'on exerce enrichit l'être entier par la présence d'un modèle d'action, de coordination et d'accomplissements vérifiables...

1937.

COUP D'ŒIL SUR LES LETTRES
FRANÇAISES

Donner en quelques mots une idée des Lettres françaises... Ce problème est paradoxe, car toute littérature est variété illimitée, et la nôtre se distribue sur plus de cinq siècles, pendant lesquels les changements de la vie matérielle, morale et politique les plus profonds se sont produits. Mais, ce paradoxe même est bien français. Il caractérise déjà notre esprit. Comme Michel-Ange décrétant qu'il n'est de concept qu'un grand artiste ne puisse inscrire dans un seul bloc de marbre, ainsi les Français jugent-ils possible, et même très conforme à l'essence des choses, qu'un ensemble prodigieusement divers de phénomènes des plus complexes puisse et doive se condenser et se réduire enfin à quelques formules nettes : nécessaires et suffisantes. C'est l'Univers de Descartes...

Je ne m'y essaierai pas. Je voudrais seulement faire voir de notre système littéraire ce qu'un observateur suffisamment éloigné pour que son regard soit capable de tant d'objets intellectuels, verrait de commun à toutes ces productions, c'est-à-dire de *spécifiquement français*.

A grande distance c'est notre langue d'abord qui nous distingue, comme une teinte uniforme sur la carte du territoire des esprits. La littérature n'est, après tout, qu'une exploitation de certaines propriétés d'un langage donné. Selon la structure et le mécanisme de ce langage, telles expressions seront possibles ou non, désirables ou non, fortes ou faibles : il n'en faut pas plus pour engendrer des différences nationales considérables, non seulement entre les manières d'écrire, mais encore entre les Français mêmes. Ce qui paraîtra assez bien défini dans une langue, paraîtra obscur ou ambigu dans l'autre, quoique étant dit au moyen des mots correspondants, ou qui semblent tels. C'est là tout le drame des traductions.

Le français est bien séparé des autres langues, non seulement par le vocabulaire, mais par sa diction, mais par la rigueur et la complication des règles de l'orthographe et de la syntaxe; mais par une remarquable tendance à n'employer qu'un petit nombre de mots – à quoi nous trouvons de l'élégance et je ne sais quel air universel.

Quant à la diction, mère de la Poésie, j'observe que le français, bien parlé, ne chante presque pas. Notre discours est de registre peu étendu : notre parole est plane, aux consonnes très adoucies; elle est riche en diphtongues de sonorités exquises et subtiles. Notre musique de poésie diffère donc de toutes les autres, s'oppose plus que les autres au ton de la voix normale; et par conséquence, elle s'est développée vers un art savant et formel, très distinct et très éloigné de toute production naïve et populaire. C'est pourquoi l'on a pu dire avec une certaine exactitude apparente, et une grande injustice dans le fond, que nous étions plus faits pour la prose que pour les vers.

Il est vrai que le chef-d'œuvre littéraire de la France est peut-être sa prose abstraite dont la pareille ne se trouve nulle part. Depuis le XVIe siècle, il n'est pas d'époque chez nous qui n'ait produit des ouvrages de philosophie, d'histoire, ou même de science pure admirables par l'ordonnance et par le style.

Mais il n'en faut rien déduire contre nos poètes, à l'honneur desquels je ferai seulement remarquer que toute la poésie actuelle dans le monde procède des inventions et des expériences qu'ils ont faites depuis quelque vingt ans : ils ont créé la poésie de l'homme moderne.

Mais le trait le plus particulier de notre littérature est sans doute cette action puissante et permanente de l'esprit critique s'attachant à la *forme*, qui s'est prononcée chez nous depuis la Renaissance, qui a dominé les différences de tempéraments et dicté les jugements de valeur pendant la période dite *classique*. Le dogme du style n'a cessé depuis lors d'exercer une excellente tyrannie, souvent combattue, jamais abolie, sur les productions de nos écrivains. On dirait qu'il soit demeuré en France littéraire quelque chose de ces règlements de corporations qui exigeaient du *compagnon*, anxieux de devenir *maître*, l'épreuve d'un ouvrage dans lequel toutes les difficultés fussent affrontées et surmontées, toutes les conventions satisfaites, et qui pût enfin prendre place parmi les modèles de l'art. La France est le pays du monde où des considérations de pure forme, un souci de la *forme en soi*, aient persisté, et résisté *jusqu'ici* aux tentations d'un temps où la surprise, l'intensité, les effets de choc, sont recherchés et prisés aux dépens de la perfection.

Jusqu'ici, ni la force des pensées, ni celle des passions, ni la génération merveilleuse de l'image, ni les éclats mêmes du génie, n'ont pu pleinement satisfaire le goût d'une élite assez délicate pour n'admirer sans réserve que ce qu'elle avait pu apprécier après réflexion. Elle n'admirait tout à fait que lorsqu'elle avait trouvé des raisons solides et universelles de son plaisir : or, ceci contraignait nos auteurs à un exercice perpétuel de sévérité pour eux-mêmes et de volonté sans complaisance. Cette critique permanente ne s'exerçait pas dans les écrits tant que dans les lieux où l'on cause. La Cour, jadis; Paris, plus tard, et ses salons et ses cafés, ont joué le rôle de plus actif dans la formation et la direction spirituelle de nos Lettres. On peut apprécier très diversement cette fermentation; soutenir qu'elle fut plutôt nuisible au développement de puissantes individualités, favorable aux intrigues et aux jeux de la vanité. On peut y voir au contraire une condition aussi propice à la vitalité de l'esprit que les bourses et les marchés le sont à la circulation des valeurs et à la multiplication des affaires.

Les idées ainsi agitées, provoquées, proclamées, ruinées ont de tout temps entretenu dans l'atmosphère de nos Lettres cette inquiétude et ce besoin de changement qui ont engendré tant de modes littéraires successives, et qui se sont combinés curieusement avec les traditions formelles que j'ai rappelées tout à l'heure.

Ceci pourrait expliquer (si quelque chose jamais s'explique) l'accroissement (et non l'évolution) si remarquable de la littérature française qui semble avoir procédé par acquisitions, toujours suivies d'une réaction, plus ou moins prompte; et ces deux actes de croissance nous ont enfin constitué un capital toujours plus complet d'*ouvrages modèles* dans tous les genres : presque tous nos chefs-d'œuvre ont un chef-d'œuvre pour réponse.

                                                    1938.

ECONOMIE DE GUERRE
DE L'ESPRIT

Tout ce que l'homme a fait, et qui l'a fait homme, eut pour première fin et pour condition première, l'idée et l'acte de constituer des réserves. Des réserves du loisir. Le loisir rêve, pense, invente, développe les lueurs, combine les observations; de quoi résultent bien des conséquences qui ont transformé la condition humaine et nos rapports avec toutes choses, extérieures ou non.

Grains emmagasinés, poisson ou viandes, séchés ou fumés – des réserves matérielles, productrices de temps libre, diminuent aussi l'accidentel de la subsistance, excitent à la prévision. Elles permirent de former et de thésauriser des réserves de connaissances, et nous vivons sur celles-ci. Il nous en faut de plus en plus pour vivre. Qu'est-ce que l'homme moderne? Il est l'homme dont tous les moyens d'existence dépendent étroitement de la conservation, de la régénération et du renouvellement d'une quantité incroyable et toujours croissante de savoir.

Mais, en fait de savoir, ce n'est pas tout que d'en accumuler le matériel de fixation ou d'opération, et même d'entretenir le personnel qui le dispense ou celui qui le peut utiliser : ceux-ci ne le créent point. Le savoir ne se conserve en pleine valeur qu'en présence des conditions vivantes de son accroissement. Il dépérit en l'absence d'individus capables de l'agrandir, de le transformer – et même d'en contester ou d'en ruiner légitimement les parties qui paraissent le plus solidement établies. Il doit croître ou périr; et il ne peut croître que dans l'esprit libre, qui est celui assez puissant pour créer d'abord ses contraintes. Sous peine de dégénérer en pratiques de plus en plus aveugles et de moins en moins intelligibles, il est indivisible de ce genre de passion qui fait que l'on place l'esprit au-dessus de tout, et d'une liberté générale de l'esprit, qui exige celle de la personne.

Regardons à présent auprès et autour de nous. Il y a guerre. Une guerre moderne veut une disposition préalable de toutes les ressources d'un peuple à son intention, et consiste dans la dissipation concurrente de toutes les réserves matérielles des nations adversaires. A ce point de vue, l'évolution d'un conflit peut se représenter par la succession des équilibres d'une balance, dont les charges se modifient, rapportés à la marche d'une horloge. Il y a d'autres facteurs; mais, les supposant égaux des deux côtés, il est assez clair que la comparaison nous est déjà bien avantageuse, et que cette heureuse inégalité ne peut guère que s'accentuer.

J'en viens à mon objet, qui est de considérer les réserves intellectuelles, de part et d'autre de la ligne de feu.

Du côté de nos ennemis, nous savons (et le monde entier) que toute leur politique à l'égard de l'esprit s'est réduite ou acharnée, depuis dix ans, à réprimer les développements de l'intelligence, à déprécier les valeurs de la recherche pure, à prendre des mesures, souvent atroces, contre ceux qui s'y consacraient, à favoriser, jusque dans les chaires ou aux laboratoires, les adorateurs de l'idole au détriment des créateurs indépendants de richesse spirituelle, et à imposer aux arts comme aux sciences, les fins utilitaires que poursuit un pouvoir fondé sur les déclamations et sur la terreur. Les universités, jadis la plus grande et la plus juste gloire de leur pays, ont été privées des meilleurs de leurs maîtres, soumises au contrôle d'un parti qui est une police; leurs étudiants transformés en satellites du régime ou en ouvriers enrégimentés; enfin, la doctrine de l'Etat s'est, là-bas, nettement et brutalement prononcée contre l'intégrité et la dignité de la pensée qui ne doit s'employer qu'à le servir.

Ce tableau est incontestable, l'Allemagne a vu détruire, en quelques années, par son propre gouvernement, presque tout son « potentiel » de création et de régénération intellectuelles. Les uns, ivres de volonté de puissance et d'orgueil; les autres, avilis par la soumission collective, ou dominés et bâillonnés par la crainte, ce peuple a supporté cela.

Mais notre groupe occidental ne peut souffrir ni la suppression de l'individu pensant et sa substitution par un automate, ni l'obéissance non raisonnée et non limitée à quelque fin précise et nécessaire qui l'exige. Nous croyons que chaque méthode d'Etat se fait les hommes qu'elle mérite, et nous n'envions pas le type d'homme que le système prussien a imposé à l'Allemagne, qui s'efforce de l'imposer à toute l'Europe. Contre cet excès mortel d'une discipline dont le but idéal est la passivité généralisée, nos sentiments et nos forces se sont dressés. Parmi toutes nos ressources, il faut mettre, et se garder de négliger, ces réserves intellectuelles dont je parlais tout à l'heure. Elles doivent compter beaucoup dès aujourd'hui; elles se montreront bien plus précieuses après la fin des hostilités. En regard d'une moitié de l'Europe terriblement appauvrie quant à la culture, sous-alimentée à l'extrême en fait de nourriture spirituelle, longuement privée de libre philosophie, de science pure, de littérature et d'art désintéressés et même d'activité religieuse sans entraves, songez à ce que pourra représenter notre Europe de l'Ouest, France et Angleterre, intimement unies dans leur résolution d'assurer l'indépendance de l'esprit, et qui auront durement combattu pour elle. Elles savaient bien, l'une et l'autre, que toute valeur de l'humanité – tout ce que l'homme a fait et qui l'a fait homme – ne peut subsister, c'est-à-dire : croître – qu'en présence des conditions vivantes et universelles que réunit un esprit libre.

1939.

FONCTION ET MYSTÈRE
DE L'ACADÉMIE

Me sera-t-il permis de philosopher un peu sur notre Académie ?

Nous avons trois cents ans : c'est un bon âge pour revenir un peu sur soi-même: peser ce que l'on fut, chercher ce que l'on est, songer à ce qu'on pourra être, à ce qu'on pourrait être, ou devrait être. Une sage Compagnie peut bien, comme une personne, considérer sa vie, interroger ses souvenirs, faire un examen de sa conscience et tenter de se rendre plus présentes à soi-même son essence, sa valeur, ses vertus – ses faiblesses peut-être –, imaginer enfin ce qu'elle doit craindre et ressentir sa volonté de vivre...

Mais à peine l'esprit se fixe-t-il sur notre illustre Compagnie et veut-il s'appliquer à ce regard, il éprouve aussitôt une certaine sensation de mystère.

Il y a beaucoup d'Académies en ce monde. Vieilles, jeunes, obscures ou fameuses, officielles ou libres, on en trouve partout et de tout genre, avec tout ce qu'il faut – archives, bureaux, secrétaires généralement perpétuels, prix et couronnes à décerner – pour constituer une assemblée fermée, qui se recrute elle-même, et dans le sein de laquelle s'échangent des propos ou des discours conformes à son objet. Tout auprès de la nôtre, partageant notre toit, portant même parure et mêmement armées, quatre grandes compagnes composent avec nous le corps de l'Institut.

Mais, voisines ou non, chacune de ces Académies a sa définition assez précise, et s'emploie à poursuivre dans quelque domaine du savoir l'accroissement d'un certain genre de connaissances ou à favoriser le développement de telle ou telle production de l'esprit.

Seule, l'Académie française, quoique pourvue d'une charte qui lui assigne le devoir d'observer et de noter les états successifs de la Langue, et quoiqu'elle ait accepté de juger et de récompenser les œuvres littéraires que l'on soumet à ses concours, et les actes vertueux qu'on lui désigne, se réduit dans l'opinion universelle à une société qui compose un dictionnaire et qui honore chaque année les mérites qu'elle distingue.

Nous sommes ce que nous croyons être et ce que l'on croit que nous sommes, et personne (ni nous) ne le peut préciser. La singularité de l'Académie est d'être indéfinissable. Si elle ne le fût, sa gloire ne serait point du tout ce que l'on sait qu'elle est : toute chose dont on peut se faire une idée nette perd de sa force de prestige et de sa résonance dans l'esprit.

Il suffirait d'un petit essaim de philologues ou de lexicographes, réunis à quelques écrivains, pour tenir continuellement à jour la table des mots vivants à telle époque.

Il suffirait d'un comitié de critiques et de philanthropes pour répartir le mieux du monde tous les prix dont nous disposons.

Ces fonctions que nous exerçons n'épuisent donc point la signification que chacun, même avec tendresse, donne à ces mots : *Académie française.* Ils produisent une impression qui ne peut se résoudre en termes exacts; et cette caratéristique négative se fait toujours plus sensible et plus remarquable, à mesure que le développement de l'organisation du monde et de la société se fait de plus en plus pressant, que toutes choses humaines sont de plus en plus assujetties à des formules précises et que l'on tend de plus en plus à ajuster toutes les activités de la vie comme les pièces d'un mécanisme. Nous sommes dans un temps d'excessive et bizarre rigueur, où l'on voit, par exemple, des juristes et des sociologues s'inquiéter de trouver ou de forger une bonne « définition » des « intellectuels », qui permette de donner un statut légal et administratif nettement défini aux malheureux qui pensent!

Il y a donc un mystère de l'Académie qui lui est sans doute essentiel; et cette sorte de transcendance s'accuse et se démontre assez par la grande liberté de nos choix. Non seulement nous pouvons choisir entre les personnes, mais nous échappons à l'obligation de prendre nos nouveaux membres dans une catégorie déterminée par des recherches ou des occupations de telle ou telle espèce. Nulle spécialité ne s'impose à nous. Nulle part, l'impondérable n'est si puissant que dans nos élections. Les motifs de nos préférences se dérobent assez souvent à tout le monde, et parfois à nous-mêmes. Mais si l'on nous reproche que nos voies soient impénétrables, nous trouvons à ces mots une saveur de compliment.

C'est un des charmes de la Compagnie qu'elle ne soit pas une pure collection des gens de lettres – ni d'ailleurs, comme je l'ai dit, qu'elle se restreigne à aucune discipline particulière. Les semblables ne sont pas améliorés par les semblables; mais plutôt empirés. Les hommes de même métier s'endurcissent chacun dans sa manière de faire et de différer de ses pairs, et il est assez naturel que les partis divers qu'ils ont pris dans leurs travaux concurrents leur interdisent de s'entendre. Ils renoncent délibérément d'assez bonne heure à échanger entre eux d'autres propos que ceux qui n'irritent point leurs contrastes.

Mais le commerce de personnages incomparables – d'un philosophe avec un homme de guerre, d'un poète avec un prélat, d'un historien avec un auteur de romans ou de comédies, d'un diplomate avec un linguiste, n'engage pas les amours-propres et se développe dans toute l'étendue que font deux curiosités croisées entre deux univers. Ce sont ici les différences qui rapprochent.

On peut cueillir chez nous, en quelques mots, le fruit des expériences de toute la vie d'un homme éminent, dans un ordre de recherches ou d'actions que l'on a ignoré, ou négligé, ou effleuré à peine jusque-là. Je ne sais rien de plus précieux, et quelquefois de plus délicieux, que ces échanges. Le Dictionnaire les excite parfois; mais il n'en garde point la trace.

Je me garderai d'oublier que nous possédons aussi ce qu'il faut de savants illustres pour introduire dans une société véritablement « bien composée », une pointe de rigueur, et l'importante « action de présence » des connaissances les plus profondes.

Quoique l'âge moyen des membres de l'Académie s'éloigne assez sensiblement de celui de l'adolescence, j'ose dire que ce mélange très aimable d'esprits si diversement formés *fait de la jeunesse.*

Rien de plus aisé à établir que cette proposition qui paraît d'abord des plus hardies.

La jeunesse dont je parle n'est que celle qui se déclare par la liberté de l'esprit et la prompte netteté des jugements. Les jeunes gens, dans leurs réunions, n'étant pas encore contraints par le souci de leur carrière et de leur famille, le ménagement de leurs intérêts ou de leur avancement, et la considération pressante d'un avenir immédiat, peuvent donner cours à leurs sentiments sur toute chose, et juger sans réserves. Davantage : ils ne sont pas encore si avancés dans leurs études spéciales qu'ils ne puissent s'intéresser et s'accommoder à toute espèce d'idées. Mais nous, ce qu'ils peuvent *avant*, pour être encore assez libres, nous le pouvons *après*, pour être enfin libérés. Il est vrai que notre liberté d'esprit et notre curiosité sont celles qui se payent par la dépense de toute une vie, tandis que les leurs sont les effets d'une pensée qui s'éveille et qui regarde de toutes parts avant de s'absorber dans le détail de tel objet; mais, par cette indépendance et cette diversité d'attentions, il y a une certaine ressemblance entre les jeunes et nous, qui ne le sommes plus. J'ai voulu le noter, puisque je ne suis pas le seul à en avoir ressenti l'impression.

Un de mes confrères, parfois, se penche vers moi pendant la séance, et me souffle : *Nous sommes en classe.*

Nous avons dit que l'Académie a son mystère, dont nous nous efforçons de montrer l'existence. En voici l'aspect politique, ou plutôt constitutionnel. On va voir que nous retrouverons ici cette étrange difficulté de définir notre Compagnie dont j'ai dit plus haut tout le prix.

Nous devons à l'Etat notre institution et quelque subside; un logement et certains honneurs réglementaires fort mesurés. Son Chef est notre Protecteur. Les noms de nos élus lui sont soumis, et il lui appartient *souverainement* d'approuver ou de désapprouver notre choix.

Mais entre lui et nous, point d'autorité interposée. Si diverses questions matérielles exigent ou peuvent exiger l'intervention du Ministère, voire du Parlement et parfois du Conseil d'Etat, l'indépendance de nos travaux, de nos discours, de nos désignations est entière à l'égard de la politique. Elle n'a guère été méconnue que par la Révolution, et par ce gouvernement de la Restauration qui, en 1816, a chassé et fait remplacer un certain nombre d'académiciens. Cette violence ne s'est pas renouvelée. L'Académie, cependant, a été, sous les divers régimes qui se sont succédé depuis lors, assez souvent notée de mauvais esprit. Tantôt dans un sens, tantôt dans l'autre, elle a boudé plus d'une fois le pouvoir établi. Elle accueillit toujours les hommes les plus distingués de l'opposition du moment, et les discours de ses séances solennelles ne furent pas sans pointes, allusions et remontrances à l'adresse des gouvernants. Pour modérées, et sans doute vaines, que puissent être ces démonstrations de blâme ou d'humeur, il faut reconnaître que l'Académie est le seul corps de l'Etat qui, depuis l'abolition des Parlements de jadis, se soit essayé dans ce genre.

Tout le monde sait bien qu'elle exerce une attraction assez puissante sur tout homme politique parvenu au plus haut de sa carrière. Ils voient en elle, avec quelque raison, le suprême honneur que l'on puisse attendre d'un vote; et le grand sens des choses humaines qu'ils ont acquis en s'exposant tant de fois aux surprises des scrutins, aux caprices des assemblées et aux accidents de la vie publique, leur fait justement désirer de s'asseoir enfin parmi les élus qui le sont une fois pour toutes et qui peuvent dire ce qu'ils veulent. Ce n'est point qu'ils échappent à tout : nous avons nos petits périls. L'Académie souvent est assez vivement traitée, assaillie de droite ou de gauche, en termes parfois démesurés. On oublie, d'un côté, qu'elle est la dernière institution de la monarchie française qui subsite. Le droit de consacrer ou non un immortel est (avec le droit de grâce) tout ce qui demeure du pouvoir absolu aux mains du Chef de l'Etat. On oublie, d'autre part, que les plus illustres des plus libres esprits que la France ait produits ont appartenu à la Compagnie. Mais la politique ne peut vivre de justice, et, si l'on pesait tout, les partis s'évanouiraient.

Il faut avouer à présent que tout n'est point absolument faux dans ce qu'on dit de nous facilement (et qui n'est pas toujours ni flatteur, ni courtois, ni d'ailleurs inouï), quand on en dit que nous avons de l'esprit comme quatre, quarante que nous sommes; quand on nous accuse d'être rebelles aux nouveautés, hostiles aux œuvres hardies. On a beau jeu de nous opposer nombre d'hom-

Fonction et mystère de l'Académie

mes d'immense talent qui ne furent point des nôtres, ou qui durent s'y reprendre. On ajoute à ces divers griefs la raillerie des ridicules supportables dont notre âge, nos costumes, nos épées, nos discours, et jusqu'à la courtoisie dont on use entre nous, font les conditions obligées. Il manquerait quelque chose à notre gloire, comme Molière y manque, si ces flèches légères et toujours ramassées lui fussent épargnées. Ceux qui les reprennent et les relancent n'aperçoivent peut-être pas qu'ils se placent par là dans la tradition comme nous. Nos moqueurs nous sont substantiels. Il en résulte que le Tricentenaire de l'Académie est tout aussi le leur, qu'il conviendrait de célébrer avec le nôtre. Ne serait-il pas divertissant – et juste, en somme – que parmi les détails de nos prochaines fêtes, on fît place à quelque commération des séculaires et quasi vénérables critiques et plaisanteries dont nous sommes depuis trois cents ans les paisibles victimes?

Mais, parlant plus sérieusement, je trouverais noble et digne de nous, de rendre, dans cette même occasion solennelle, un hommage public à ces grands hommes qui ne voulurent ou qui n'obtinrent de fauteuils.

Certes, toutes ces absences éclatantes ne sont point de notre fait, et il en est, je crois, fort peu dont nous soyons absolument responsables. La mort a interrompu des carrières qui eussent, un peu plus longues, trouvé chez nous leur récompense. Il faut bien dire aussi que l'orgueil qui les intimide arrête quelques-uns sur notre seuil. Ils pensent que c'est s'humilier que de frapper à notre porte, qu'ils redoutent de ne pas voir s'ouvrir aussi promptement qu'elle le devrait devant leurs mérites. Ils craignent de paraître incliner leur fierté en soumettant à nos suffrages l'idée qu'ils se font d'eux-mêmes, et ne céderaient, sans doute, qu'aux instances de toute la Compagnie qui les irait chercher en grande pompe pour les conduire à la Coupole. Je ne les blâme point. Que serait-on si l'on ne se croyait inestimable?

Mais, ne considérant que les manques très regrettables

dont l'Académie peut s'accuser, et qui ne sont point les effets de circonstances indépendantes de sa volonté, j'observe que cette sorte d'injustice n'est pas sans ajouter un dernier trait à ce caractère indéfinissable que je trouve ou que je prête à notre Compagnie. Rien n'assure quelqu'un, ni la renommée, ni la situation, ni la pression de l'opinion publique, d'obtenir un siège chez elle. On ne peut énoncer de conditions précises et il n'y a point de titres invincibles ni de qualités, même des plus brillantes, qui dispensent personne de courir ces risques et d'être exposé à l'incertitude de nos sentiments et aux fluctuations de notre humeur.

J'aimerais enfin de songer à l'avenir.

Il ne s'agirait point de jouer à l'oracle : simplement former quelque vœu.

J'ai parlé de notre « mystère ». J'ai tenté de montrer que ce mystère existe, nous distingue, et relève peut-être, l'Académie par je ne sais quoi de vague et d'inexprimable qui se mêle toujours à l'idée qu'éveille son nom. Une chose ne vaut que dans la mesure où elle échappe à l'expression. Il faut que tout ce que l'on peut en dire n'en puisse épuiser la notion.

Si je songe sur notre mystère, je finis par m'interroger si cet arcane singulier ne devrait point s'interpréter comme présage, gage ou prémices de quelque destinée future? N'oublions point que tout est *plus possible* que jadis dans notre temps, où l'imprévu, l'incroyable et l'invraisemblable dominent : et laissez-moi rêver!

A mesure que le désordre universel, qui est comme la grande œuvre du monde moderne, désordre aussi sensible et aussi actif dans les idées que dans les mœurs et dans les choses, se prononce, se propage, et développe ses dangers, ses promesses, sa puissance de contradictions, accumule les tentatives, les nouveautés, les destructions et les entreprises, les esprits, même les plus fermes, se sentent déconcertés et entraînés par la quantité des événements, l'excès de découvertes, la précipitation des changements qui en résultent. Ils n'observent autour d'eux que futilité, anxiété, abus de l'énergie, faiblesse des pensées, brusques variations des jugements... L'instabilité s'impose comme le régime normal de l'époque dans tous les ordres.

Mais, par là, la continuité, la durée, le tempérament, la sérénité deviennent, dans cet univers en transmutation furieuse, des valeurs du plus haut prix.

Une nation se devrait de les préserver : il s'agit du salut de son âme. Mais comment soustraire quelque peu de ces essences précieuses à la confusion généralisée, à la violence des faits, aux mouvements incohérents et inattendus d'un monde ivre de forces déchaînées ?

Comme les lettres et les arts se sont, durant quelques siècles, réduits à des travaux presque secrets entretenus pieusement, çà et là, à l'abri du siècle, ainsi peut-on imaginer, au milieu d'une nouvelle barbarie, la conservation et le culte de certains biens très menacés.

Le mystère dont j'ai parlé ne serait-il point de la nature de ces attentes vagues, auxquelles la suite des temps donne enfin leur signification et leur objet ? Ne procède-t-il point d'un obscur sentiment de la nécessité naissante d'un *Conseil* parfaitement libre et désintéressé, au sein duquel se formerait continuellement une opinion de qualité exquise sur les questions les plus hautes qui se puissent poser à une nation ? Je m'assure, par exemple, que les mœurs, les formes, la vraie valeur des hommes et des idées, l'éducation générale, toutes choses qui mériteraient d'être réfléchies et qui sont livrées à présent à l'improvisation, au hasard, au moindre effort, seraient utilement méditées, et leur état comme leur action représenté aux esprits.

Rien de pareil n'existe. Le pouvoir politique, toujours et nécessairement enchaîné à l'absurde et à l'immédiat, étant engagé dans une lutte perpétuelle pour l'existence, ne peut vivre que du sacrifice de l'intellect. Ceci est dans la nature des choses : gouverner c'est aller d'expédient en expédient...

Personne au-dessus des partis et des événements – qui ne sont que l'écume des choses – personne d'insensible aux voix quotidiennes, aux effets dramatiques instantanés de la vie publique, aux haines, aux craintes, aux complaisances privées – personne, aujourd'hui, qui ait autorité constante pour juger, conseiller, prévoir, et du reste, nul ne peut y prétendre.

Tout ce que nous voyons fait cependant concevoir par contraste l'idée d'une résistance à la confusion, à la hâte, à la versatilité, à la facilité, aux passions réelles ou simulées. On pense à un îlot où se conserverait le souci du meilleur de la culture humaine. Sans pouvoir effectif, rien que par son existence et par ce qui se répandrait dans le public des sentiments et des avis de ces quelques hommes établis dans la plénitude de la liberté de l'esprit, ce genre d'observation, de réflexion composée et de prévision exercerait une action indéfinissable, mais constante. Une sorte de conscience éminente veillerait sur la cité.

Il ne dépend que de nous de porter insensiblement à cette magistrature idéale l'Académie française.

1935.

LE CENTRE UNIVERSITAIRE MÉDITERRANÉEN

Le désir de développer les ressources intellectuelles d'une cité, et d'ajouter à ses attraits divers et à sa renommée universelle les attraits et l'éclat attachés à l'activité des échanges de l'esprit, a engendré l'idée de fonder à Nice un institut d'études supérieures. Mais la situation et les caractéristiques remarquables de Nice (ville maritime, ville frontière, séjour habituel de très nombreux étrangers, cité qui possède presque tous les agréments d'une capitale sans en avoir l'immensité et les désagréments) suggéraient de donner au nouvel établissement une physionomie et des attributions toutes nouvelles. Sa création intéresse à la fois la Ville et la Nation; elle peut et doit intéresser les nations voisines; elle peut et doit servir la culture générale, favoriser les relations dont le nombre et la variété ont cette culture pour effet. Un tel dessein ne pouvait se réaliser sans l'assistance de l'Etat.

En conséquence, le Ministre de l'Education nationale, statuant sur des propositions concertées entre l'Université d'Aix et la Ville de Nice, a fait rendre le décret du 18 février 1933, aux termes duquel est créé à Nice, sous le nom de « Centre universitaire méditerranéen », l'Institut qu'il s'agit à présent d'organiser.

NOUVEAUTÉ DE L'INSTITUTION

Le problème d'organisation à résoudre est entièrement nouveau. Le « Centre de Nice » est sans modèle. On ne peut consulter de précédents, invoquer des exemples, et l'on ne peut se borner à exécuter des prescriptions réglementaires.

COMPLEXITÉ DU PROBLÈME

Un examen sommaire suffira à montrer la complexité de ce problème.

CE QUE N'EST PAS LE CENTRE DE NICE

D'abord, diversité d'objets. Le Centre n'est pas et ne peut être assimilé à un établissement destiné à donner un enseignement régulier et complet, suivi en vue de l'obtention de grades ou titres universitaires, sanctionné par des épreuves, et exigeant, d'ailleurs, de ceux qui veulent le suivre, un certain degré constaté de culture, des conditions de scolarité et d'assiduité.

Le Centre n'est pas non plus un instrument de recherches déterminées.

Il comporte, sans doute, enseignement et même recherches éventuelles, mais enseignement qui ne peut être complet, et recherches qui ne peuvent être qu'occasionnelles.

CLIENTÈLE PROBABLE DU CENTRE

En effet, sans parler de ses ressources qui ne permettent pas de songer à l'assimiler à une Université, ni du principe même de la fondation, qui est tout autre, la clientèle probable des leçons qui y seront données n'est pas un public homogène et poursuivant un but identique. L'âge, la culture, l'intention, la nationalité, la connaissance de notre langue seront nécessairement très différents d'un auditeur à l'autre. Tantôt l'appétit d'un plaisir intellectuel, tantôt la volonté de s'instruire, tantôt la simple imitation sera le mobile. Nous devons accueillir et contenter à la fois l'amateur, le curieux, l'habitué, et celui qui vient une fois, l'habitant et le visiteur de Nice.

Cette remarque est capitale, car la condition essentielle d'un bon commencement doit être la satisfaction de besoins réels de la population stable et de la population flottante de la ville. Le Centre ne peut vivre que de l'opinion et de l'intérêt qu'il excitera, à peine de languir et de se réduire à une vie tout artificielle et administrative sans avenir.

J'ajoute que si la condition essentielle d'existence dans les premiers temps est la satisfaction de besoins existants, sa condition essentielle de développement devra être la création de besoins nouveaux et de nouveaux intérêts intellectuels. Reconnaître les premiers, pressentir les seconds, doit être le principal souci des organisateurs.

COMPLEXITÉ DE LA CONDITION ADMINISTRATIVE DU CENTRE

A cette diversité d'objets se juxtapose une assez grande complexité de l'organisme, complexité originelle et d'ailleurs inévitable. Pour assurer le fonctionnement du Centre, il sera nécessaire de réaliser la coordination constante de plusieurs mécanismes administratifs indépendants, d'accorder les méthodes réglementaires, les habitudes et les vues de plusieurs autorités ou entités distinctes : la Ville et plus d'un de ses services; l'Etat (Ministère de l'Education nationale et Université d'Aix dans certains cas, Département des Affaires étrangères, services de la Presse et de la Propagande); parfois les assemblées régionales, et parfois diverses autorités ou administrations étrangères.

Toutefois, l'existence et l'action du Conseil de Perfectionnement permettra de régler à Nice même, et dans les meilleures conditions de rapidité et de connaissance immédiate des choses, bien des affaires qui demanderaient de longs délais pour être traitées à distance et par échelons.

CONDITIONS IMPOSÉES
PAR UN ÉTAT DES CHOSES ANTÉRIEUR

Enfin, pour nouvelle que soit notre institution, elle ne doit pas moins se fonder sur des bases déjà existantes. Aux termes du décret précité, elle doit conserver et développer : 1° l'Institut d'Etudes franco-étrangères; 2° les Conférences d'Enseignement supérieur.

Ces deux organes d'enseignement, plus ou moins modifiés et adaptés aux conditions nouvelles, sont appelés à constituer la Base universitaire du Centre de Nice.

En résumé, multiplicité d'objets; diversité de conditions à remplir, d'esprits à satisfaire; pluralité de statuts et de rouages à coordonner : nouveauté d'une part, conservation de l'autre, tel est l'aspect initial des éléments et des données sur lesquels doit s'exercer le présent travail d'organisation.

Ces conditions complexes d'existence et de fonctionnement rendent d'une importance capitale les premières décisions à prendre. Il s'agit de rendre viable, utile et prospère une entreprise tout originale, qui éveille à l'étranger une curiosité très marquée.

La Base universitaire du Centre, constituée, comme on l'a dit, par l'Institut d'Études franco-étrangères et par l'Institut des Conférences d'Enseignement supérieur, fonctionnera sous la direction du Directeur.

Ce fonctionnement assurera la marche régulière de notre établissement, ce qu'on peut nommer son allure de régime. C'est par quoi il se rapprochera de l'Université et se raccordera par ses modes d'activité et ses règlements aux modes d'activité et aux règlements de celle-ci. Il est évident, d'ailleurs, qu'il doit emprunter à l'Université ses éléments de stabilité, ses garanties de compétence et l'autorité indispensable pour conférer éventuellement une valeur certaine aux diplômes ou certificats qui pourraient être institués.

INSTITUT D'ÉTUDES FRANCO-ÉTRANGÈRES

En ce qui concerne l'Institut d'Études franco-étrangères, diverses raisons font penser que l'enseignement devrait désormais se restreindre au français (langue et notions de Littérature.) Mais peut-être y aurait-il lieu de développer les moyens de rendre plus sensibles aux étrangers certaines qualités de notre langue littéraire par la création d'un cours de Diction.

INSTITUT D'ÉTUDES SUPÉRIEURES

Les Conférences d'Enseignement supérieur devant constituer l'un des principaux attraits et le moyen permanent d'action du Centre de Nice, il importe d'en étudier la réorganisation avec un soin particulier.

La diversité des besoins intellectuels à satisfaire, la variété des personnes à intéresser ne permettent pas de concevoir le programme de ces conférences comme l'on concevrait le programme d'un cycle d'études fini, et ordonné à l'acquisition d'une certaine somme de connaissances d'un certain ordre.

Par les mêmes raisons, l'enseignement ne pourra se faire trop technique, ou trop élevé. Il faut cependant qu'il s'impose par sa valeur et son rayonnement.

ENSEIGNEMENT PAR CONFÉRENCES

Il semble qu'il y a lieu de maintenir le système actuel d'enseignement par conférences, c'est-à-dire de ne pas adopter, pour le moment, l'idée de créer des cours suivis par le même maître. Dans une période d'essais, il est bon de rechercher la souplesse et la variété de la méthode.

RÉPARTITION DES ATTRIBUTIONS DE CONFÉRENCES

D'autre part, sur le nombre total des conférences, un certain nombre seraient réservées à des étrangers, les autres réparties entre les professeurs de l'Université d'Aix, et d'autres personnalités françaises. Supposé, par exemple (et sans que ces chiffres soient considérés comme définitifs), que soit fixé à 36 le nombre total des conférences, 6 conférences seraient demandées aux étrangers, 18 aux professeurs de l'Université d'Aix et 12 aux lettrés et savants français (membres de l'Institut, professeurs du Collège de France et des Universités, écrivains, ou artistes, etc.).

L'administration pourrait, en outre (et en surplus), organiser ou autoriser des conférences libres (non rémunérées) quand elle le jugerait bon dans l'intérêt de l'Etablissement.

DÉFINITION GÉNÉRALE DU PROGRAMME

Ces diverses propositions tendent à donner, dès le début, le plus de vie et d'éclat possible à l'Enseignement régulier du Centre. Mais il convient à présent d'examiner et de déterminer la matière même de cet Enseignement.

Les conférences jusqu'ici n'étaient pas assujetties à un programme. Elles pouvaient traiter *de onni re scibili*, et aucun lien n'existait entre elles.

Le décret qui est notre charte a changé cet état de choses. Il assigne à notre activité multiple une certaine unité d'objectif, et non seulement, il la prescrit dans son texte, mais il l'inscrit dans le nom même qu'il donne à la nouvelle institution « Centre universitaire méditerranéen ».

La notion infiniment riche de Méditerranée doit donc être la notion génératrice de nos programmes, notre sujet fondamental. Cette détermination n'est une restriction qu'en apparence : il suffit de songer un instant à ce que contient de possibilités une entreprise d'étude méditerranéennes – et cette entreprise est devant nous – pour concevoir et admirer la fécondité d'une définition qui semblait d'abord limitative. Notre définition, qui assure d'abord une heureuse convergence de connaissances dans l'esprit de nos auditeurs, ne peut manquer, d'autre part, d'exciter, dans la pensée de nos conférenciers, la production de quantité de sujets et d'idées, d'intérêt puissant et nouveau, de suggérer des recherches et des découvertes, ne fût-ce que par le reclassement, le rapprochement, le placement dans une autre perspective, de questions déjà connues, car il n'est rien de réel qui n'ait une infinité d'aspects, et rien qui nous contraigne davantage à apercevoir des raisons insoupçonnées et des problèmes inédits comme l'exploration systématique d'un domaine bien circonscrit.

Il est à souhaiter, pour la gloire de Nice et de la Nation, que notre Centre se manifeste et s'impose, quelque jour, comme le lieu d'élaboration d'une connaissance méditerranéenne, le point où se forme une conscience de plus en plus nette et complète de la fonction de cette mer privilégiée dans le développement des idéaux et des ressources de l'homme. L'ordre, en toute matière, est né sur ses bords. Notre époque excessive gagnerait à ne pas l'oublier.

PUBLICATIONS ÉVENTUELLES

Pourquoi ne pas envisager dès à présent la formation à Nice d'un trésor de documents méditerranéens? Les premiers textes recueillis seraient les textes mêmes de nos conférences. Je les verrais volontiers publiés annuellement sous les armes de la Ville, et je tiendrais cette publication pour un des moyens les plus efficaces de notre action. N'oublions pas que la production publiée est le seul et authentique indice d'une vie intellectuelle, et que la rareté ou l'insignifiance des publications en province font trop souvent méconnaître ou mésestimer à l'étranger le mérite des travaux qui s'accomplissent en France et hors de Paris.

On peut concevoir de bien des manières l'entreprise d'une étude des choses méditerranéennes.
La solution la plus simple serait aussi la plus vaine : elle consisterait à se borner à recommander que les sujets de nos conférences se pussent rapporter ou rattacher sans trop de complaisance à la Méditerranée. Mais un programme si lâche n'a pas paru convenir pour les débuts d'un institut qui doit affirmer dès l'origine aussi nettement que possible sa destination et son originalité.
On a donc été conduit à fixer arbitrairement, mais non sans réflexion, une idée assez générale et assez précise qui dominât les programmes de nos commencements et qui permît de donner à toutes nos activités une orientation commune, comme de maintenir insensiblement une coor-

dination suffisante et assez claire aux yeux du public entre nos divers enseignements.

Il s'agit, en somme, de fixer un but unique, très visible, et également valable pour toutes les disciplines et pour tous les esprits, leur laissant à chacun son entière liberté de manœuvre et d'exécution pour l'atteindre. Le simple nom de « Méditerranée » n'a pas paru suffire : un mot de ralliement n'est pas un plan d'opérations.

FONCTION DE LA MÉDITERRANÉE

A cette fin, on a cru devoir choisir comme idée directrice la notion (introduite plus haut) du rôle que notre mer a joué, ou de la fonction qu'elle a remplie, en raison de ses caractères physiques singuliers, dans la constitution de l'esprit européen, ou de l'Europe historique en tant qu'elle a modifié le monde humain tout entier.

La nature méditerranéenne, les ressources qu'elle offrait, les relations qu'elle a déterminées ou imposées, sont à l'origine de l'étonnante transformation psychologique et technique qui, en peu de siècles, a si profondément distingué les Européens du reste des hommes, et les temps modernes des époques antérieures. Ce sont des Méditerranéens qui ont fait les premiers pas certains dans la voie de la précision des méthodes, dans la recherche de la nécessité des phénomènes par l'usage délibéré des puissances de l'esprit, et qui ont engagé le genre humain dans cette manière d'aventure extraordinaire que nous vivons, dont nul ne peut prévoir les développements, et dont le trait le plus remarquable, le plus inquiétant, peut-être, consiste dans un éloignement toujours plus marqué des conditions initiales ou naturelles de la vie.

Le rôle immense joué par la Méditerranée dans cette transformation qui s'est étendue à l'humanité s'explique, dans la mesure où quelque chose s'explique, par quelques observations toutes simples.

DONNÉES PHYSIQUES

Notre mer offre un bassin bien circonscrit dont un point quelconque du pourtour peut être rejoint à partir d'un autre en quelques jours, au maximum, de navigation en vue des côtes, et d'autre part, par voie de terre.

Trois parties du monde, c'est-à-dire trois mondes fort dissemblables, bordent ce vaste lac salé. Quantité d'îles dans la partie orientale. Point de marée sensible, ou qui, sensible, ne soit à peu près négligeable. Un ciel qui rarement reste longtemps voilé, circonstance heureuse pour la navigation.

Enfin, cette mer fermée, qui est en quelque sorte à l'échelle des moyens primitifs de l'homme, est tout entière située dans la zone des climats tempérés : elle occupe la plus favorable situation du globe.

DONNÉES ETHNIQUES

Sur ses bords, quantité de populations extrêmement différentes, quantité de tempéraments, de sensibilités et de capacités intellectuelles très diverses se sont trouvés en contact. Grâce aux facilités de mouvements que l'on a dites, ces peuples entretinrent des rapports de toute nature : guerre, commerce; échanges volontaires ou non de choses, de connaissances, de méthodes; mélanges de sang, de vocables, de légendes ou de traditions. Le nombre des éléments ethniques en présence ou en contraste, au cours des âges, celui des mœurs, des langages, des croyances, des législations, des constitutions politiques, a, de tout temps, engendré une vitalité incomparable dans le monde méditerranéen. La concurrence, qui est l'un des traits les plus frappants de l'ère moderne, a atteint de très bonne heure, en Méditerranée, une intensité singulière; concurrence des négoces, des influences, des religions. En aucune région du globe, une telle variété de conditions et d'éléments n'a été rapprochée de si près, une telle richesse créée et maintes fois renouvelée.

CAUSES LOCALES D'EFFETS UNIVERSELS

Or, tous les facteurs essentiels de la civilisation européenne sont les produits de ces circonstances, c'est-à-dire que des circonstances locales ont eu des effets reconnaissables d'intérêt et de valeur universels.

ÉDIFICATION DE L'HOMME

En particulier, l'édification de la personnalité humaine, la génération d'un idéal du développement le plus complet ou le plus parfait de l'homme, ont été ébauchées ou réalisées sur nos rivages. L'Homme mesure des choses; l'Homme, élément politique, membre de la cité; l'Homme, entité juridique définie par le droit; l'Homme égal à l'homme devant Dieu et considéré *sub specie aeternitatis*, ce sont là des créations presque entièrement méditerranéennes dont on n'a pas besoin de rappeler les immenses effets.

Qu'il s'agisse des lois naturelles ou des lois civiles, le type même de la Loi a été précisé par des esprits méditerranéens. Nulle part ailleurs la puissance de la parole, consciemment disciplinée et dirigée, n'a été plus pleinement et utilement développée : la parole, ordonnée à la logique, employée à la découverte de vérités abstraites, construisant l'univers de la géométrie ou celui des relations qui permettent la justice; ou bien, maîtresse du forum, moyen politique essentiel, instrument régulier de l'acquisition ou de la conservation du pouvoir.

Rien de plus admirable que de voir en quelques siècles naître, de quelques peuples riverains de cette mer, les inventions intellectuelles les plus précieuses, et, parmi elles, les plus pures : c'est ici que la science s'est dégagée de l'empirisme et de la pratique, que l'art s'est dépouillé de ses originines symboliques, que la littérature s'est nettement différenciée et constituée en genres bien distincts et que la philosophie, enfin, a essayé à peu près toutes les manières possibles de considérer l'Univers et de se considérer elle-même.

Jamais, et nulle part, dans une aire aussi restreinte et dans un intervalle de temps si bref, une telle fermentation des esprits, une telle production de richesse n'a pu être observée.

C'est pourquoi et par quoi s'est imposée à nous l'idée de concevoir l'étude de la Méditerranée comme l'étude d'un dispositif, j'allais dire d'une machine, à faire de la civilisation.

Tel est le parti pris de notre programme :

CONNAISSANCE DE LA MÉDITERRANÉE ET DE SA FONCTION

Ce parti est arbitraire et il est entaché de quelque anthropomorphisme. Mais il ne s'agit point ici d'une thèse ou d'une doctrine qui doive et puisse observer une rigoureuse objectivité. Il s'agit de tracer sur la carte d'un immense domaine d'observations et d'idées une certaine voie que l'on puisse facilement retrouver et qui conduise nécessairement aux points les plus significatifs ou les plus importants de l'étendue à explorer.

DIVISION DE LA MATIÈRE DE L'ENSEIGNEMENT

En conséquence, une partie des leçons d'Enseignement Supérieur données au Centre de Nice sera consacrée à la description physique du bassin Méditerranéen.

Ici, Géologie, Minéralogie, Océanographie, Géodésie et Géographie trouvent leur place.

On insistera sur les particularités physiques de ce bassin : climatologie, séismes, variétés des côtes.

EXEMPLE : CONFÉRENCE SUR LA « THÉTIS »

On pense qu'il sera d'un haut intérêt pour nos auditeurs d'entendre une conférence sur les modifications de la configuration de la Méditerranée, les changements successifs des lignes de rivages au cours des périodes géologiques.

Une autre partie de nos leçons aura pour objet général la description biologique du bassin. Faune et flore.

A cette étude se rattache la définition anthropologique des populations, l'examen de leur diversité et de leurs caractéristiques physiologiques. Apports et mélanges, croisements. Peuplements et dépeuplement, exodes et immigrations. La préhistoire sera appelée à contribuer à cette catégorie du programme.

La Climatologie médicale et la Pathologie particulière des contrées méditerranéennes interviendront nécessairement dans notre section biologique.

Les descriptions physique et biologique nous assurant ainsi d'une connaissance progressive du milieu offert à l'homme par la Méditerranée, nous envisagerons maintenant la partie de notre programme qui doit donner à concevoir la fonction humaine de ce dispositif ou système naturel.

Si nous pouvions attribuer à cette matière l'ampleur et le degré de précision que commanderaient son importance et notre destination, il faudrait, à notre avis, distribuer en trois ordres de questions la masse des connaissances que nous avons à exploiter. Nous avons, en effet, à considérer :

L'action du milieu méditerranéen sur l'homme;

L'action de l'homme sur ce milieu;

L'action de l'homme sur l'homme, dans ce milieu, et les actions humaines extra-méditerranéennes dirigées vers la Méditerranée ou provenant d'elle.

ACTION DU MILIEU SUR L'HOMME

Le milieu attire, fixe, modifie l'homme, et cette action s'exerce à un degré ou à une profondeur inconnus, mais nous savons cependant qu'elle lui impose des activités, des habitudes, lui suggère des entreprises, des images, des tendances. Le milieu en fait, par exemple, un pêcheur ou un navigateur. (Si l'on a pu reprocher aux poètes grecs l'abus qu'ils font des métaphores maritimes, c'est au milieu qu'il faut s'en prendre.) Applications innombrables : droit maritime, constructions navales, etc.

ACTION DE L'HOMME SUR LE MILIEU

Mais l'homme agit en retour sur le milieu. Il l'aménage, l'équipe, le cultive, l'exploite. Il construit des villes, creuse des ports, altère les conditions naturelles avec des conséquences parfois imprévues. (Le percement de l'isthme de Suez a modifié biologiquement la faune marine en Méditerranée.)

ACTION DE L'HOMME SUR L'HOMME

Enfin, l'action de l'homme sur l'homme, qu'il s'agisse de l'action de l'individu sur un groupe, ou de celle du groupe sur l'individu, ou de celle des groupes sur d'autres groupes ou sur eux-mêmes, constitue le troisième point.

Ce domaine est infini. D'ailleurs, à la moindre réflexion, des connexions possibles si touffues se dessinent entre ces trois chefs d'études, qu'on ne peut se flatter de leur faire correspondre des programmes de détail bien séparés. Il est impossible de diviser à priori ce qui est indivisible dans la réalité. Mais dans chaque cas particulier, dans chaque sujet choisi, il suffira que l'on n'oublie pas le cadre que l'on vient de proposer pour que se présente à l'esprit la notion de fonction de la Méditerranée, et pour que les auditeurs puissent aisément rattacher à cette notion (que l'on pourrait appeler constitutionnelle de notre enseignement), les idées et les connaissances produites à leurs attentions pendant une quelconque des leçons.

En d'autres termes, quel que soit le sujet considéré, et quel que soit l'esprit qui le considère, la question de lieu ou de milieu doit toujours ici être posée. Qu'il s'agisse de Littérature, de Droit, d'Ethnographie ou de Science des Religions, il importe que le « point de vue du Centre de Nice » s'y insère.

L'HISTOIRE

En ce qui concerne l'Histoire, il serait très désirable que les maîtres s'attachassent moins aux événements, c'est-à-dire aux accidents très visibles, qu'aux développements, lesquels ont une importance bien plus grande pour la formation du capital d'idées et d'habitudes en quoi consiste la civilisation. Développements des techniques, des mythes, des ambitions, des relations; propagation, ou introduction des nouveautés.

A cet égard, les caractères du bassin méditerranéen, sa configuration peuvent suggérer des problèmes particulièrement intéressants. Par exemple, la coexistence, à diverses époques, d'Etats ou de Sociétés fort peu éloignés les uns des autres, sinon en contact immédiat, mais prodigieusement différents par la culture, les mœurs, les lois, est un cas bien méditerranéen. (Egypte et Phénicie; Rome et Carthage; Louis XIV et les Barbaresques; Conquête d'Alger, etc.) Cette simultanéité peut servir à introduire la notion d'un équilibre méditerranéen tantôt rompu, tantôt rétabli, notion qui excède le domaine de l'histoire politique, car elle se retrouverait facilement dans d'autres ordres : équilibres plus ou moins stables des croyances, des langages, des influences morales ou esthétiques voire des monnaies, des valeurs d'échange, etc. Les déplacements et les ruptures de ces équilibres, c'est-à-dire les événements, ne se conçoivent bien que si les équilibres mêmes ont été d'abord considérés.

On ne signale cette notion que pour la commodité qu'elle peut offrir en vue d'une construction méthodique de l'idée d'un Système méditerranéen. Ce qui coexiste en Méditerranée, à une époque donnée; ce qui s'y introduit, ce qui en émane, ce sont là des questions essentielles à forme très simple qui permettraient, en toute matière, de retrouver, ou de fortifier le principe de notre programme.

Il est inutile de signaler les applications de ce principe à la Littérature, à la Philosophie, aux Arts, à la Science du Droit, aux Sciences en général. On se bornera à rappeler que quantité de problèmes latents doivent nécessairement apparaître au regard qui présume, en toute chose de l'esprit, quelque élément d'origine méditerranéenne. Mais il est arrivé que certaines des valeurs méditerranéennes en ont offusqué d'autres : par exemple, la grande gloire de la Grèce et la bien aussi grande gloire de Rome ont fait oublier ou négliger bien d'autres sources de civilisation. Une exploration systématique trouvera certainement qu'il y eut en Méditerranée bien plus de choses dont il faut tenir compte, que nos habitudes ne nous le laissent penser.

Enfin, on n'insistera pas ici sur les relations de notre région avec le reste du monde. Mais le changement considérable de l'échelle des choses humaines qui s'est développé depuis le XVe siècle et dans lequel la culture scientifique d'origine méditerranéenne a eu la part d'initiative que l'on sait, doit être regardé comme l'un de nos sujets d'études les plus importants. L'Europe et la Méditerranée devenues, par les effets mêmes des qualités intellectuelles qui s'y sont développées, des éléments de deuxième grandeur de l'univers humain; l'affaiblissement des traditions dites « classiques »; la renaissance de l'Afrique du Nord – on énumère au hasard des faits fort différents, mais qui se rattachent tous aux questions qui peuvent aujourd'hui se poser au sujet de l'avenir de notre Système méditerranéen.

Telles sont les idées générales dont il a paru convenable et conforme à la définition du Centre d'Etudes que s'inspirât notre programme.

Il ne nous appartient pas de préciser plus avant. Nous tenons essentiellement à respecter la liberté de choix et d'exposition des sujets. Que si un programme antérieur à l'organisation du Centre avait été établi par les maîtres de l'Université d'Aix, nous considérerions volontiers ce programme comme devant être maintenu à titre transitoire. Nous nous permettons, toutefois, d'insister sur l'importance, capitale à nos yeux, de produire, ou du moins de songer à produire, quelque chose de nouveau, qui justifie une dénomination et une fondation d'espèce nouvelle.

Il a été dit qu'un certain nombre de conférences seraient demandées à des personnalités particulièrement qualifiées, françaises ou non, universitaires ou non.

L'Administration espère, en outre, pouvoir obtenir le concours des établissements scientifiques de la région et de Paris, tels que les Observatoires de Nice et de Paris, le Musée océanographique de Monaco, la Direction des Musées nationaux, le Museum d'Histoire naturelle, le Musée d'Ethnographie, etc.

L'Enseignement n'est pas le seul objet de notre institution. Il en est la fonction permanente locale, nécessaire, mais non suffisante, fonction assurée par l'activité définie plus haut de la Base universitaire du Centre.

Mais nous avons un autre objet, d'intérêt national et international, qui doit être rempli par des moyens appropriés. Il consiste à tenter de faire de Nice le lieu privilégié de certaines manifestations de haute culture.

Rien de plus significatif à notre époque que la tendance qui s'y observe un peu partout à constituer l'Esprit, à lui donner un statut propre, des droits, et une mission bien déterminée. Cette tendance est une réponse (jusqu'ici demeurée vague et incertaine) aux menaces de toute espèce que l'état des choses et le proche avenir prononcent contre l'existence ou le développement des formes les plus exquises ou les plus abstraites du travail intellectuel.

La rigueur des conditions de la vie, la précision croissante du mécanisme social ne laissent reconnaître à l'Intelligence que ses titres utilitaires immédiats. En ce qu'elle a de plus élevé, elle est, en effet, imperceptible par nature à la Politique comme à l'Economie, car ces deux aspects de la réalité sociale sont des aspects purement statistiques des choses, tandis que les hautes et les profondes recherches ou productions de l'esprit sont nécessairement des écarts, des singularités, qui se dérobent à toute évaluation en unités sociales, en heures de travail, qui ne répondent à aucune exigence générale, qui n'entrent pas dans la circulation, et qui peuvent quelquefois être considérées (pour un temps) comme dangereuses – parasites ou toxiques du corps national ou social.

Tout ce qui peut servir à poser nettement devant l'opinion ce problème de la conservation de la haute culture, problème non seulement réel, mais actuel, et non seulement actuel, mais pressant, nous paraît devoir être employé.

Quelqu'un écrivait récemment : « qu'il fallait une Politique de l'Esprit, comme il fallait une Politique de l'or, du blé ou du pétrole » et que la nation, qui la première concevrait cette Politique et lui donnerait l'attention, les soins et l'ampleur qu'elle mérite, s'assurerait une gloire et une influence singulière dans le monde.

Ces considérations ont suggéré l'idée d'utiliser le Centre d'études comme Centre d'échanges, lieu de contacts entre sommités et autorités de l'ordre intellectuel. L'on ferait naître à Nice, de temps en temps, des occasions de réunion des éléments les plus représentatifs de la culture. Tantôt ces réunions n'auraient pour objet que de créer ou de fortifier des relations personnelles entre des représentants éminents de la Science, des Arts ou des Lettres de notre époque; tantôt un programme précis pourrait proposer à la discussion quelque problème particulièrement signalé à l'attention de l'univers intellectuel, et la réunion ne comprendrait alors que des personnes qualifiées.

Mais, pour diverses raisons, toute apparence de congrès serait exclue, et le nombre des invités de la Ville et du Centre très limité.

Il serait à désirer que quelques-uns de ces hôtes de marque consentissent à donner une conférence dont profiterait notre auditoire; et que la publication de ce texte, ainsi que celle des débats ou des résolutions des réunions, vînt enrichir la collection des productions de notre Centre, de laquelle il a été parlé plus haut.

Toutes les qualités de la Ville de Nice, climat, site, population et organisation publique et privée, toujours prêtes à recevoir et à bien accueillir les visiteurs, font cette ville particulièrement propre à une expérience de signification universelle.

Nous avons dit que la seule annonce de la création du « Centre de Nice » avait excité à l'Etranger, en quelques pays surtout, un mouvement très marqué de curiosité et d'intérêt. La presse, çà et là, en a parlé, parfois plus abondamment qu'elle ne l'a fait en France. Nous-même avons personnellement constaté en Espagne et en Italie à quel point l'entreprise de Nice éveillait l'attention des milieux intellectuels et même politiques, et nous sommes fondé à croire qu'il serait aisé d'instituer entre notre Centre et diverses Universités ou organisations étrangères des relations d'ordre intellectuel et des échanges de vues concernant la civilisation méditerranéenne et ses effets même lointains.

Barcelone, Gênes, Milan seraient plus particulièrement disposées dès aujourd'hui à se mettre en rapport avec nous. Nous savons que le Portugal et l'Amérique latine s'intéressent également à notre projet. Enfin, certaines démarches ont déjà manifesté l'intention de l'Allemagne de participer à la vie du « Centre de Nice ».

On pourrait déduire de ces remarques que notre création est justifiée déjà par cet accueil qui lui est fait, qu'elle répond à une attente, à un besoin latent, puisque à peine annoncée, aussitôt, tant de sollicitude est excitée.

Mais il est bien plus sage d'en déduire un conseil et de soigneuse préparation. Il faut craindre sur toute chose de décevoir, de donner une idée médiocre de la pensée et de la faculté d'organisation française. Ce souci a dominé la conception du programme esquissé plus haut.

1933.

PRÉSENTATION DU
« MUSÉE DE LA LITTÉRATURE »

Le problème général d'une Exposition est de faire voir : il consiste à assembler, à mettre en évidence et en valeur ce qui est ordinairement dispersé, retiré, réservé à quelques-uns, peu accessible, et pour beaucoup, véritablement inconnu. On s'ingénie à disposer dans une enceinte et à rendre le plus sensible aux regards les moyens et les résultats de quelques-unes (ou de la plupart) des formes de l'activité humaine : ce sont des objets et des fonctionnements, des produits des diverses transformations utiles ou intéressantes que l'on sait faire subir à la matière ou à l'énergie, ou à des êtres vivants. Une machine, une statue, un meuble, une espèce sélectionnée, tout ceci est visible et le problème de les exposer n'est qu'une affaire de choix et de mise en ordre et en place.

Mais le principal agent de toutes ces transformations conçues, voulues et accomplies par l'homme, échappe à toute exhibition. Dans une Exposition, il est partout présent par ses effets; absent de partout par sa nature même. L'esprit, puissance originale de transformation, ne se révèle que par l'ordre ou le désordre qu'il introduit dans le monde des choses sensibles.

Ce fut donc une grande et paradoxale nouveauté que le dessein formé par les organisateurs de l'Exposition de 1937, de donner à ce principe invisible, à l'esprit même, je ne sais quel visage et de faire apparaître aux yeux des visiteurs, l'invention elle-même, auprès des choses inventées et ce qu'on peut apercevoir ou soupçonner de la création en deçà de ce qu'elle crée.

Quant aux sciences, la difficulté n'était pas tout insurmontable. La Science, par définition, se réduit en actes bien définis, et toute pensée scientifique se dirige vers une vérification unique et universelle qui exige une transmissibilité aussi parfaite que possible d'esprit à esprit. Il reste de ce progrès les traces d'un tâtonnement expérimental ou les moments d'une généralisation croissante dont on peut montrer la suite assez clairement. Le Palais de la Découverte est une manière de chef-d'œuvre de ce genre. Le problème, quant à la Science, est admirablement résolu. Mais les Lettres... Quoi de plus abstrait que l'activité littéraire? Que faire voir? Qu'est-ce qui est sensible dans cet étrange emploi du temps et des forces de l'homme, si difficile à définir, et dans lequel l'arbitraire le plus étendu, la diversité la plus capricieuse, les motifs les plus variés, les sensations, les sentiments, la raison, les passions et les circonstances, les tempéraments et les dons les plus différents, viennent, se dépenser, s'exprimer et s'organiser pour produire contes, poèmes, systèmes – tout ce que la puissance de transformation la plus libre, agissant sur quelques milliers de mots dont elle exploite les possibilités innombrables de combinaison, peut condenser en œuvres, et livrer à une consommation incertaine, à la lecture, l'attention – au mépris ou à l'émerveillement d'une quantité indéterminée d'inconnus?

Ceux dont la tâche difficile fut de rechercher les moyens d'exposer tout ceci, s'accordèrent d'abord sur l'impossibilité. Rien de plus simple, sans doute, que de montrer des livres. On l'a fait : on en a mis à la disposition du public : on a exposé aussi l'histoire du livre – je veux dire tous les états de sa fabrication : papier, encre, types, composition et tirages, illustration et reliure. Mais ce n'est point l'histoire du livre qui pouvait nous embarrasser. C'était, toute mystérieuse et irréductible à des idées claires et distinctes, ce que l'on peut nommer sa *préhistoire* : le travail intérieur dont l'ouvrage est le terme.

C'est alors que nous avons songé à remonter au plus près de la pensée et à saisir sur la table de l'écrivain le document du premier acte de son effort intellectuel, et comme le graphique de ses impulsions, de ses variations, de ses reprises, en même temps que l'enregistrement immédiat de ses rythmes personnels, qui sont la forme de son régime d'énergie vivante : *Le Manuscrit original*, le lieu de son regard et de sa main, où s'inscrit de ligne en ligne le duel de l'esprit avec le langage, de la syntaxe avec les dieux, du délire avec la raison, l'alternance de l'attente et de la hâte – tout le drame de l'élaboration d'une œuvre et de la fixation de l'instable.

Une autre considération, qui nous parut de première importance, fortifia dans nos esprits ce projet à peine formé.

Beaucoup pensent, et le pensent d'autant plus naturellement et ingénument qu'ils sont moins instruits, que *Littérature* signifie nécessairement *Facilité*. Je ne prétends pas du tout qu'ils s'abusent toujours. Notre métier n'exige à peu près rien : une plume, un cahier de papier, quelque ambition y suffisent. On conçoit que tant de gens regardent comme un amusement, parfois favorisé par d'heureux succès de vanité ou d'argent, une occupation qui semble ne demander ni matériel spécial, ni technique certaine, ni apprentissage, ni contrainte. Ils ne savent pas, et ne peuvent savoir, que ce métier bizarre enferme tout ceci dans l'être même qui l'exerce, quand cet être vaut quelque chose. C'est pourquoi nous avons tenté de mettre sous les yeux de la foule ce qu'elle n'avait jamais vu : les pages travaillées, raturées, de quelques-uns des plus grands écrivains du dernier siècle, espérant de faire comprendre que leur gloire fut achetée par un labeur sévère, plus soutenu que nul autre, et qui ne connaissait ni horaires limités, ni congés, ni retraites, ni détente de l'esprit. Il était bon, peut-être, dans une époque dominée par la notion de travail mesurable, de rendre très sensible l'existence et la dignité du travail qui n'a pas de mesure.

Hugo, Balzac, Flaubert paraissent sur ce mur. Là, Renan, Sainte-Beuve, Anatole France. Et là, Baudelaire, et là, Marcel Proust.

Auprès d'eux se développe une collection, qui me semble assez complète, de cette quantité de petites revues (dont quelques-unes sont devenues fort grandes) qui, depuis plus de soixante ans, entretiennent la vitalité de nos Lettres, naissent et meurent comme des idées; réagissent – parfois avec quelque violence – au contact des gloires régnantes et du goût généralement répandu. Ce sont elles, qui, chaque dix ans, introduisent dans l'atmosphère intellectuelle, ce qu'il faut d'étonnant et d'assez différent de ce qui vient d'être, pour donner des raisons de vivre et d'écrire aux jeunes hommes créés pour créer. Ce sont elles qui réalisent la culture des êtres rares et qui offrent aux talents les plus singuliers quelques chances de se produire. Me sera-t-il permis de marquer ici d'un peu de mélancolie et d'une pensée personnelle, ces quelques paroles de circonstance? C'est que je vois devant mes yeux ce que nous fûmes, et qu'un regard me suffit, sur ces portraits et sur cette rangée versicolore, pour revivre au milieu des morts.

Cette petite Exposition des Lettres est une expérience, qui jamais jusqu'à ce jour n'avait été ni conçue, ni entreprise. Le laboratoire n'est pas grand. Les dépenses et les moyens furent des plus mesurés. Mais il est bien connu que de fort beaux résultats se sont déclarés dans les conditions les plus restreintes, et nous savons que l'intelligence, la volonté, une certaine passion de bien faire accomplissent parfois pour l'amour de quelque œuvre ce que la magnificence des installations et l'importance des ressources ne parviennent pas toujours à obtenir.

Ces vertus se sont trouvées et se sont employées dans l'invention, l'ordonnance et l'exécution de notre Exposition littéraire. Il est temps que je leur rende l'hommage qui leur est dû. Qu'aurions-nous fait sans l'action constante, l'énergie persuasive, égale et irrésistible de M. Julien Cain, Administrateur général de notre Bibliothèque nationale, dont il a transformé tout le fonctionnement comme il a fait l'édifice, et qu'il a rendue, par un progrès constant de ses dispositions et de ses aménagements, enfin digne des richesses incomparables qu'elle renferme, et l'égale des plus parfaites de l'étranger? Il est, sans doute, l'homme de France auquel l'organisation des Lettres doit le plus. Il est impossible de mieux concevoir et de prévoir plus lucidement tous les besoins du travail de l'esprit qu'il ne l'a fait, toutes les fois que des problèmes de cet ordre lui ont été proposés. Sous son éminente direction, le zèle, l'ingéniosité, l'érudition de nos collaborateurs ont fait merveille, et dans ce cadre étroit dont ils ont compris que l'étroitesse même pouvait être utilisée à accroître l'intensité des impressions, ils ont condensé des documents, accumulé les images significatives et ces agrandissements de manuscrits plus parlants que bien des leçons. Jusqu'à la dernière minute, on pouvait voir ici s'affairer le travail désintéressé de MM. Jean Babelon, Jean Fraysse, Léon Pierre-Quint, chacun reconstruisant son grand homme ou sa période préférée. Je ne puis nommer tout le monde, mais comment faire pour ne pas rendre des grâces toutes particulières à notre Marcel Bouteron, qui connaît son Balzac mieux que Balzac lui-même, et qui, entre deux consultations tout aimables qu'il donne à des membres de l'Institut, vit en commerce familier et perpétuel avec son héros, qui n'en était pas?

Nous espérons que cet effort obtiendra sa récompense, et que cet essai portera des fruits. Sa véritable récompense doit être d'éveiller dans l'homme qui passe une idée plus juste et plus relevée de la Littérature, qu'il n'en avait peut-être jusque-là. *Comment*, se dira-t-il, *et pourquoi tant de travail pour un objet si vain? Pour noircir du papier faut-il tant de fatigues?* Et peut-être, ce visiteur concevra-t-il ce qu'il faut concevoir pour donner tout son prix à ce que cherche et traque l'écrivain sur cette feuille sous sa lampe.

Demain, le sort de l'art et des recherches supérieures de l'esprit sera entièrement suspendu à l'opinion du plus grand nombre, qui est nécessairement dominée par la considération de l'utilité immédiate. Stendhal disait déjà : « La Société ne paie que les services qu'elle voit. » Mot qui ne fut jamais que trop juste, mais qui devient une sentence redoutable. Il ne faut rien négliger pour en écarter la menace, et faire comprendre à tous que l'homme n'est homme que dans la mesure où l'utile ne dirige pas toutes les actions et ne commande pas tout son destin.

UN PROBLÈME D'EXPOSITION

Le dessein de faire une *Exposition* propose, aussitôt conçu, une quantité de problèmes dans tous les ordres possibles. On pourrait même dire qu'il en propose une infinité, puisque, à chaque fois que l'on y pense, l'esprit ne manque pas de nous offrir une question nouvelle et quelque difficulté non encore aperçue.

Toutefois les difficultés qui naissent à chaque réflexion ne sont pas, d'ordinaire, indéterminées : il n'y a point de grands doutes sur les objets mêmes que l'on songe à exposer : il ne s'agit que de choisir entre des *choses,* d'en rechercher l'ordre le plus heureux et l'aspect le plus séduisant. Qu'il s'agisse de machines, de meubles, de tissus, d'ustensiles ou de fleurs ou d'animaux, l'on sait ce que l'on veut exposer et l'on n'a pas à inventer les produits ou les êtres mêmes que l'on songe d'offrir au regard du visiteur.

Mais supposez que l'on s'aventure à vouloir, parmi les autres parties d'une Exposition, faire place aux créations immédiates de la pensée et tenter de donner aux yeux le spectacle de l'effort intellectuel le plus élevé, et vous trouverez aussitôt devant vous l'obligation d'imaginer d'abord les dispositifs visibles qui pourront le mieux suggérer des travaux essentiellement invisibles.

Tel est le problème qui s'est imposé à quelques-unes des classes de l'Exposition de 1937 (Groupe 1).

Toutes les classes du Groupe 1, qui est le Groupe des Manifestations de la Pensée, ne sont pas également tourmentées par ce problème. Les sciences physiques et naturelles ont leurs appareils, leurs expériences, leurs collections à montrer. En ces matières, le travail intellectuel aboutit toujours à des actes producteurs de phénomènes qu'il a prévus ou prescrits et qui s'effectuent au moyen de techniques instrumentales plus ou moins compliquées. Tout ceci peut se faire et se fera devant le public. Le « Palais de la Découverte », que mon illustre confrère Jean Perrin a eu la belle idée de constituer, montrera la succession et l'évolution des notions par la suite des expériences, dont la somme forme le capital de nos connaissances positives.

Quant aux Arts plastiques et à la Musique, leur essence est d'être sensibles. Rien de plus simple que d'exposer ou de faire entendre leurs ouvrages. Ils sont eux-mêmes *expositions*.

Mais peut-on concevoir une représentation des travaux de la Pensée où les Mathématiques et la Littérature n'auraient point de place? Ici paraît et s'impose le problème ou le paradoxe de faire voir ce qui n'existe que par l'esprit et dans l'esprit. Il a fallu rechercher, d'une part, les productions visibles des méditations et des calculs des géomètres, et y trouver les éléments d'une exhibition qui, je l'espère, sera assez surprenante et même captivante pour quantité de visiteurs; d'autre part, on s'efforcera de rendre présent et matériellement observable le labeur même de l'écrivain. Ce labeur est inscrit dans les ratures, les adjonctions, les reprises marginales, dans les corrections sur épreuves, et le public constatera sur d'énormes agrandissements de pages manuscrites qu'il existe un métier d'écrire, et que les plus grands d'entre nous furent aussi les plus convaincus de son existence.

Donnons à présent quelques détails. Le visiteur qui pénétrera par la coupole de l'avenue d'Antin dans le Palais de la Découverte, trouvera d'abord un appareil électrostatique de dimension prodigieuse. Il sera constitué par deux sphères creuses de 3 mètres de diamètre pouvant contenir les expérimentateurs. Une puissante machine électrostatique permettra de charger à 3 000 000 de volts ces deux sphères, entre lesquelles jaillira une étincelle de plusieurs mètres de longueur. Cette machine unique en son genre sera entourée par une cage protectrice de 20 mètres de diamètre, autour des barreaux de laquelle les visiteurs pourront circuler, pénétrer sous les sphères; ils pourront aussi monter au niveau des étincelles qui jailliront à la hauteur du premier étage.

En poursuivant leur visite, ils trouveront successivement les domaines des diverses parties de la physique; ils verront par exemple à côté de décorations murales rappelant diverses découvertes fort anciennes, des présentations spéciales. Ainsi pour la mécanique et la thermodynamique; ils verront notamment les expériences sur la conservation du travail, les effets d'inertie, le gyrostat et un ascenseur d'Einstein leur donnera quelque idée de la relativité.

Les états de la matière seront représentés par les expériences classiques sur la pression des gaz, les effets dus à la raréfaction, les machines à vide perfectionnées. Les propriétés générales des liquides, celles des cristaux seront non loin de là mises à l'évidence.

Naturellement l'électricité, le magnétisme, toute la suite historique des découvertes de Volta, de Cavendish, d'Ampère, de Faraday, de Foucault, etc., seront reconstitués sous les yeux des visiteurs. Beaucoup de ces expériences seront faites grâce à une grande machine à courant continu, pouvant donner 50 000 ampères sous 10 volts.

Mais l'une des sections les plus intéressantes est celle qui montrera au public les acquisitions toutes nouvelles que la science a faites dans la connaissance de la structure fine de la matière. Tandis que la science depuis l'origine jusqu'à la fin du XIXe siècle travaillait seulement sur des faits connus, depuis l'Antiquité, une ère nouvelle s'est ouverte le jour où le courant électrique est trouvé. Mais le mouvement scientifique s'est accentué violemment depuis 1900 et toutes les découvertes faites depuis changent le monde, détraquent nos idées, bouleversant les notions de temps, de matière et d'espace que nous avions de toute antiquité.

Nos pouvoirs d'action et d'investigation ont été prodigieusement accrus. Mais nos sens nous montrent seulement des effets moyens. Tout la physique très moderne se fonde sur l'emploi de relais; nous n'avons des choses qu'elle étudie qu'une connaissance indirecte. Toutefois, il est merveilleux de penser que l'existence des molécules, des atomes, et des éléments les plus subtils (électrons positifs, négatifs, neutrons, etc.), a été démontrée. Les expériences correspondant à ces découvertes sont généralement très simples et il n'y a pas de doute que le public en sera vivement intéressé. Il verra comment on distingue et l'on pèse une molécule, comment les espèces chimiques se décomposent en corps simples et ces corps simples en leurs atomes constitutifs. Les décharges dans les gaz lui montreront la production des rayons cathodiques. La physique des rayons X lui sera également exposée.

Dans une chambre de Wilson de très grande dimension, il verra la trajectoire des particules se dessiner dans la vapeur d'eau. Enfin, les rayons cosmiques figureront aussi dans le Palais de la Découverte. Leur passage transformé et décelé par leur action sur l'amplificateur sera rendu perceptible par le son.

Quant à la Chimie, son exposition comprendra une partie active dans laquelle des démonstrateurs effectueront des expériences particulièrement frappantes. Elles auront pour objet de reproduire les étapes des principales découvertes et l'acheminement vers les applications pratiques, afin que le public se rende compte que les préparations et les synthèses industrielles sont issues le plus souvent de préoccupations purement scientifiques.

L'éclairage des salles sera réalisé par des tubes luminescents à gaz rares. Le public verra d'abord le développement de la technique du feu; il sera appelé à contrôler lui-même à l'aide d'un appareil de mesure approprié la température utilisée pour la préparation d'un élément particulier. L'or, l'argent, le cuivre, le soufre, l'arsenic, le bismuth, etc., seront montrés à l'état natif. Le mercure sera solidifié dans l'air liquide. Un motif décoratif sera réalisé à l'aide d'une fontaine à mercure sous des éclairages variés. On verra ensuite le carbone, le fer et sa métallurgie, ainsi que son étude par le microscope et par les rayons X. Toute la chimie minérale sera d'ailleurs mise sous les yeux du visiteur, ainsi que le développement de la chimie organique et de ses applications dans leur immense importance industrielle.

Les salles de l'Exposition de la Chimie seront aménagées avec des dégagements assurant une circulation dans le sens des chaînes de découvertes. Les centres d'expériences seront conçus en laboratoires et une salle de cinéma sera aménagée pour la projection de films relatifs à des expériences impossibles à effectuer en public, à des réalisations industrielles.

De la chimie biologique à la biologie générale la transition est naturelle. Les auteurs du projet de cette section se sont limités à choisir dans le champ infini de la biologie quelques points particulièrement importants. C'est un laboratoire vivant qu'ils ont voulu instituer. Voici un exemple entre autres du mode de présentation projeté : pour démontrer au public les phénomènes électriques et les bruits qui accompagnent les battements du cœur, un visiteur sera invité à saisir deux électrodes, cependant qu'un récepteur sera placé sur sa poitrine. Aussitôt, tous les visiteurs entendront très amplifiés les bruits du cœur du sujet et verront en même temps, en rayons lumineux passant sur un écran, le graphique des phénomènes électriques et le graphique des bruits. Un grand diorama montrera la place de la vie dans la physico-chimie de la terre, c'est-à-dire le cycle du carbone passant du gaz carbonique de l'air aux végétaux, puis aux herbivores, puis aux carnivores. On verra ensuite le retour du carbone des déchets organiques à l'atmosphère sous l'action des bactéries diverses, réalisant des fermentations ou des oxydations respiratoires.

On montrera également les découvertes accomplies dans la connaissance de l'énergétique des êtres vivants. L'hérédité végétale et animale des hybrides, les races spéciales, les lois de Mendel, ainsi que diverses présentations sur la sexualité, la parthénogénèse, le développement et la chirurgie de l'œuf, les appareils de Carrel seront également mis en évidence.

Des expériences sur des animaux vivants (sang, vivisection) seront répétées à certaines heures. Enfin, les diverses méthodes qui étudient l'homme et les mouvements de l'homme, ainsi que l'étude des manifestations électriques des fonctions nerveuses complètent cette exposition. Les appareils seront équipés pour que le plus grand nombre d'entre eux puisse être mis en marche par les visiteurs. On y mesurera les caractéristiques physiologiques, pression artérielle, capacité respiratoire, métabolisme, vision, audition, tact, attention, mémoire, réactions, etc.

Allons à présent au ciel. A côté de la présentation photographique des objets célestes, soleil, étoiles, nébuleuses, le public trouvera des lunettes dont une grande de 0,30 m d'ouverture et deux lunettes équatoriales, qui seront mises à la disposition des visiteurs.

Enfin, pour achever cette revue sommaire du Palais de la Découverte, je dirai quelques mots de l'Exposition des Mathématiques. Comme je l'indiquais tout à l'heure, il n'était pas aisé de concevoir l'exposition d'une science étant seulement abstraite, mais l'ingéniosité des organisateurs a suppléé à l'ingratitude de la matière. Qu'ont-ils imaginé? Ils ont songé d'abord à mettre sous les yeux du

Un problème d'exposition

public ce qu'ils appellent l'antre du mathématicien. Ce serait une petite salle où l'on réunirait les éléments sensibles de la pensée mathématique. Sur une plinthe régnant autour d'elle courrait une décoration peu banale, entièrement composée par les chiffres décimaux de quelque nombre transcendant. Ce sont là des éléments inépuisables et l'on pourrait en revêtir le ciel entier, il en resterait autant que l'on voudrait. Au-dessous de cette plinthe, on inscrira les plus grands nombres premiers connus; la liste des polyèdres réguliers, ainsi que des équations ou des formules remarquables. Au-dessus de la plinthe seraient tracées des courbes de formes curieuses, cycloïdes, hyperboles, spirales, trochoïdes, courbes du diable, limaçons, cissoïdes, lemniscates, etc. Il y a là un élément de décoration extrêmement original dont on peut tirer le parti le plus décoratif.

En dehors de l'antre du mathématicien, on trouvera divers tableaux relatifs à l'histoire de la science et des modèles de surfaces de nature très variée.

Certains de ces modèles présenteront un intérêt tout particulier. Ce sont ceux qui reproduiront les formes naturelles dans lesquelles on retrouve des formes géométriques connues ou des lois mathématiques : formes de coquillages, enroulement des cornes chez certains ruminants, spirales dans les fleurs de topinambours, et dans les écailles de pommes de pins. D'autre part, l'infini des courbes planes ou gauches, sera certainement exploité par les organisateurs. Divers procédés seront mis en œuvre pour rendre sensible aux yeux la génération des surfaces. Par exemple, la projection sur un fond noir, les surfaces formées de fils qu'on éclairera par des nappes lumineuses. Par le même procédé, en faisant déplacer des fils générateurs de ces surfaces, on obtiendra d'une manière continue et saisissante les déformations d'une courbe qui se tord, se ploie et se déploie sous les yeux du spectateur, comme un être vivant. On tentera même de donner une idée d'un espace à quatre dimensions... Enfin, on exposera les merveilleuses machines qui servent aujourd'hui à exécuter automatiquement les calculs les plus compliqués, les appareils à effectuer, non seulement toutes les opérations arithmétiques, mais des résolutions d'équations et des intégrations.

Certains automates seront rangés dans la catégorie de ces mécanismes.

Quant aux mathématiques appliquées, l'exposition comprendra certainement divers dispositifs ingénieux qui rendront sensibles les principales lois des calculs de probabilité comme la courbe de Gauss ou la solution du problème de l'aiguille de Buffon.

On voit que, si abstraite soit une science, l'ingéniosité et l'emploi de tous les moyens modernes de présentation permettent d'en tirer quelques éléments très intéressants de spectacle; et cette perception directe par les visiteurs, de résultats obtenus par le travail le plus intérieur et le plus sévère de l'esprit, pourra sans doute leur inspirer, à l'égard de ceux qui se consacrent à ses profondes recherches, des sentiments d'admiration et de respect pour l'effort intellectuel généralement peu soupçonné du public.

Mais tous les efforts de l'intelligence ne peuvent être rendus sensibles et, si les mathématiciens ont pu concevoir une exhibition de quelques-uns des résultats de leur science, d'autres branches du savoir et du pouvoir intellectuel sont malheureusement sans moyen de se manifester aux yeux. J'ai dit tout à l'heure que nous tenterons par l'exposition de manuscrits corrigés et de divers états du travail du style, de donner quelque idée de l'élaboration littéraire, mais nous ne disposons d'aucun moyen de mettre en spectacle les diverses formes de l'activité de la pensée.

Le poète, le romancier, le philosophe, l'historien, ici, doivent se confondre. Toutefois, l'on peut bien dire, et c'est par quoi je terminerai, que l'Exposition elle-même tout entière implique par sa date, qui est celle du troisième centenaire du *Discours de la Méthode*, par l'esprit dans laquelle elle a été conçue, par les efforts d'imagination qu'elle a nécessités, à la fois histoire, philosophie et poésie.

RESPIRER

La liberté est une sensation. Cela se respire. L'idée que nous sommes libres dilate l'avenir du moment. Elle fait s'éployer à l'extrême dans nos poitrines je ne sais quelles ailes intérieures dont la force d'enlèvement enivrant nous porte. Par une ample, fraîche, profonde prise de souffle à la source universelle où nous puisons de quoi vivre un instant de plus, tout l'être délivré est envahi d'une renaissance délicieuse de ses volontés authentiques. Il se possède. Il fait jouer en lui tous les ressorts de ses espoirs et de ses projets. Il recouvre l'intégrité de sa parole. Il peut parler à tous comme il parlait à soi. Il ressent tout le prix de ses pas qui ne trouvent plus de barrières ni de consignes sur leurs voies, et il regarde en souriant de braves femmes qui se hâtent et s'efforcent d'exploiter, à coups de petites scies, une hideuse forêt de chevaux de frise pour en faire de simples bûches. Tout cet appareil de défense brisé, broyé, vidé, ces débris de casemates vaines, ces chars disloqués, percés et que l'on dépèce, ces édifices criblés de coups, blessés par les explosions, entamés par le feu, imposent l'idée d'une puissance extraordinaire, surgie de la vie même, contre laquelle les obstacles calculés à loisir, les prévisions les plus minutieuses, l'armement le plus redoutable aux mains des hommes les plus déterminés, le béton, les engins automatiques, les défilés souterrains, et tout ce que la volonté la plus dure sait imaginer et créer pour maîtriser une révolte, ne peuvent prévaloir. Nous avons vu et vécu ce que peut faire une immense et illustre ville qui veut respirer. Et voici que ce mot si vague, l'ÂME, prend un sens admirable.

Mais, par le fait même qu'il se ressaisit, l'esprit retrouve tous ses droits et les exerce contre ce moment même qui les lui rend. Il n'est point de douceur de vivre ou de revivre qui le doive enchaîner. Il faut bien que se ranime en lui sa loi supérieure, qui est de ne pas s'abandonner à l'instant et de ne pas se livrer tout à sa joie. Il faut aussi qu'il se garde des effets de choc ou d'éblouissement que produisent sur l'intelligence les événements énormes. Les événements ne sont que l'écume des choses. Les réflexions que l'ont fait sur eux sont fallacieuses, et les prétendues leçons qu'on tire de ces faits éclatants sont arbitraires et non sans danger. Nous savons ce que nous ont coûté, en 1940 comme en 1914, les « enseignements » des guerres précédentes. Il suffit, du reste, de songer à l'infinité des coïncidences que tout « événement » compose pour se convaincre qu'il n'y a pas à raisonner sur eux; ceux qui en raisonnent ne peuvent le faire que moyennant des simplifications grossières et les analogies verbales et superficielles qu'elles permettent. Mais l'esprit, aujourd'hui, doit préserver toute sa lucidité. Si l'intelligence française possède les vertus de clarté que l'on dit, jamais occasion plus pressante de l'exercer ne lui a été offerte. Il s'agit d'essayer de concevoir une ère toute nouvelle. Nous voici devant un désordre universel d'images et de questions. Il va se produire une quantité de situations et de problèmes tout inédits, en présence desquels presque tout ce que le passé nous apprend est plus à redouter qu'à méditer. C'est d'une analyse approfondie du présent qu'il faut partir, non pour prévoir les événements sur lesquels, ou sur les conséquences desquels, on se trompe toujours, mais pour préparer, disposer ou créer ce qu'il faut pour parer aux événements, leur résister, les utiliser. Les ressources des organismes contre les surprises et les brusques variations du milieu sont d'un grand exemple.

Je ne puis développer à présent ces considérations à peine indiquées et me borne à répéter ce que j'ai dit assez souvent : Prenons garde d'entrer dans l'avenir à reculons... C'est pourquoi je n'aime pas trop que l'on parle de reconstruire la France : c'est construire une France que j'aimerais que l'on voulût.

ULTIMA VERBA

Arrête! Arrête-toi! vainqueur, sur ce moment si haut de la victoire. Prend un temps de silence et te demande ce qu'il te faut penser sur ce sommet, ce qu'il te faut penser qui ne soit pas sans conséquence.

C'est un vœu, un serment, un acte sans retour, un monument de l'âme, et comme une prière solennelle, que tu dois, sur les morts et sur les vivants, prononcer et instituer, afin que ce moment silencieux si beau ne périsse pas comme un autre.

Déclare en toi et grave dans ton cœur : que le jour ne luise jamais où le souvenir de ce jour de victoire puisse apporter une amertume et un retour funeste vers la présente joie; que jamais revivant ce qui est aujourd'hui ne te vienne à l'esprit cette lourde parole :

A quoi bon?

ŒUVRES DE PAUL VALÉRY

Aux Éditions Gallimard

LA JEUNE PARQUE (1917).

INTRODUCTION À LA MÉTHODE DE LÉONARD DE VINCI (1919).

CHARMES (1922).

EUPALINOS OU L'ARCHITECTE, L'ÂME ET LA DANSE, DIALOGUE DE L'ARBRE (1944).

VARIÉTÉ (1924).

VARIÉTÉ II (1929).

VARIÉTÉ III (1936).

VARIÉTÉ IV (1938).

VARIÉTÉ V (1944).

DISCOURS DE RÉCEPTION À L'ACADÉMIE FRANÇAISE (1927).

MORCEAUX CHOISIS (1930).

RÉPONSE AU DISCOURS DE RÉCEPTION À L'ACADÉMIE FRANÇAISE DE M. LE MARÉCHAL PÉTAIN (1931).

L'IDÉE FIXE (1932).

DISCOURS EN L'HONNEUR DE GOETHE (1932).

SÉMIRAMIS (1934).

PIÈCES SUR L'ART, édition revue et augmentée (1936).

Préface à l'ANTHOLOGIE DES POÈTES DE LA N.R.F. (1936).

DEGAS DANSE DESSIN (1938).

DISCOURS AUX CHIRURGIENS (1938).

MÉLANGE (1941).

TEL QUEL I (Choses tues, Moralités, Ébauches de Pensées, Littérature, Cahier B 1910) (1941).

TEL QUEL II (Rhumbs, Autres Rhumbs, Analecta, Suite) (1943).

POÉSIES, nouvelle édition revue et augmentée (1942).

MAUVAISES PENSÉES ET AUTRES (1942).

« MON FAUST » (1945).

REGARDS SUR LE MONDE ACTUEL *et autres essais,* nouvelle édition, revue et augmentée de fragments inédits (1946).

MONSIEUR TESTE, nouvelle édition augmentée de fragments inédits (1946).

L'ANGE (1946).

HISTOIRES BRISÉES (1950).

LETTRES À QUELQUES-UNS (1952).

TRADUCTION EN VERS DES BUCOLIQUES DE VIRGILE (1956).

LA JEUNE PARQUE, commentée par Alain (1936).

CHARMES, commentés par Alain (1928).

ŒUVRES COMPLÈTES (12 vol.) (1931-1950).

ANDRÉ GIDE-PAUL VALÉRY : CORRESPONDANCE 1890-1942, *préface et notes par Robert Mallet.*

PAUL VALÉRY-GUSTAVE FOURMENT : CORRESPONDANCE 1887-1933, *introduction, notes et documents par Octave Nadal* (1957).

ŒUVRES (Bibliothèque de la Pléiade), *édition établie et annotée par Jean Hytier, avec une introduction biographique par Agathe Rouart-Valéry.*

TOME I (1957). (Dernière réédition : 1980).

TOME II (1960). (Dernière réédition : 1984).

CAHIERS (Bibliothèque de la Pléiade), *choix de textes établis, présentés et annotés par Judith Robinson-Valéry.*

TOME I (1973).

TOME II (1974).

CAHIERS 1894-1914, *édition intégrale établie, présentée et annotée sous la co-responsabilité de Nicole Celeyrette-Pietri et Judith Robinson-Valéry* (collection blanche).

TOME I (1987).

TOME II (1988).

CAHIERS PAUL VALÉRY (publications de la Société Paul Valéry).

N° 1 : POÉTIQUE ET POÉSIE (1975).

N° 2 : « MES THÉÂTRES » (1977).

N° 3 : QUESTIONS DU RÊVE (1979).

N° 4 : CARTESIUS REDIVIVUS (1986).

LES PRINCIPES D'AN-ARCHIE PURE ET APPLIQUÉE, *postface de François Valéry* (1984).

*Impression Brodard et Taupin
à La Flèche (Sarthe),
le 7 novembre 1994.
Dépôt légal : novembre 1994.
1er dépôt légal dans la collection : septembre 1988.
Numéro d'imprimeur : 6381 K-5.*

ISBN 2-07-032494-X / Imprimé en France.

70631